Adobe
Dreamweaver CC

Dados Internacionais de Catalogação na Publicação (CIP)
(Jeane Passos de Souza – CRB 8ª/6189)

Gomes, Ana Laura
    Adobe Dreamweaver CC / Ana Laura Gomes. – São Paulo: Editora Senac São Paulo, 2016. (Nova Série Informática)

    ISBN 978-85-396-0913-0

    1. C1. Dreamweaver (programa de computador) 2. Web sites – Criação 3. Web sites – Desenvolvimento I. Título. II. Série.

15-357s   CDD-005.369
                                             BISAC COM000000

Índice para catálogo sistemático:

1. Dreamweaver CC: Computadores: Programas : Processamento de dados   005.369

Adobe Dreamweaver CC

Ana Laura Gomes

Editora Senac São Paulo – São Paulo – 2016

ADMINISTRAÇÃO REGIONAL DO SENAC NO ESTADO DE SÃO PAULO
Presidente do Conselho Regional: Abram Szajman
Diretor do Departamento Regional: Luiz Francisco de A. Salgado
Superintendente Universitário e de Desenvolvimento: Luiz Carlos Dourado

EDITORA SENAC SÃO PAULO
Conselho Editorial: Luiz Francisco de A. Salgado
                      Luiz Carlos Dourado
                      Darcio Sayad Maia
                      Lucila Mara Sbrana Sciotti
                      Jeane Passos de Souza

Gerente/Publisher: Jeane Passos de Souza (jpassos@sp.senac.br)
Coordenação Editorial: Márcia Cavalheiro Rodrigues de Almeida (mcavalhe@sp.senac.br)
Comercial: Marcelo Nogueira da Silva (marcelo.nsilva@sp.senac.br)
Administrativo: Luís Américo Tousi Botelho (luis.tbotelho@sp.senac.br)

Edição de Texto: Rafael Barcellos Machado
Preparação de Texto: Karinna Alessandra Carvalho Taddeo
Revisão de Texto: Carolina Hidalgo, Gabriela L. Adami (coord.)
Capa: Antonio Carlos De Angelis
Editoração Eletrônica: Marcio S. Barreto
Ilustrações: Studio 33
Impressão e Acabamento: Cromosete Gráfica e Editora Ltda.

Proibida a reprodução sem autorização expressa.
Todos os direitos reservados à
EDITORA SENAC SÃO PAULO
Rua 24 de Maio, 208 – 3º andar – Centro – CEP 01041-000
Caixa Postal 1120 – CEP 01032-970 – São Paulo – SP
Tel. (11) 2187-4450 – Fax (11) 2187-4486
E-mail: editora@sp.senac.br
Home page: http://www.editorasenacsp.com.br

© Editora Senac São Paulo, 2016.

Sumário

	Apresentação	I
	O que é a Nova Série Informática	III
1	Etapas iniciais para a construção de um website	7
	Visão geral	9
2	Organizando e estruturando o conteúdo	15
	Projeto "Microsite Museus de São Paulo"	17
	Atividade 1 – Fazendo o mapeamento do site e reconhecendo a janela de abertura	17
	Atividade 2 – Criando uma página, reconhecendo a interface e trabalhando com textos	28
	Atividade 3 – Criando links	63
	Projeto "Museu de Marinha"	77
	Atividade 4 – Trabalhando com imagens	80
	Resumo do capítulo	103
	Exercícios propostos	107
3	Criando layout com estilos CSS	109
	Projeto "Paris"	111
	Atividade 1 – Mapeando a pasta do projeto e entendendo o que são e para que servem os estilos CSS	112
	Atividade 2 – Criando estilos com o botão *Propriedades da página*	120
	Atividade 3 – Editando estilos prontos	127
	Atividade 4 – Criando estilos	134
	Atividade 5 – Criando e utilizando estilos externos	139
	Atividade 6 – Trabalhando com diferentes seletores e propriedades	144
	Resumo do capítulo	154
	Exercícios propostos	155
4	Inserindo elementos de interatividade com o usuário	157
	Projeto "Quiz"	159
	Atividade 1 – Inserindo comportamentos simples	159

	Atividade 2 – Inserindo comportamentos complexos	169
	Atividade 3 – Formulário *Achei!*	182
	Atividade 4 – Criando formulários simples	185
	Atividade 5 – Criando formulários complexos	195
	Resumo do capítulo	206
	Exercícios propostos	206
5	**Aumentando a produtividade**	**209**
	Projeto "Brinquedoteca"	211
	Atividade 1 – Criando um modelo com base em um layout pronto	211
	Atividade 2 – Inserindo elementos *jQuery UI*	226
	Atividade 3 – Inserindo elementos multimídia	240
	Resumo do capítulo	254
	Exercícios propostos	255
6	**Desenvolvendo projetos para múltiplos dispositivos**	**257**
	Projeto "Restaurante"	259
	Atividade 1 – Criando um projeto com *jQuery Mobile*	260
	Projeto "Cidade da Criança"	270
	Atividade 2 – Criando um projeto com *Media Queries*	271
	Projeto "Ciclovia"	276
	Atividade 3 – Criando um projeto com layout de grade fluida	277
	Resumo do capítulo	291
	Exercícios propostos	292
7	**Verificando erros e publicando o website**	**295**
	Projeto "Miniaturas"	297
	Atividade 1 – Executando a verificação de erros	297
	Atividade 2 – Publicando o website	304
	Resumo do capítulo	311

Sobre a autora   313

Índice geral   315

Apresentação

O que é a Nova Série Informática

A Nova Série Informática foi desenvolvida para que você aprenda informática sozinho, sem professor! Com ela, é possível estudar, sem dificuldades, os softwares mais utilizados pelo mercado. O texto de cada volume é complementado por arquivos eletrônicos disponibilizados pela Editora Senac São Paulo.

Para utilizar o material da Nova Série Informática, é necessário ter em mãos o livro, um equipamento que atenda às configurações necessárias e o software a ser estudado.

Neste volume, estruturado com base em atividades que permitem estudar o software passo a passo, são apresentadas informações básicas para a operação do Adobe Dreamweaver CC. Você deverá ler com atenção e seguir corretamente todas as instruções. Se encontrar algum problema durante uma atividade, volte ao início e recomece; isso vai ajudá-lo a esclarecer dúvidas e superar dificuldades.

Equipamento necessário

Para você estudar com este material e operar o Adobe Dreamweaver CC, é importante que seu computador tenha as configurações mínimas a seguir.

Configuração para Windows

- Processador Intel Pentium 4 ou AMD Athlon 64.
- Microsoft Windows 7, Windows 8 ou Windows 8.1.
- 2 GB de RAM.
- 1 GB de espaço livre em disco para a instalação; é necessário espaço livre adicional durante a instalação (não é possível instalar em dispositivos de armazenamento removíveis Flash).
- Monitor de 1280 × 1024, com placa de vídeo de 16 bits.
- Além de conexão com a internet, é necessário fazer o registro para ativação do software, validação de assinaturas e acesso a serviços on-line.[1]

Configuração para Mac OS

- Processador Intel Multicore.
- Mac OS X v10.9, 10.10.
- 2 GB de RAM.

---

1 O produto pode integrar-se ou permitir acesso a certos serviços on-line hospedados pela Adobe ou por terceiros. Esses serviços estão disponíveis apenas para usuários maiores de 13 anos de idade e exigem aceitação de termos adicionais (http://www.adobe.com/br/misc/terms.html) e da política de privacidade on-line da Adobe (http://www.adobe.com/br/privacy.html). Os serviços on-line não estão disponíveis em todos os países ou idiomas, podem exigir o registro do usuário e ser suspensos ou modificados, no todo ou em parte, sem prévio aviso. Taxas adicionais ou cobranças de assinatura podem ser aplicáveis.

- 1,1 GB de espaço livre em disco para a instalação; é necessário espaço livre adicional durante a instalação (não é possível instalar em um volume que use um sistema de arquivos que diferencia maiúsculas e minúsculas, ou em dispositivos de armazenamento removíveis Flash).
- Monitor de 1280 × 1024 com placa de vídeo de 16 bits.
- Além de conexão com a internet, é necessário fazer o registro para ativação do software, validação de assinaturas e acesso a serviços online.[2]

Estrutura do livro

O livro está dividido em capítulos que contêm uma série de atividades práticas e informações teóricas sobre o software.

Para obter o melhor rendimento possível em seu estudo, evitando dúvidas ou erros, é importante que você:

- leia com atenção todos os itens do livro, pois sempre encontrará informações úteis para a execução das atividades;
- conheça e respeite o significado dos símbolos colocados na margem esquerda de determinados parágrafos do texto, pois eles servem para orientar seu trabalho;
- faça apenas o que estiver indicado no item e só execute uma sequência após ter lido a instrução do respectivo item.

Significado dos símbolos

	Dica Quando este símbolo aparecer, você terá informações adicionais sobre o assunto, como dicas, atalhos e sugestões para facilitar o trabalho com o software. Sua leitura não é obrigatória para o desenvolvimento da atividade, mas lembre-se: quanto mais informações você tiver, melhor será o seu aproveitamento.
	Observação Este símbolo marca um texto com observações sobre o assunto tratado. Embora seja importante, sua leitura não é obrigatória nem interfere diretamente na atividade em execução.
	Atenção Toda vez que se deparar com este símbolo, leia com muita atenção o texto que o acompanha, pois as informações que ele contém afetarão os passos seguintes da atividade. Isso evitará dúvidas posteriores.
	**Exercício** Este símbolo sinaliza os exercícios propostos, que são apresentados no final da atividade ou do capítulo. Procure fazer esses exercícios antes de iniciar outro capítulo. Eles vão auxiliá-lo a fixar melhor os recursos estudados.

---

2 *Idem.*

Utilizando o material da Nova Série Informática

É muito simples utilizar o material da Nova Série Informática: inicie sempre pelo Capítulo 1, leia atentamente as instruções e execute, passo a passo, os procedimentos indicados.

Para a execução das atividades dos capítulos, disponibilizamos os arquivos no site da Editora Senac São Paulo, organizados em um único arquivo compactado, contendo a estrutura de pastas por projetos que serão desenvolvidos ao longo do livro.

Atividades

Para obter e utilizar os arquivos das atividades:

1. Faça o download da pasta compactada no endereço abaixo:
   http://www.editorasenacsp.com.br/informatica/dream-cc/atividades.zip
2. Após o download, crie uma pasta em sua área de trabalho (ou no local de sua preferência) com o nome *dream-cc*.
3. Copie para dentro dessa pasta o arquivo baixado.
4. Descompacte-o.

Além dos arquivos para a execução das atividades, também estão disponíveis os arquivos finalizados para que você possa comparar ou tirar dúvidas, se necessário.

Onde arquivar seus trabalhos

No decorrer das atividades, serão indicadas as pastas dos projetos e os nomes dos arquivos que você deverá utilizar para salvar seus trabalhos. Procure não alterar a localização ou os nomes de pastas e arquivos para não se perder durante as atividades.

Agora que já sabe como utilizar este material, dê início ao estudo do Adobe Dreamweaver CC, partindo do Capítulo 1. E lembre-se de ler com muita atenção e seguir todos os passos para obter o melhor rendimento possível em seu aprendizado.

Boa sorte!

1
Etapas iniciais para a construção de um website

OBJETIVOS

- Conhecer a Web das coisas
- Obter uma visão geral do programa
- Produzir um briefing
- Montar a arquitetura de informação do projeto

Este é o início de um grande aprendizado: construir websites para comunicar-se com o mundo! Para que esse processo seja feito da melhor maneira, é importante ter um panorama geral do mercado web, que está cada vez mais voltado para a Web das coisas; ter uma visão geral da ferramenta Adobe Dreamweaver e também conhecer as etapas iniciais para a construção de projetos para a web.

Visão geral

O Adobe Dreamweaver é, antes de qualquer coisa, um programa gerenciador de conteúdo. Com ele você irá administrar e publicar os arquivos necessários para a construção de websites. A segunda função do Dreamweaver é a construção do código das páginas de um website.

Para que o programa execute plenamente as funções de gerenciamento e publicação, é necessário que você crie um site dentro dele, mapeando a pasta onde os arquivos do website serão encontrados. Ao longo das atividades deste livro, você irá simular a realidade, trabalhando com diversos projetos. Cada um deles representará um cliente, que terá seus arquivos dentro de uma pasta em seu computador; portanto, será feito um mapeamento para cada projeto.

O Dreamweaver está preparado para trabalhar com diversas linguagens para a construção de websites, como HTML5, CSS2, CSS3, JavaScript, *jQuery*, PHP, CFML, ASP.NET, etc. Neste livro, o foco está no HTML5 e no CSS2 e CSS3. Nas atividades relativas a comportamentos e interface do usuário, serão acrescentados JavaScript e *jQuery*. No capítulo referente aos dispositivos móveis, será a vez das bibliotecas *jQuery Mobile* e Boilerplate. Em todos os casos, as linguagens serão criadas por meio da interface gráfica do programa. Mas isso não significa que o código será ignorado, apenas em alguns momentos será exibido como ele está para você saber o que está acontecendo e ter controle total da situação.

Para conhecer mais sobre a ferramenta e o universo web, participe gratuitamente do fórum de discussão da Adobe Dreamweaver (https://forums.adobe.com/community/dreamweaver).

Web das coisas

O mundo não para! Essa afirmação se aplica perfeitamente ao mercado no qual você trabalhará: ele muda o tempo todo e a uma velocidade incrível. O lançamento do relógio da Apple, em abril de 2015, marcava o ápice da onda de relógios que havia começado no ano anterior, quando aconteceram os lançamentos da LG, da Motorola e de outros dispositivos similares, como as pulseiras inteligentes da Microsoft. Mas não muito antes, em meados de 2011/2012, a febre era em torno do Google Glass, que agora é considerado coisa do passado. E o que será novidade quando você estiver lendo este material? Não podemos prever o futuro, apenas estar preparados para quando ele chegar.

Observe que a evolução dos equipamentos apresenta um ponto em comum: a possibilidade de acesso à web por meio deles, pois estão conectados à internet. Portanto, é preciso pensar em como oferecer uma navegação confortável em cada uma dessas telinhas. E os dispositivos e as suas telas continuam crescendo, chegando aos telefones móveis, que em sua maioria já são smartphones, ora grandes, ora pequenos. Aumentando mais um pouco temos os tablets, e é impossível lembrar todos os tamanhos e as proporções disponíves. Mais um pouco e chegamos aos notebooks: 11", 12", 13" até chegar aos computadores de mesa com suas telas gigantes de 27". Continue ampliando, pois não para por aí. Chegue até as smart TVs com 32", 40", 48" e ultrapasse qualquer barreira imaginável com uma TV de 105" e 4K (com quatro vezes mais pixels que uma TV normal). Todos esses dispositivos acessam a web. Em todas essas telas é possível visualizar o seu website.

Nesse universo de possibilidades, além da diferença dos tamanhos de telas, temos outras considerações a serem feitas, como o tipo de experiência que o usuário pretende ter naquele momento e o grau de atenção que ele dedica. Do ponto de vista do equipamento, é preciso pensar se há memória suficiente, se a conexão é boa, qual o sistema operacional...

Tudo são pistas para que você fique atento à Web das coisas e ao impacto que ela traz para seus projetos. Atualmente, tem-se usado muito o termo *wearable web*, que é a web que você veste. De qualquer forma, as possibilidades são sempre imensas e é bom estar atento e preparado. Design responsivo é uma das respostas, é o design que se adapta ao tamanho da tela. Mas não é só isso. Quando as experiências são muito distintas para as telas pequena e grande, o design responsivo não é a resposta, já que se faz necessária uma alternativa mais específica, como o desenvolvimento de um aplicativo móvel. Na maior parte do tempo, é bom cuidar do tamanho dos arquivos: HTML, CSS, JS, imagens. Mas é bom pensar também na quantidade de requisições, ou seja, em vez de dez imagens, usar apenas uma com os dez conteúdos, o que resulta em um arquivo maior, mas em apenas uma requisição. O que é melhor para o projeto que você está desenvolvendo?

Briefing

Todo bom projeto começa com uma boa conversa. É muito importante você dialogar com seu cliente para obter dele todas as informações necessárias para o desenvolvimento de um ótimo projeto. Essa etapa inicial chama-se *briefing*. Você pode listar os itens que devem ser conversados e obter todas as respostas do seu cliente.

Aproveite esse momento para conhecer também o cliente do seu cliente, ou seja, a pessoa diretamente relacionada ao uso do website. Todo o projeto deve ser direcionado a ele. É um momento delicado e de extrema importância, pois muitas vezes você terá vontade de assumir o papel de cliente, o que não é recomendável. Você é o criador do projeto e conhece muito bem cada detalhe. Portanto, não terá dificuldade em navegar pelas páginas, localizar conteúdos ou realizar qualquer tarefa. É necessário que toda a criação e o desenvolvimento de cada pequena parte estejam de acordo com as necessidades de quem será o usuário final de fato.

Defina claramente qual é o objetivo do website. É muito comum o cliente solicitar apenas um "site simples", quando na verdade precisa urgentemente de um comércio eletrônico. Lembre-se de que isso não é um jogo. Saiba interpretar as reais necessidades do seu cliente para a definição dos objetivos e balancear isso com o orçamento disponível. Uma boa comunicação entre os envolvidos e um orçamento bem detalhado evitam problemas no futuro.

Arquitetura da informação

Este é o momento para pensar, refletir e de fato planejar o seu website. Com os dados levantados anteriormente, você deve criar a estrutura e o esqueleto do seu projeto. Os produtos finais dessa etapa são, geralmente, o mapa do site (*sitemap*) e o *wireframe*. Tais documentos apoiam-se em regras de navegabilidade, acessibilidade e usabilidade.

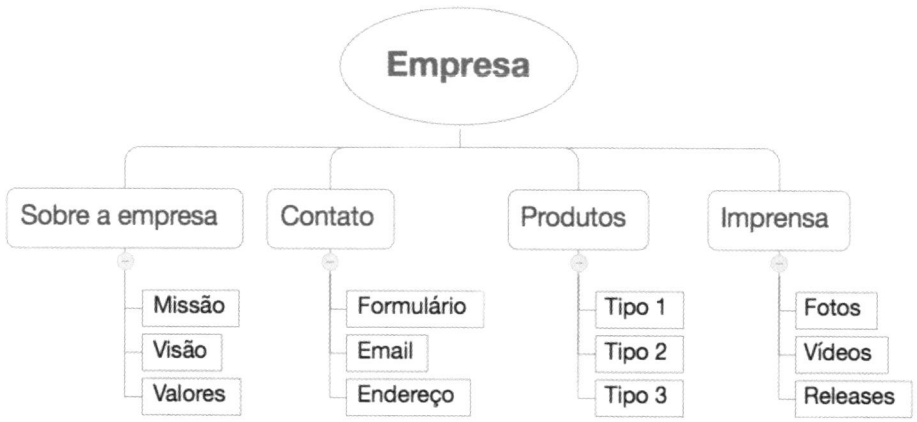

Modelo de mapa do site (*sitemap*).

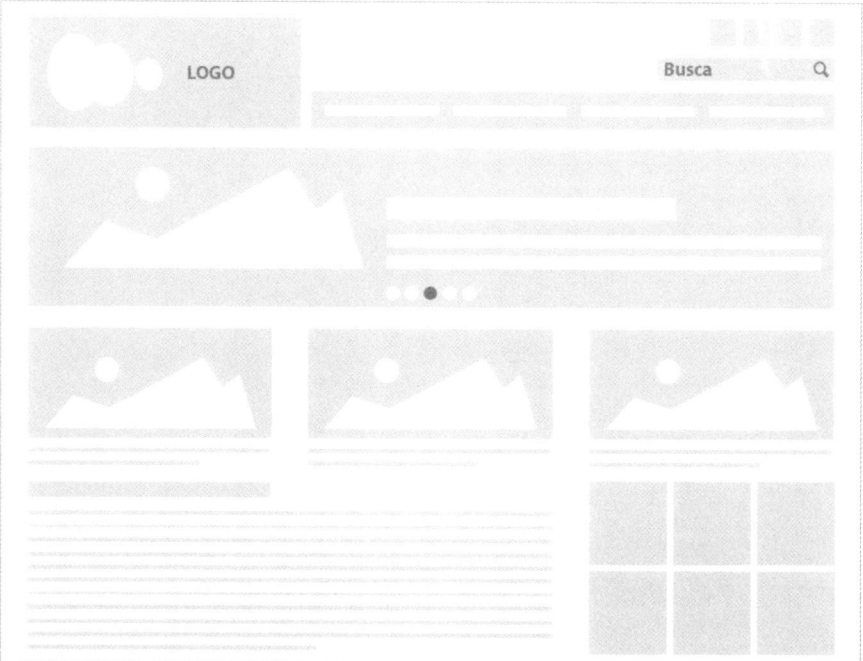

Modelo de *wireframe*.

Isso, porém, é apenas um resumo do que o arquiteto de informação pode fazer. Sua função vai desde o agrupamento e a classificação do conteúdo até a definição do fluxo de informação. Cada projeto terá uma necessidade e um grau de profundidade diferentes, exigindo mais desse profissional. A qualquer momento podem ainda ser feitos testes de usabilidade/navegabilidade para que sejam validadas as decisões tomadas pelo arquiteto. Geralmente, trabalha-se em equipes multidisciplinares, mas o foco é sempre um: o usuário. O ideal é sempre basear suas decisões no que é melhor para o usuário, tendo em vista o objetivo do site. Por exemplo, um site de comércio eletrônico deve facilitar a compra para o usuário, já um site de música deve facilitar o acesso e a busca por músicas. Uma regra bem simples é tentar fazer que o objetivo do site seja alcançado em apenas um clique. Lembre-se: essa regra é um resumo muito superficial de todo o trabalho de arquitetura da informação; nem sempre será possível atingir o alvo com um clique. Tentar fazer que o visitante chegue aos seus objetivos o mais rapidamente possível é o que essa regra quer dizer. Procure manter esse foco e seus sites serão sempre muito bem "navegados" e farão a alegria dos visitantes.

Esse é um tema muito abrangente e em constante desenvolvimento. Portanto, mantenha-se sempre atualizado. Você pode ler mais sobre esses temas em http://delicious.com/analaura/AI.

Anotações

Anotações

2
Organizando e estruturando o conteúdo

OBJETIVOS

- Trabalhar de forma organizada
- Trabalhar primeiro com a estruturação do conteúdo
- Conhecer as tags elementares do HTML5

A primeira lição que você deve aprender para trabalhar com o Dreamweaver não consta em nenhum livro, pois diz respeito à organização. Cada pessoa tem sua própria forma de se organizar, mas para o programa é extremamente importante que todo o material necessário para a execução do website esteja em uma única pasta. Dependendo da complexidade do projeto, você poderá inserir outras pastas dentro dela.

Projeto "Microsite Museus de São Paulo"

Resumo:

- Pequeno site de conteúdo textual com descrição e endereços de museus da cidade de São Paulo.

Objetivo:

- Tornar o projeto mais acessível para aparelhos celulares, por isso serão utilizados apenas textos. É importante que ele seja de navegação rápida e de fácil entendimento.

Estrutura:

- Página principal com navegação do tipo sobe e desce entre os itens (descrição e endereço) e o topo da página.
- Página contendo apenas endereços.
- As duas páginas estão relacionadas.

Atividade 1 – Fazendo o mapeamento do site e reconhecendo a janela de abertura

Objetivos: • Trabalhar de forma organizada.
• Reconhecer os elementos da interface.

Tarefas: • Fazer o mapeamento.
• Reconhecer a janela de abertura.

1. Abra o Dreamweaver CC.

Quando você abre o programa pela primeira vez, aparece a janela *Bem-vindo*, a partir da qual você poderá iniciar um pequeno *tour* pelos novos recursos da versão.

Caso queira iniciar o *tour*, clique no botão *Iniciar o tour*. Você será conduzido por diversas lições com os conteúdos mais recentes da versão. Siga para a lição seguinte clicando no botão *Próximo*. Ao final, é exibida uma série de vídeos com diversos novos recursos. Para assisti-los, é necessário estar conectado à internet, então passe o mouse sobre o vídeo desejado e clique em *Executar*.

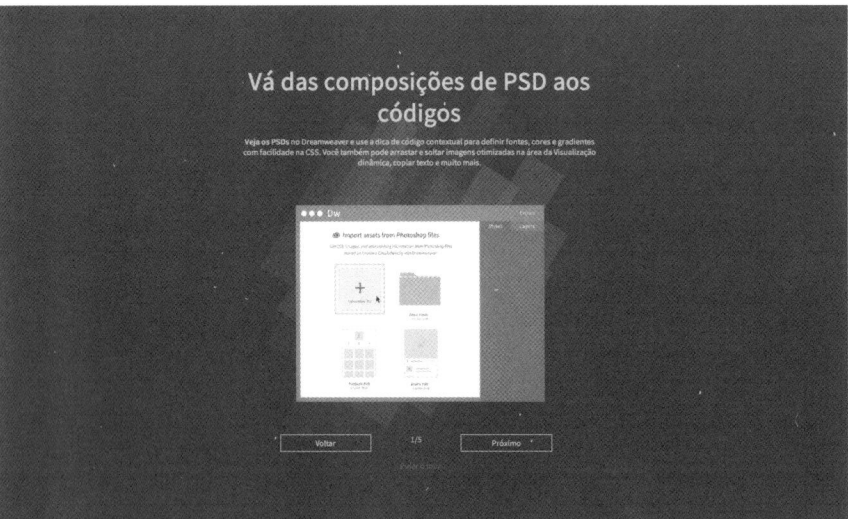

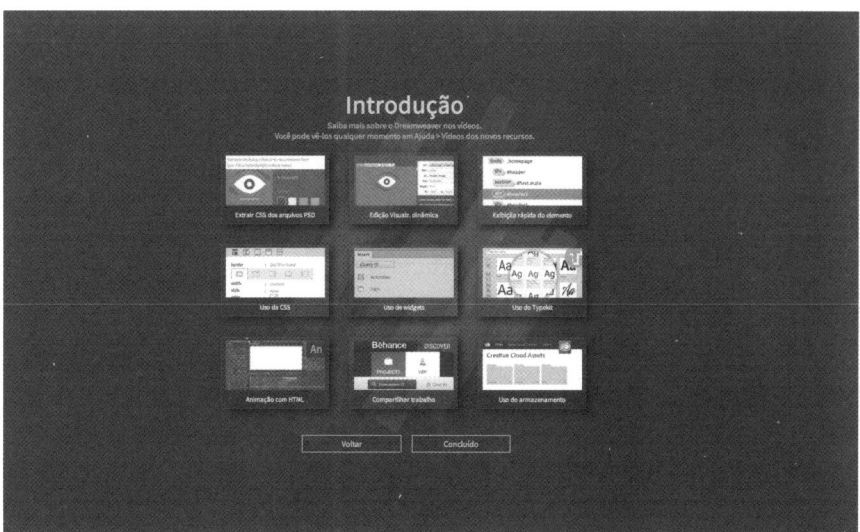

Para não iniciar o *tour* ou para sair dessa área a qualquer momento, basta pressionar a tecla *Esc*. Ao final das apresentações, clique no botão *Concluído* para sair.

Para acessar novamente essas áreas, no programa aberto, clique no menu *Ajuda* e depois em *Novidades no Dreamweaver* (início das lições), ou então no menu *Ajuda* e em *Vídeos de novos recursos* (seleção de vídeos).

Logo após as telas iniciais, você será questionado sobre como será feita a sincronia com a Creative Cloud. Isso porque uma assinatura Creative Cloud individual dá o direito de instalar os programas em até 2 equipamentos. Dessa forma, se você estiver instalando no primeiro equipamento, a pergunta será referente às configurações de instalação e se estiver instalando no segundo equipamento, a pergunta será sobre a sincronização local ou na nuvem. Em qualquer um dos casos você poderá simplesmente fechar a janela e decidir mais tarde qual a melhor opção para o seu caso. Para configurar essas opções a qualquer momento:

- em um Mac: menu *Dreamweaver*, *Preferências*, categoria *Sincronizar configurações*.
- em um Windows: menu *Editar*, *Preferências*, categoria *Sincronizar configurações*.

Saiba mais sobre configurações de sincronia em http://adobe.ly/1FC286l.

Caso o seu programa não tenha iniciado da forma anteriormente indicada, significa que ele já foi aberto anteriormente ou que a assinatura Creative Cloud não lhe dá acesso a serviços on-line.

Ao final, você deverá ter uma tela como a que segue:

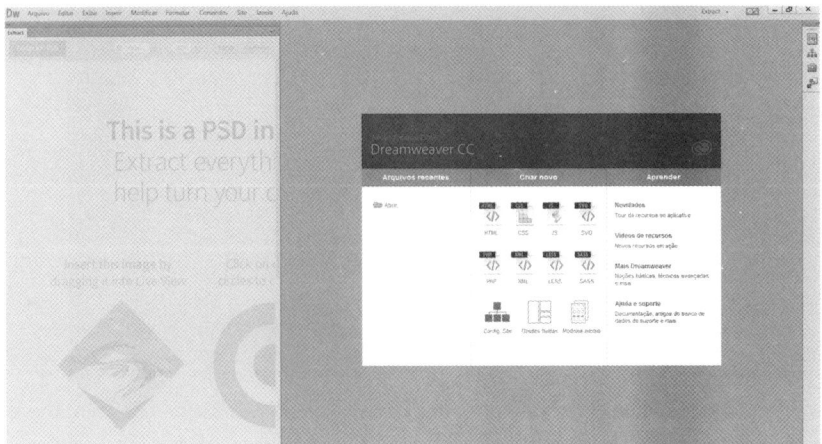

Em fevereiro de 2015, uma nova tela de abertura foi desenvolvida para o programa, seguindo os padrões de telas de abertura de todas as ferramentas Adobe. Porém, até a data de fechamento deste material, essa tela não estava disponível na ferramenta em português, apenas em inglês. Saiba mais sobre esse recurso em http://adobe.ly/1xfOnsL.

Mapeamento do site

1. Na tela de boas-vindas, clique na opção *Config. Site*.

Por meio dessa opção, você realizará o mapeamento da sua pasta de trabalho.

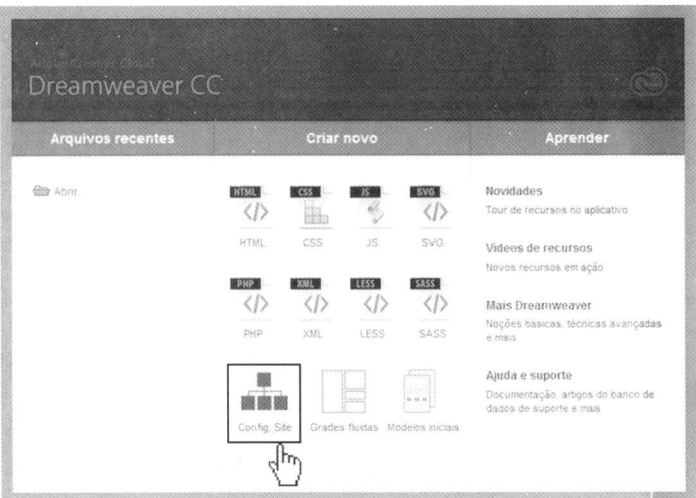

Essa é a tarefa mais importante a ser realizada dentro do programa. O Dreamweaver, antes de mais nada, é uma ferramenta de administração de websites. Você só conseguirá utilizar essas ferramentas de forma plena se fizer o mapeamento corretamente.

Caso tenha fechado a janela de boas-vindas, você poderá usar o menu *Site* e clicar em *Novo site*.

O mapeamento é sempre local e fica disponível para sua utilização até que você o remova. Para que você possa usá-lo em outra máquina de mesmo sistema operacional com sua conta Creative Cloud, deverá ativar esta configuração de sincronia: *Preferências*, categoria *Sincronizar configurações*, ativar a opção *Configurações do site*. A sincronia cria apenas pastas e subpastas. A senha e o usuário FTP não são sincronizados.

2. Na janela *Configuração do site para Site sem nome 2*, na caixa *Nome do site*, digite o nome do projeto *Museus de São Paulo*.

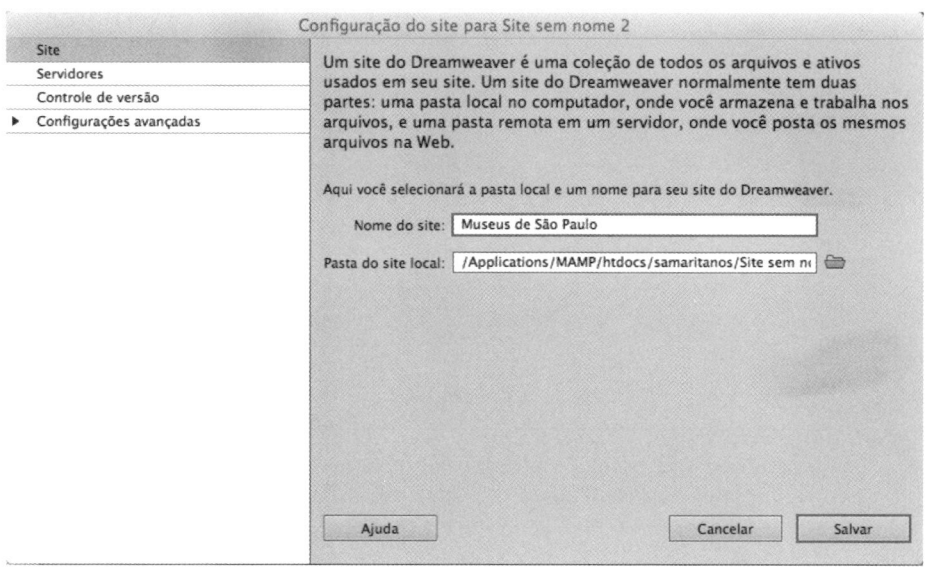

Procure usar sempre nomes significativos, como o nome do cliente ou do projeto em que você está trabalhando.

3. Na opção *Pasta do site local*, clique no ícone da pasta (botão *Procurar pasta*) ao lado da caixa de entrada de texto.

4. Na janela *Escolher pasta raiz*, você deve escolher a pasta onde todos os arquivos necessários para o site deverão ser gravados. Clique no botão *Desktop/Área de Trabalho*; em seguida, clique duas vezes na pasta *dream-cc* e clique duas vezes novamente na pasta *museus-sp*. Finalize com um clique no botão *Escolher/Selecionar pasta*.

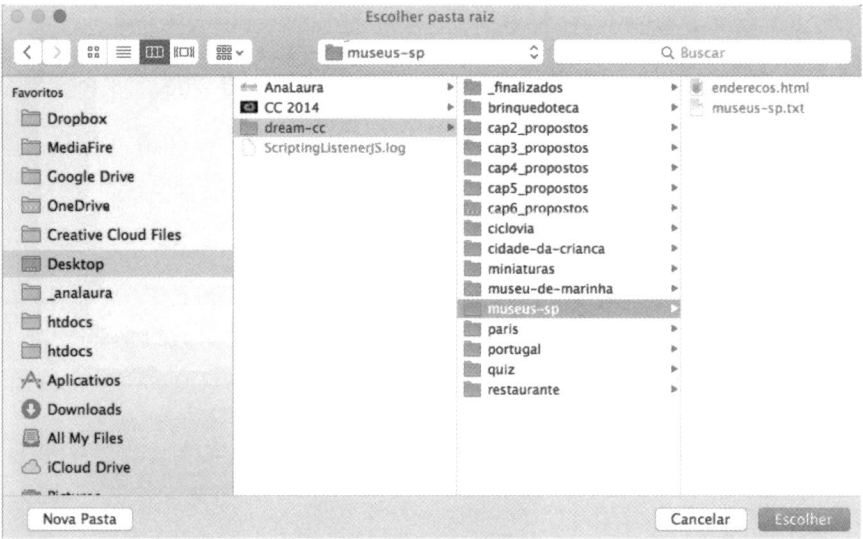

Se você criou sua pasta de atividades em outro local, faça as alterações necessárias nesse procedimento para localizar a pasta *museus-sp*.

5. Ao retornar à janela *Configuração do site para Museus de São Paulo*, clique no botão *Salvar*.

O mapeamento está pronto. Repare que os arquivos que estão dentro da pasta *museus-sp* aparecem no painel *Arquivos*. Esse painel é um espelho do que você tem de fato dentro das pastas.

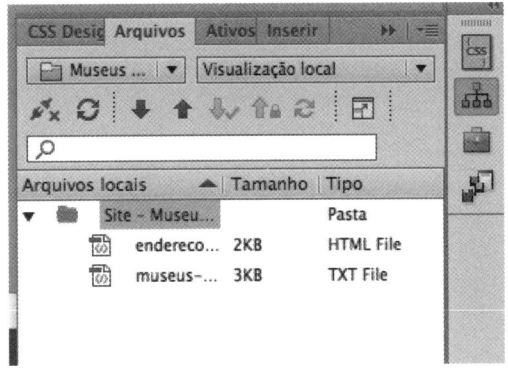

É muito importante que você sempre identifique a pasta do site local, pois o programa sempre preenche essa opção criando uma nova pasta em um caminho tendo como referência a última configuração.

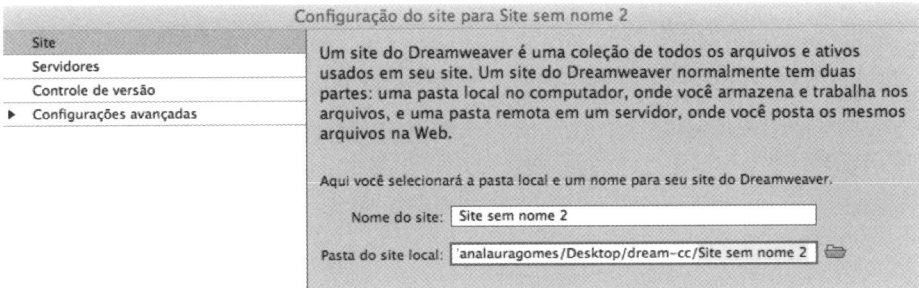

Se você está na dúvida sobre em qual pasta você criou o seu site, no painel *Arquivos*, passe o mouse sobre o nome do site e aguarde alguns segundos até que apareça o local.

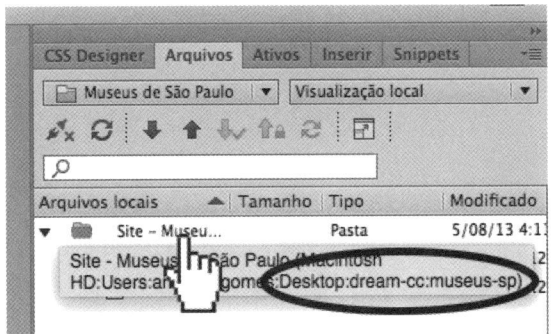

Para escolher um outro local para o site, clique no menu *Site*, *Gerenciar sites*. Na janela *Gerenciar sites*, clique no nome do mapeamento que deseja alterar e clique no ícone *Editar o site selecionado no momento*. Faça o ajuste na janela de configuração e, ao retornar para a janela *Gerenciar sites*, finalize com um clique no botão *Concluído*.

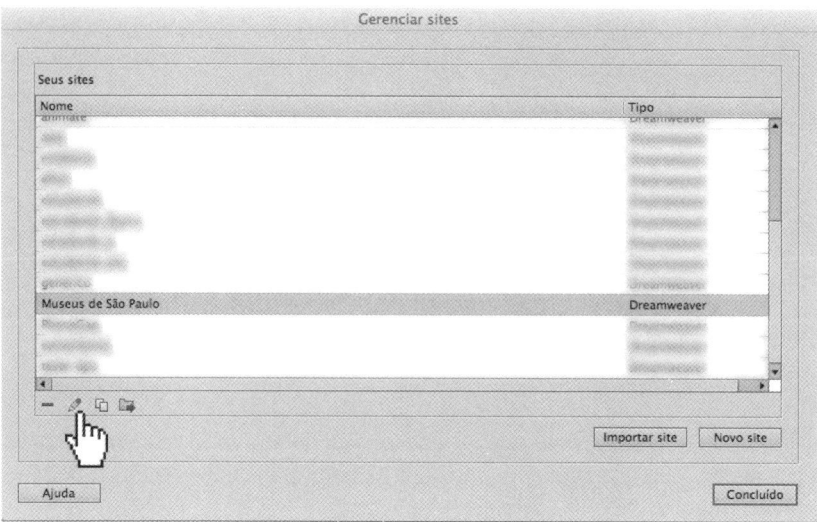

O painel *Arquivos* dá sempre a dica do site que está mapeado naquele momento. Caso você ainda não tenha feito o mapeamento, aparecerá o link *Gerenciar sites*.

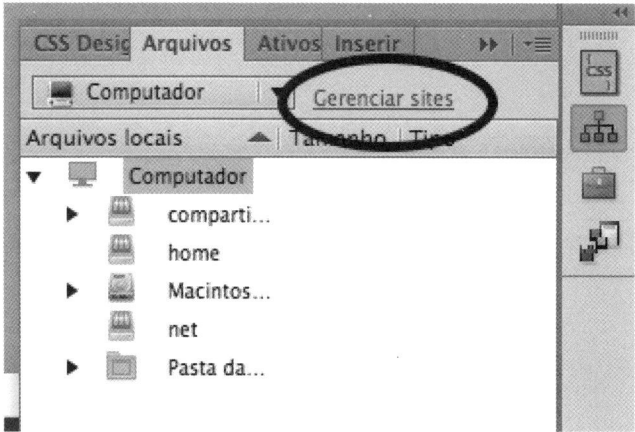

Você também poderá iniciar o mapeamento de um site clicando nesse link, com a diferença de que haverá uma janela intermediária antes da janela de novo site: a janela *Gerenciar sites*. Nessa janela, clique em *Novo site* e aguarde a abertura da janela *Configuração do site* para realizar o mapeamento do novo site. Ao salvar as configurações da janela *Configuração do site*, você retornará à janela *Gerenciar sites*. Para finalizar o mapeamento, clique no botão *Concluído*.

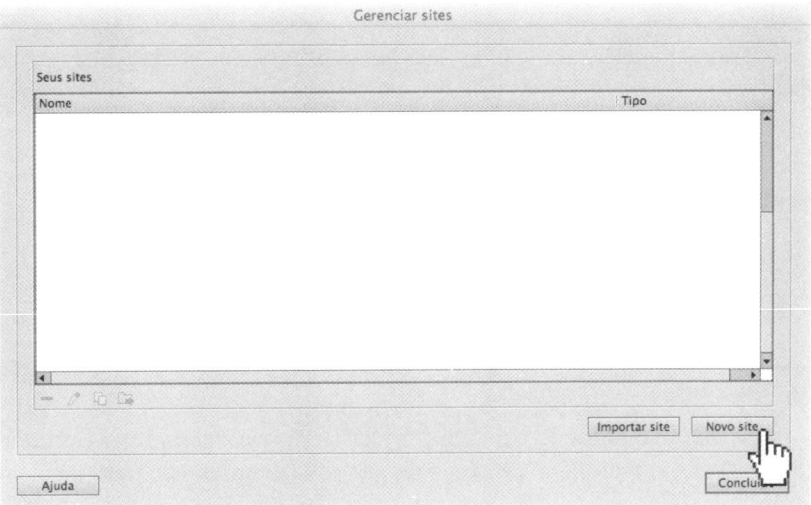

Tela de boas-vindas

A seguir, você vai conhecer as seções da tela de boas-vindas.

Cada uma das áreas a seguir na janela de abertura do programa possui características especiais referentes aos temas que abordam.

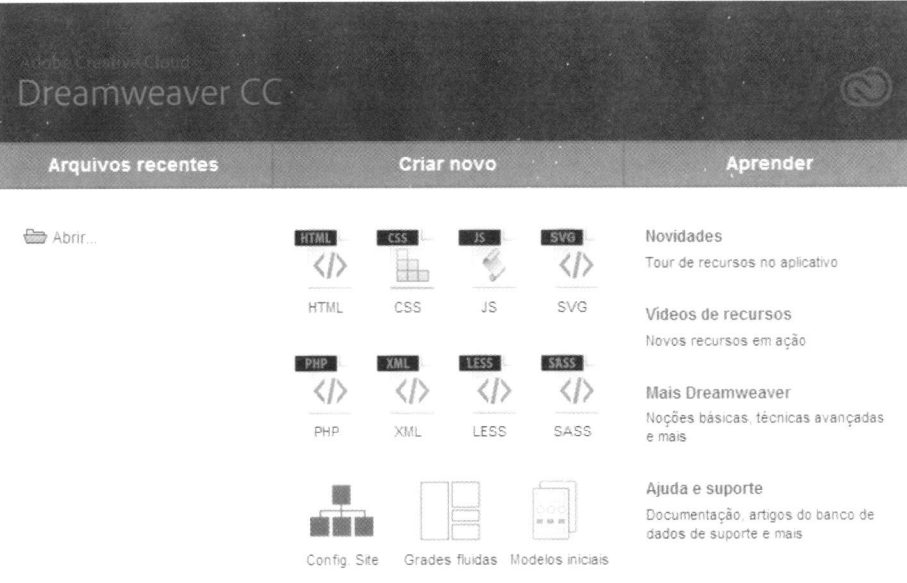

Seção Arquivos recentes

Aqui você vai encontrar uma lista com os últimos arquivos salvos no seu programa. Você pode escolher qualquer um dos itens da lista com um clique ou clicar na opção *Abrir* para abrir outro arquivo anteriormente salvo e que não esteja listado.

Quando abrir o programa pela primeira vez, essa área estará vazia, pois você ainda não tem páginas salvas.

Seção Criar novo

Você pode escolher o tipo de arquivo novo que deseja criar com base nessa lista.

A opção *Config. Site*, descrita anteriormente, é utilizada para abrir a janela *Configuração do site*, em que é feito o seu mapeamento.

A opção *Grades fluidas* é utilizada para abrir a janela *Novo documento* na categoria *Layout de grade fluida*, em que você tem as opções de configurações para trabalhar com sites adaptáveis.

A opção *Modelos iniciais* é utilizada para abrir a janela *Novo documento*, em que você tem uma gama de modelos iniciais para seu trabalho além de outras opções, incluindo, em alguns casos, uma pré-visualização do modelo escolhido.

Seção Aprender

Esta seção é um atalho para as ferramentas de aprendizado e suporte, seja no seu computador, seja nos sites da Adobe.

- Novidades: inicia um pequeno *tour* com lições dos conteúdos mais recentes da versão, o mesmo que você vê quando abre a ferramenta pela primeira vez.

- Vídeos de recursos: é exibida uma série de vídeos com diversos novos recursos. Para assistir aos vídeos, é necessário estar conectado à internet.

- Mais Dreamweaver: direciona você para o website da Adobe na página de Aprendizado e Suporte do Dreamweaver CC. É necessário estar conectado à internet.

- Ajuda e suporte: direciona você para o website da Adobe na página de Suporte do Dreamweaver CC. É necessário estar conectado à internet.

Para exibir ou não a tela de boas-vindas:

- em um Mac: menu *Dreamweaver*, *Preferências*, categoria *Geral*, clique na caixa *Mostrar tela de boas vindas*.

- em um Windows: menu *Editar*, *Preferências*, categoria *Geral*, clique na caixa *Mostrar tela de boas vindas*.

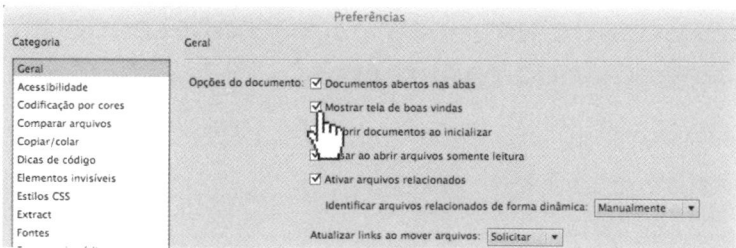

Configuração padrão de abertura de arquivos

1. Clique no menu *Editar* e, em seguida, na opção *Preferências* (Mac: menu *Dreamweaver*, *Preferências*).

2. Na janela *Preferências*, clique na categoria *Novo documento*. Em seguida, verifique se estão ativas e selecionadas as seguintes opções:

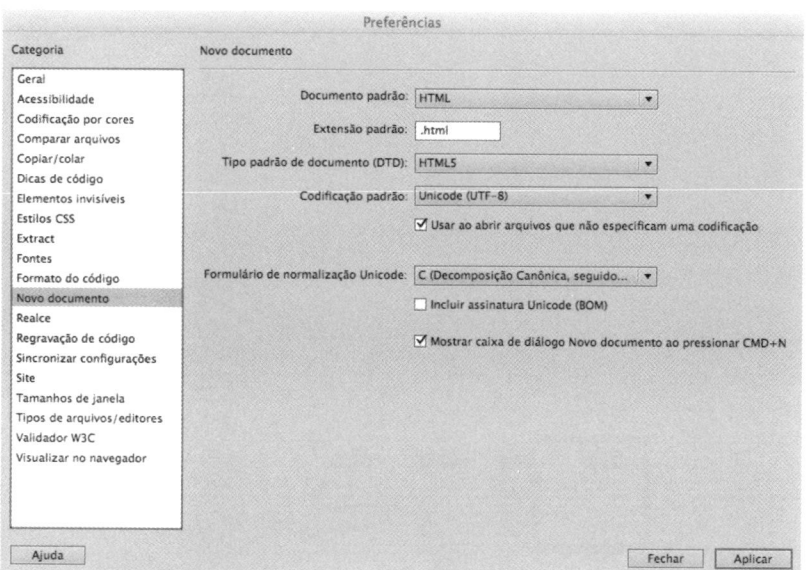

- Documento padrão – *HTML*.
- Extensão padrão – *.html*.
- Tipo padrão de documento (DTD) – *HTML5*.
- Codificação padrão – *Unicode (UTF-8)*.
- Caixa ativa – *Usar ao abrir arquivos que não especificam uma codificação*.
- Formulário de normalização Unicode – *C (Decomposição Canônica, seguido...)*.
- Caixa ativa – *Mostrar caixa de diálogo Novo documento ao pressionar Ctrl + N (Cmd + N)*.

3. Faça os ajustes necessários e clique no botão *OK/Aplicar*.

Atividade 2 – Criando uma página, reconhecendo a interface e trabalhando com textos

Objetivos:
- Criar uma página.
- Reconhecer os elementos da interface.
- Trabalhar com textos.

Tarefas:
- Criar uma página.
- Reconhecer a interface do programa.
- Alterar o título da página.
- Manipular elementos de texto: parágrafos, quebras de linha, títulos, negrito, itálico e listas.
- Reconhecer as visualizações *Código*, *Dividir* e *Design*.
- Salvar a página.

Com o mapeamento pronto (Atividade 1), você pode proceder às próximas etapas desse projeto.

Na janela de abertura, clique no botão *HTML* da seção *Criar novo*.

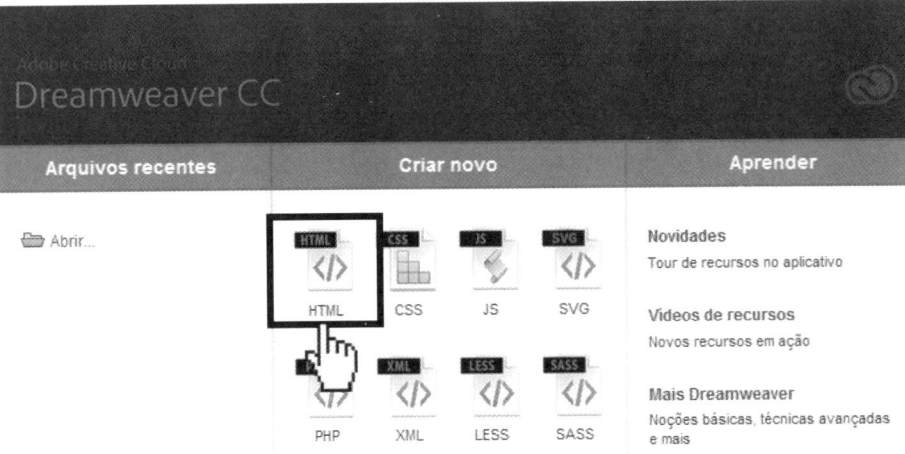

Caso tenha fechado a janela de boas-vindas, clique no menu *Arquivo, Novo* ou *Ctrl + N (Cmd + N)*. Na janela *Novo Documento*, categoria *Tipo de página*, clique em *HTML* e *Criar*.

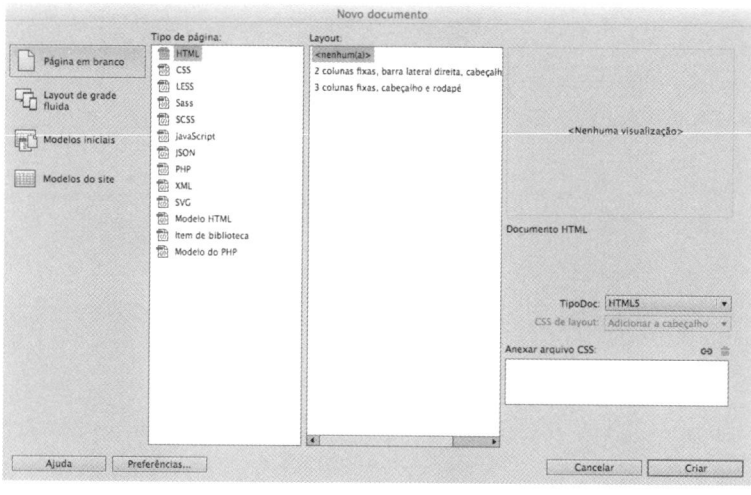

Será exibida a tela do programa com uma página em branco.

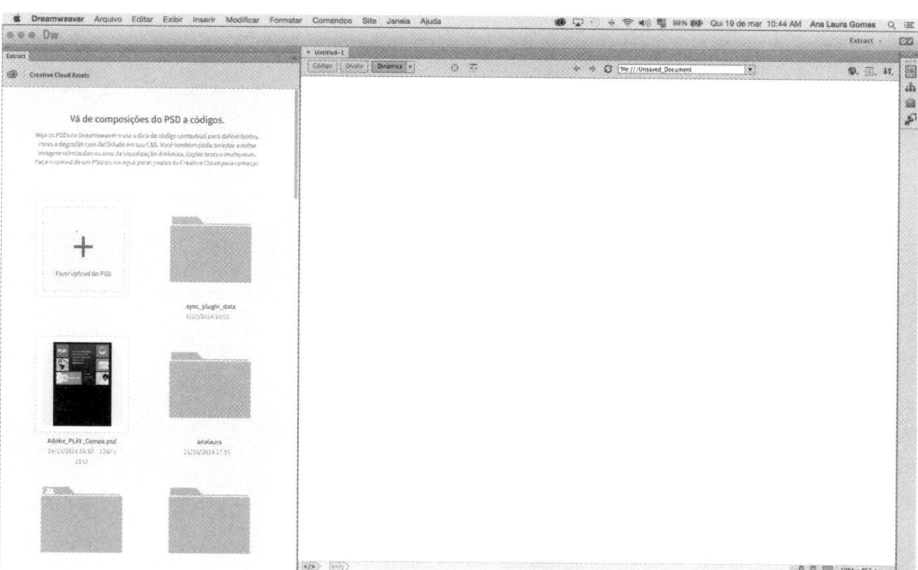

O painel da esquerda da sua janela pode parecer diferente do apresentado na imagem anterior, pois no exemplo estou conectada à minha conta Creative Cloud, portanto são exibidos os meus arquivos. Você terá oportunidade de conhecer mais sobre esse painel em atividades futuras.

Interface do programa

Você vai conhecer cada uma das áreas da interface do programa e a forma de interagir com elas.

Área de trabalho

É o arranjo geral de como estão dispostos os painéis e as janelas. Você pode criar seu arranjo ou usar uma das três opções oferecidas pelo programa. Quando você o abre pela primeira vez, o arranjo inicial é o *Extract*. Observe-o no canto superior direito de sua tela.

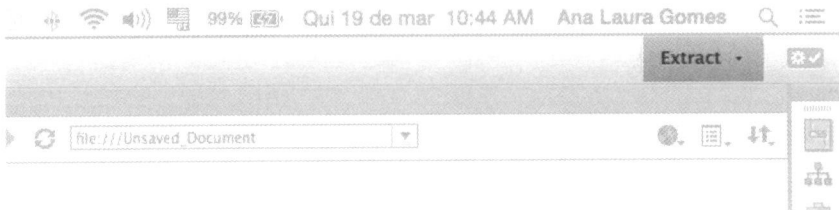

As opções são: *Código*, *Design* e *Extract*. Cada uma dessas áreas destina-se a um propósito específico.

Para as próximas atividades, você usará a área de trabalho no modo *Design*.

1. No menu área de trabalho, clique na seta para baixo e na opção *Design*.

Sua área de trabalho deverá ficar semelhante à que segue:

Barra do aplicativo

Nela, você encontra o menu com todas as opções de comando para interagir com o programa. Você clica e aparecem as opções para sua escolha. Ao lado estão os controles de acesso rápido às diferentes áreas de trabalho e o botão de controle de sincronização. É necessário estar conectado à internet para usar essa última opção.

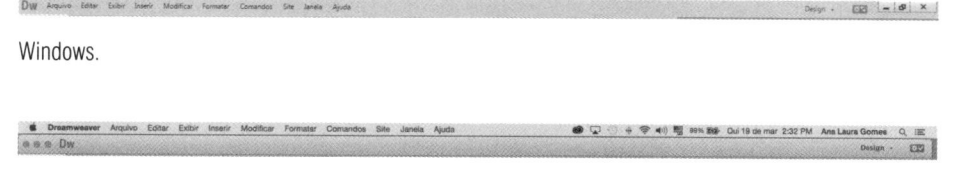

Windows.

Mac OS.

> Há praticamente duas diferenças de conteúdo entre as telas do programa nos sistemas Windows e Mac. Uma delas, já vista anteriormente, é o local do controle de preferências, que no Windows está no menu *Editar* e no Mac está no menu *Dreamweaver*. A segunda diferença é a barra do aplicativo. No Windows, todos os itens aparecem na mesma barra e, no Mac, os menus aparecem em linha acima da barra.

Painéis

Na área dos painéis, você acessa e configura parâmetros de elementos específicos, conforme o painel selecionado.

Para acessar um painel, clique uma vez em sua aba.

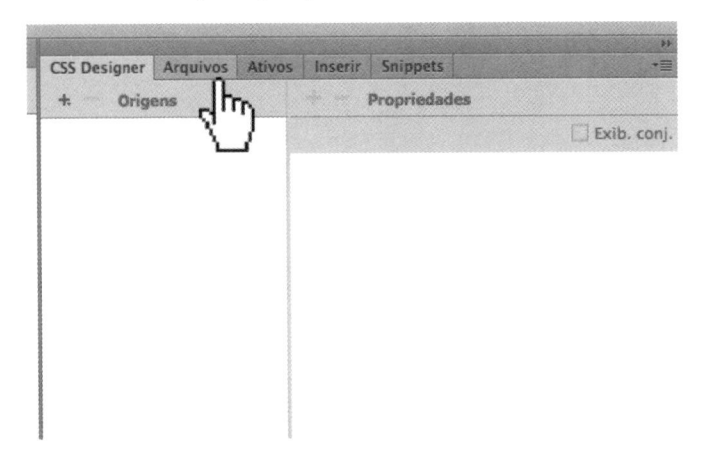

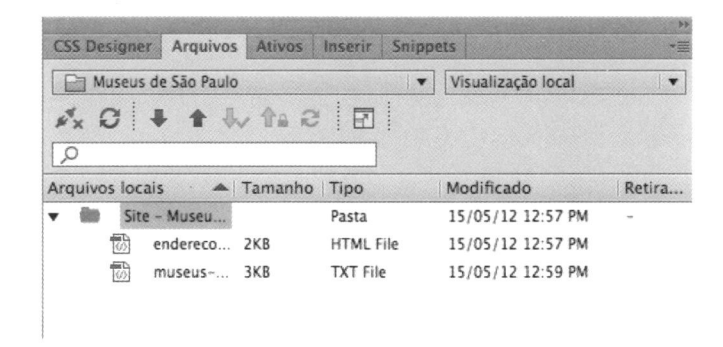

Para fechar um painel, clique duas vezes em sua aba.

Para aumentar ou diminuir a largura da área de painéis, posicione o mouse sobre a barra divisória à esquerda, clique e arraste para a direita ou para a esquerda.

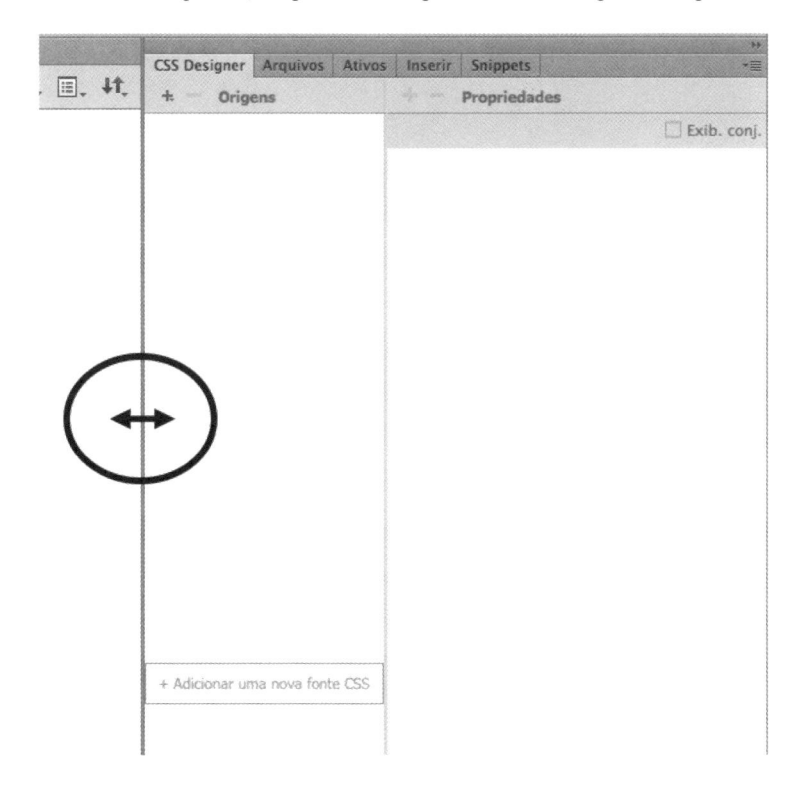

Para aumentar ou diminuir a altura de uma área, posicione o mouse sobre a barra divisória, clique e arraste para cima ou para baixo.

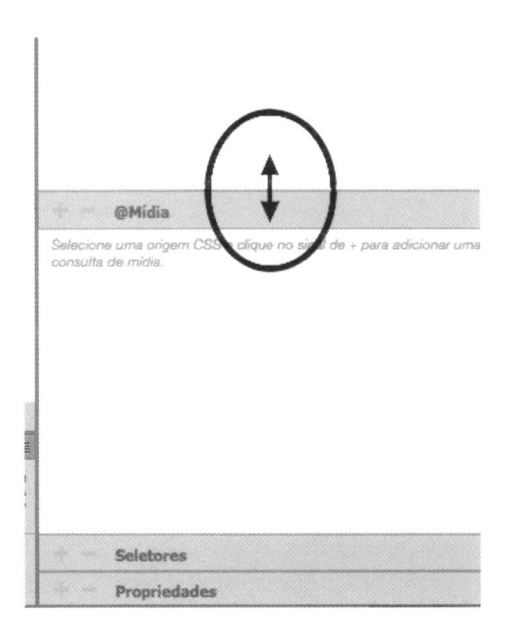

Para visualizar outros painéis, clique no menu *Janela* e, em seguida, no nome do painel que deseja visualizar.

> Os códigos que aparecem ao lado do nome dos painéis nesse menu representam as teclas de atalho para que eles sejam acessados de forma rápida.

Painel Propriedades

Esse painel, o mais importante do programa, é do tipo contextual, ou seja, apresentará as possibilidades de ajuste relativas ao objeto selecionado.

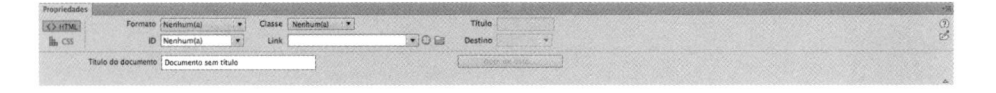

> O painel *Propriedades* será bastante utilizado nas próximas atividades, quando você terá oportunidade de conhecer suas funções.

Barra de status

É composta pelo botão *Exibição rápida de elemento* e pela barra seletora de elementos, que informa o elemento HTML do texto selecionado e permite que a tag seja modificada.

Ao lado estão os botões de acesso aos diferentes tamanhos de tela de dispositivos e tamanho físico da página (medido em pixels).

Janela do documento

É toda a área central, que pode estar nos formatos *Código, Dividir, Dinâmica* ou *Design*. É nesse espaço que você vai digitar o conteúdo de suas páginas.

Barra de ferramentas do documento

Nesta barra estão os controles diretamente relacionados ao documento ou à sua visualização.

Os dois últimos botões dessa barra são, respectivamente, o botão que visualiza a página no navegador e o botão que faz a publicação da página no servidor.

Barra de navegação

A barra de navegação só fica disponível ao ser acionado o comando *Dinâmica*. Dessa forma, você poderá interagir com essa barra como se estivesse em um navegador.

Os dois primeiros botões centrais são para ativar o modo de inspeção e a visualização do código dinamicamente. Ao lado, estão os controles para ir, voltar ou recarregar o conteúdo da página, além da indicação da página em si. No final da barra, aparecem três opções: *visualizar no navegador, configurações da visualização dinâmica* e *publicar no servidor.*

Trabalhando com textos

Título do documento (da página)

1. No painel *Propriedades*, clique na caixa *Título do documento*, apague seu conteúdo e digite: *Museus de São Paulo*.

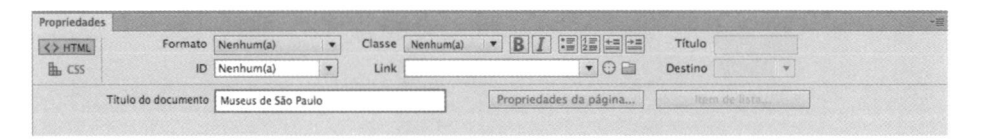

Esse é o título do seu documento. Sua correta utilização é de extrema importância. O título aparece em vários momentos para o visitante do seu site e, por isso, deve sempre refletir o real significado do conteúdo da página. Utilize sempre nomes curtos e significativos. Nessa caixa, você pode utilizar caracteres especiais e espaços.

Veja alguns momentos em que o usuário do seu site vê o título que você digita nessa caixa. No exemplo, o título utilizado foi *Dreamweaver*:

- Na barra de tarefas do Windows:

- Na barra de título do navegador:

- Ao adicionar a página aos *Favoritos* do navegador:

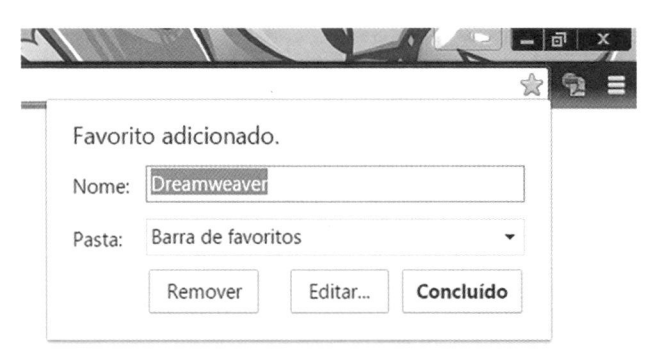

- Ao utilizar a opção *voltar* da janela do navegador:

2. Salve o seu documento. Clique no menu *Arquivo*, em seguida, na opção *Salvar como*.

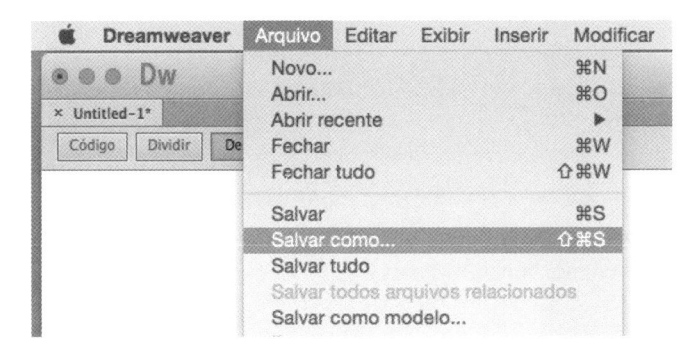

3. Como você está trabalhando de modo mapeado, a pasta de localização já abre na posição correta (*Onde/pastas*). A caixa de *Salvar como/Nome* já aparece selecionada, portanto, digite *museus-sp.html*. Finalize com um clique no botão *Salvar*.

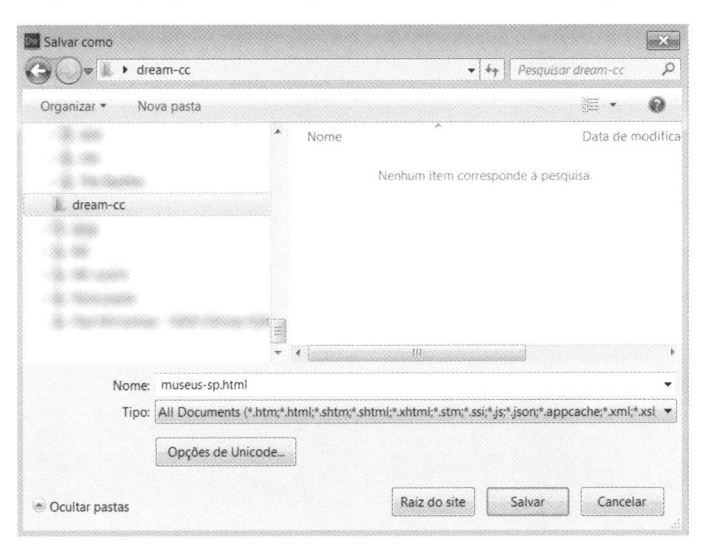

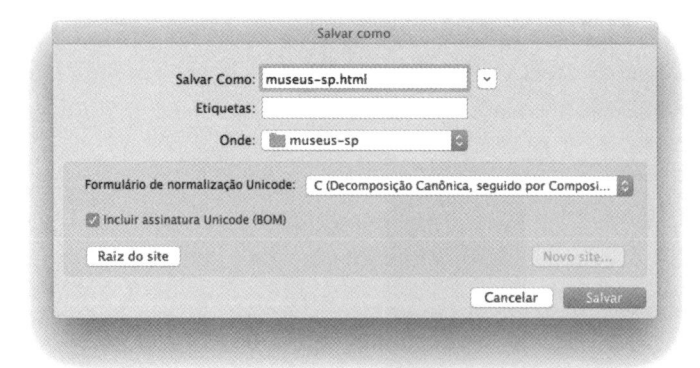

Opções da tela *Salvar como* nos sistemas operacionais Windows e Mac.

> Nomes de arquivos e pastas que vão para a web não podem conter caracteres especiais ou espaços.

Observe que o próprio programa traz indicações de que o arquivo está salvo: na aba da janela do documento (A) e também no painel *Arquivos* (B).

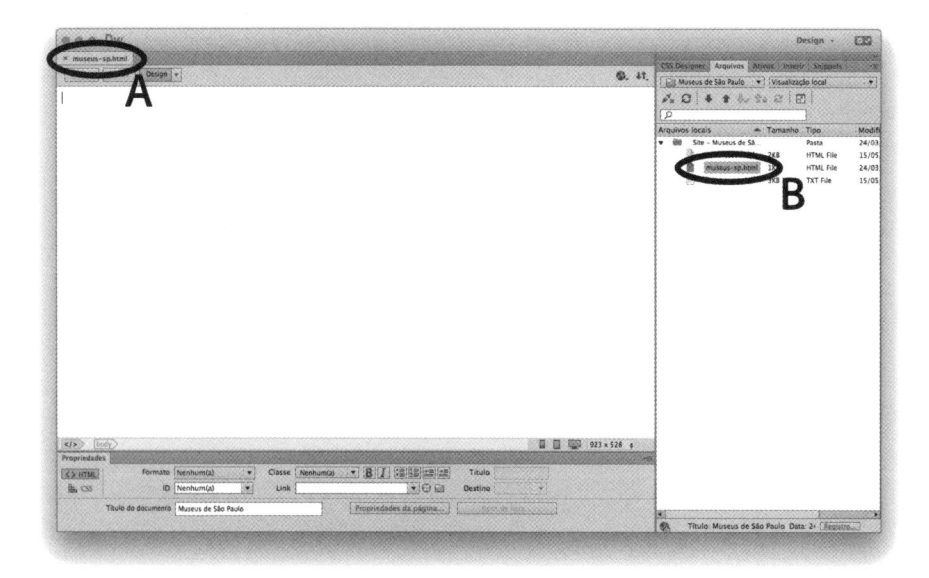

Parágrafos e quebras de linha

1. Clique na janela do documento e digite *Museus de São Paulo*; em seguida, pressione a tecla *Enter*.

Toda vez que você pressiona a tecla *Enter*, o programa cria um parágrafo novo.

Parece um simples texto, mas, por trás dessas ações – digitar e teclar *Enter* –, o programa já realizou várias tarefas para você e deixou informações de retorno sobre elas. Algumas dessas informações estão visíveis quando estamos no modo de visualização *Design*. São elas: sinal de asterisco após o nome do arquivo na aba do documento, informando que houve uma alteração e o documento não está salvo; e a indicação do elemento de marcação de parágrafo na barra seletora de elementos.

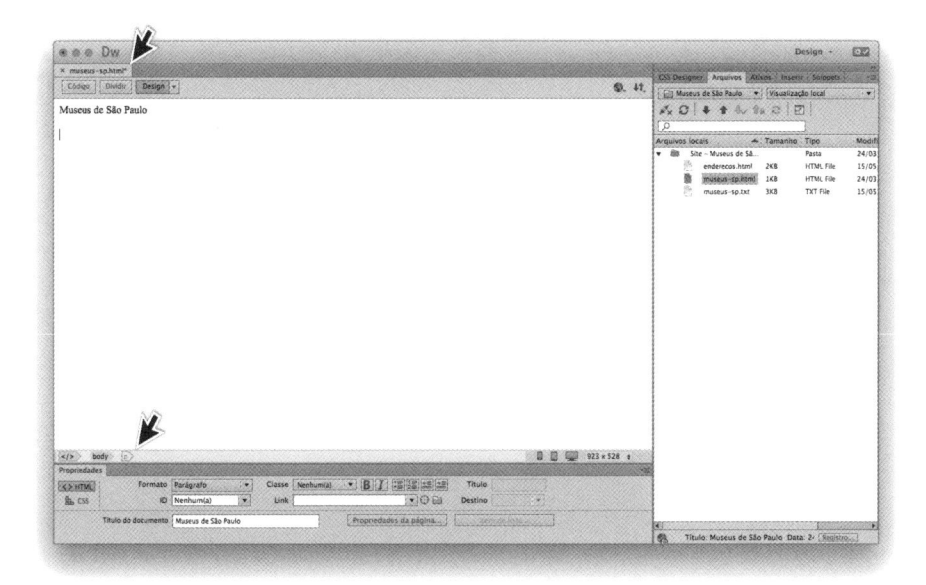

2. Clique no botão *Código*.

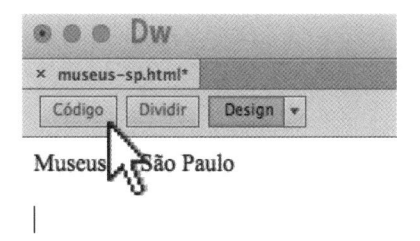

A página de layout agora é substituída pela página de código. Dessa forma, você pode ver as informações relacionadas às tarefas realizadas pelo programa dentro do código HTML. Lembre-se de que o Dreamweaver é um construtor de código.

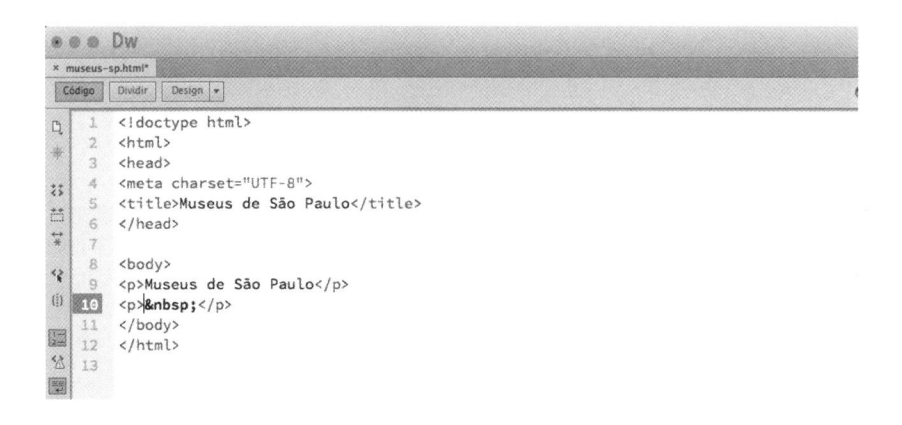

```
<!doctype html>
<html>
<head>
<meta charset="UTF-8">
<title>Museus de São Paulo</title>
</head>

<body>
<p>Museus de São Paulo</p>
<p> </p>
</body>
</html>
```

Nesse modo, você pode ver como é construído o código da página. Para essa atividade, é necessário que você focalize sua atenção para o código nas linhas 9 e 10. Ao pressionar *Enter*, você criou um parágrafo com o texto digitado e já deixou o próximo parágrafo à espera. Os parágrafos são codificados pelo elemento *p*. O início é escrito <p> e o final </p>.

Os parágrafos são linhas contínuas e a quebra acontece automaticamente quando essa linha encontra o fim da janela do navegador (ou outro elemento, como veremos em atividades subsequentes). Isso implica que, se a janela do navegador for bem grande, determinado texto precisará de menos linhas que em uma janela pequena.

3. Clique no botão *Dividir*.

Você terá a página dividida entre os dois modos: na esquerda, o código e, na direita, o layout.

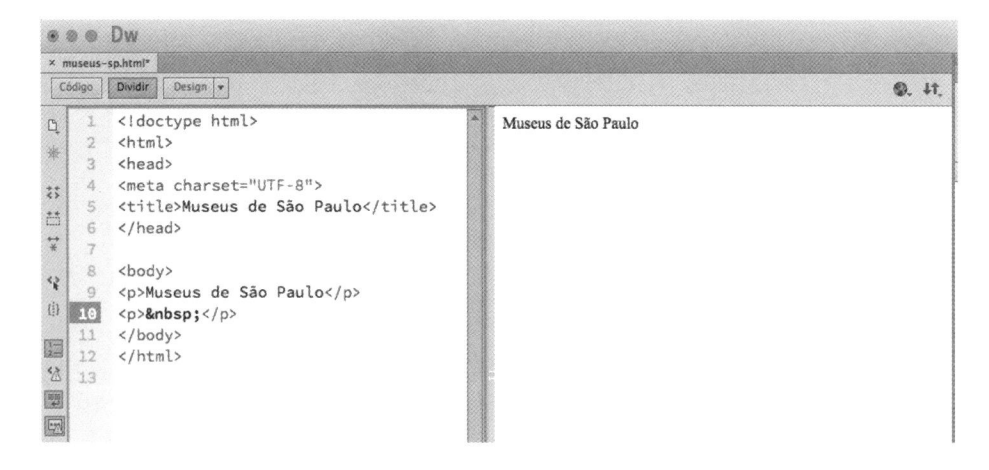

```
<!doctype html>
<html>
<head>
<meta charset="UTF-8">
<title>Museus de São Paulo</title>
</head>

<body>
<p>Museus de São Paulo</p>
<p> </p>
</body>
</html>
```

Museus de São Paulo

4. No painel *Arquivos*, clique duas vezes no arquivo *museus-sp.txt*.

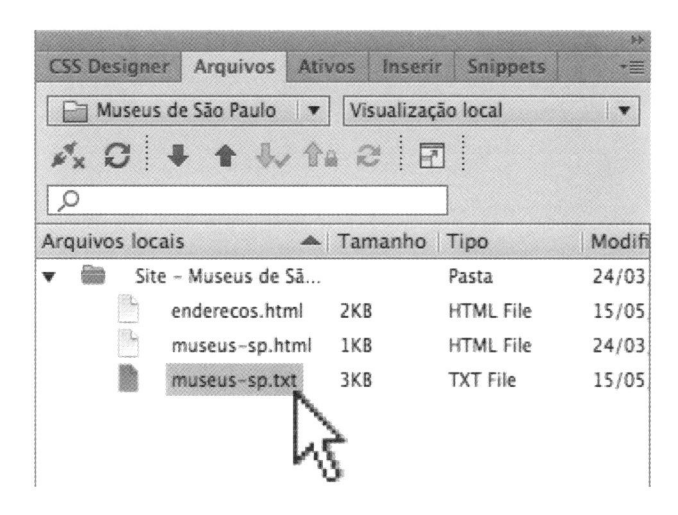

O arquivo será aberto apenas na visualização de código, pois é um arquivo de texto puro (TXT).

5. Selecione da linha 3 até o fim do documento.
6. Copie essa seleção utilizando as teclas de atalho *Ctrl* + *C* (*Cmd* + *C*).

> Você também pode utilizar o menu *Editar*, opção *Copiar*.

7. Clique na aba do documento *museus-sp.html*.

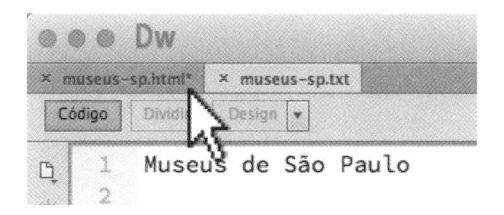

8. Clique na área de design no parágrafo em branco e observe o cursor piscando.

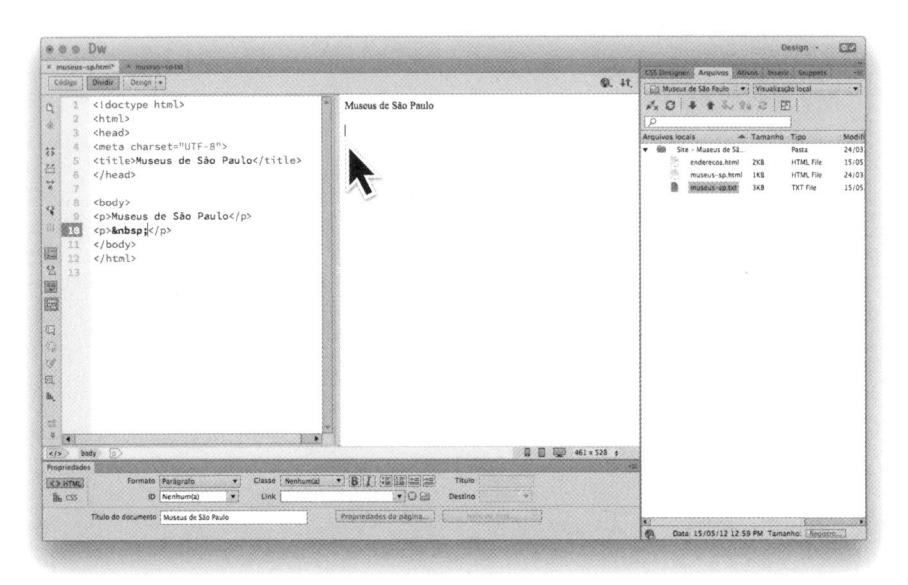

9. Cole o texto copiado utilizando as teclas de atalho *Ctrl + V* (*Cmd + V*).

> Você também pode utilizar o menu *Editar*, opção *Colar*.

Todo o texto selecionado foi copiado.

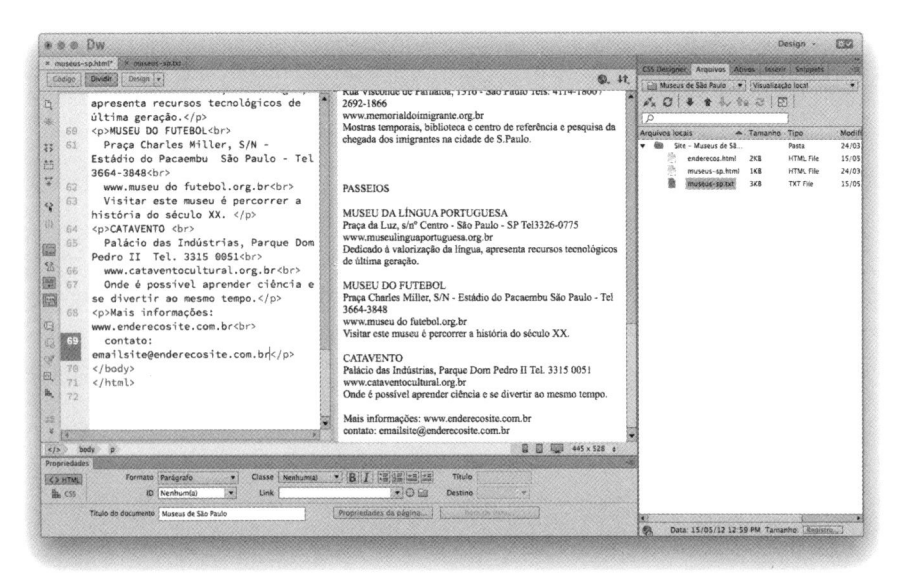

Observe, na área de código, que foram criadas as aberturas e os fechamentos de parágrafos <p> </p>, além das quebras de linha <br>.

```
64    <p>CATAVENTO <br>
65      Palácio das Indústrias, Parque Dom
      Pedro II   Tel. 3315 0051<br>
66      www.cataventocultural.org.br<br>
67      Onde é possível aprender ciência e
      se divertir ao mesmo tempo.</p>
68    <p>Mais informações:
      www.enderecosite.com.br<br>
69      contato:
      emailsite@enderecosite.com.br</p>
70    </body>
71    </html>
```

As quebras de linha são feitas no parágrafo. São utilizadas para que exatamente naquele ponto a linha do parágrafo mude para baixo. É uma quebra forçada no fluxo do parágrafo. Para fazer uma quebra de linha, na área de design, você pressiona as teclas *Shift + Enter*.

Visualização em navegadores

1. Clique no ícone do mundo na barra de ferramentas do documento.

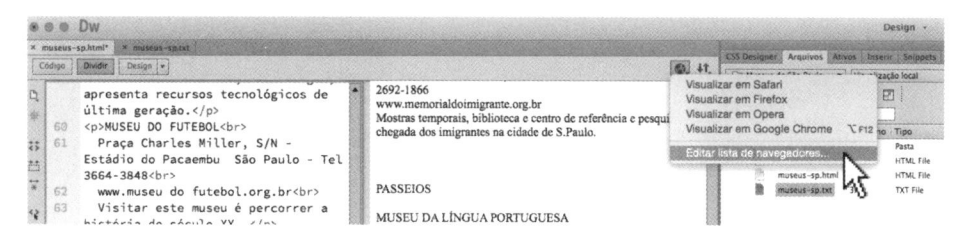

> As opções exibidas nesse ícone variam de acordo com os navegadores instalados em seu equipamento e suas preferências.

2. Clique na opção *Editar lista de navegadores*.

3. Na janela *Preferências*, escolha o navegador principal para acesso por meio da tecla de atalho *F12* (*Opt + F12*) e outro para ser secundário, acessado com as teclas de atalho *Ctrl + F12* (*Cmd + F12*):

- Clique no nome do navegador na caixa *Navegadores*.
- Clique na opção desejada em *Padrões*.

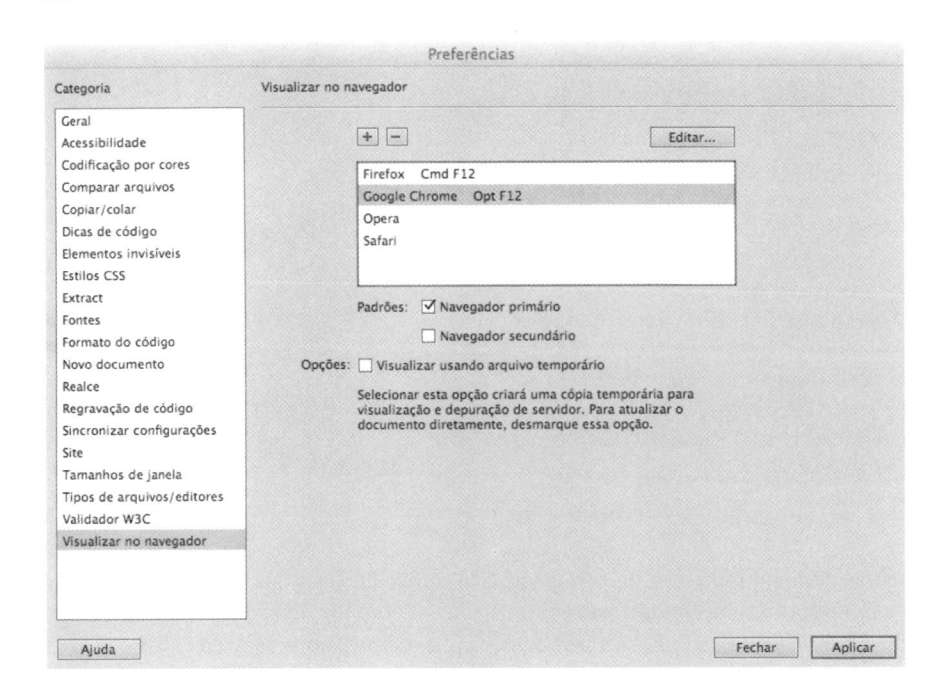

Se desejar acrescentar mais navegadores à sua lista, clique no botão + acima da lista de navegadores. Na janela *Adicionar navegador*, na caixa *Nome*, digite o nome do navegador que está sendo adicionado e, na caixa *Aplicativo*, digite o endereço. Finalize com um clique no botão *OK*.

Este material trabalhará com o Chrome como navegador principal e o Firefox como navegador secundário. Foi adicionado o navegador Torch apenas para exemplo. Fique à vontade para usar suas preferências, observando que as capturas de telas impressas no material poderão apresentar aspecto diferente das obtidas por você no decorrer de algumas atividades.

4. Ao terminar de configurar as preferências relacionadas ao navegador, clique no botão *Aplicar* e depois em *Fechar*.

5. Pressione a tecla *F12* do teclado.

Esse procedimento é um atalho para você visualizar o conteúdo produzido no programa na janela do navegador.

6. Como o programa detectou alterações feitas e não salvas, ele vai perguntar se você deseja salvar seu arquivo. Clique no botão *Sim* e veja como está o seu arquivo no navegador.

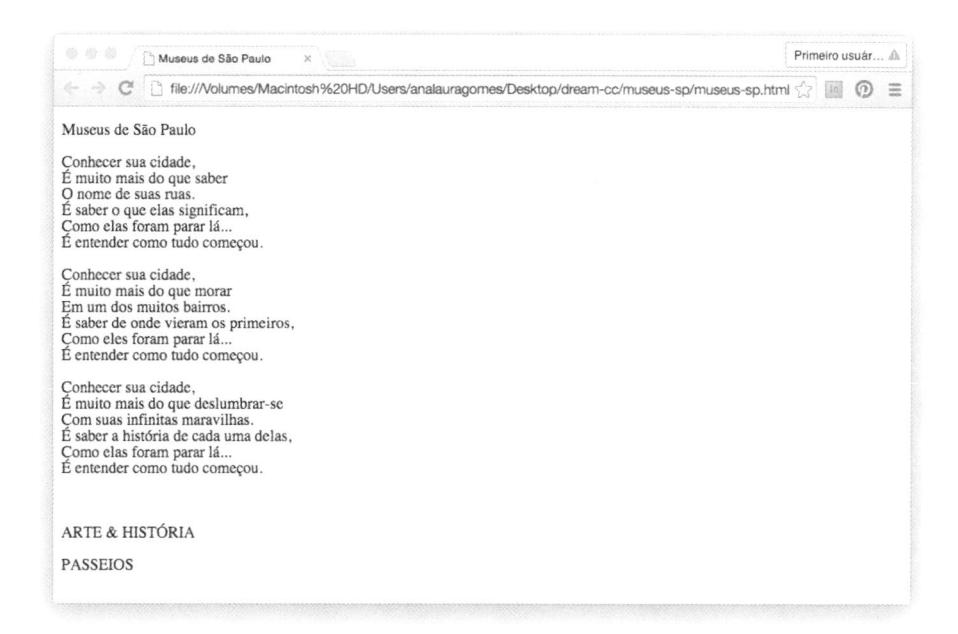

Se você está em um ambiente Windows e seu navegador abriu maximizado, clique no botão *Restaurar* para que a janela do navegador fique menor e você possa observar melhor o comportamento dos elementos de parágrafo.

7. Utilize a barra de rolagem para visualizar os parágrafos ao longo da página. Observe como cada linha do parágrafo chega no fim da janela do navegador e muda automaticamente de linha.

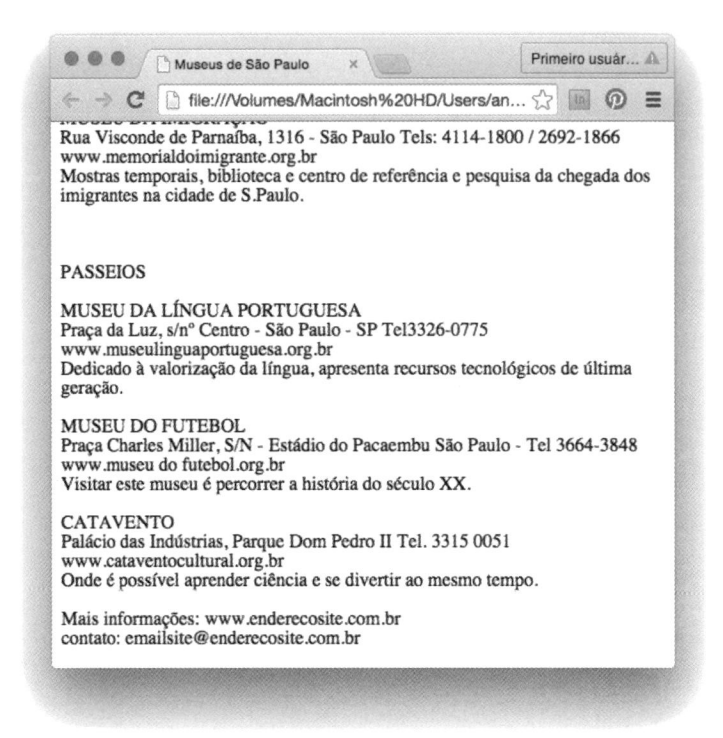

```
MUSEU DA IMIGRAÇÃO
Rua Visconde de Parnaíba, 1316 - São Paulo Tels: 4114-1800 / 2692-1866
www.memorialdoimigrante.org.br
Mostras temporais, biblioteca e centro de referência e pesquisa da chegada dos
imigrantes na cidade de S.Paulo.


PASSEIOS

MUSEU DA LÍNGUA PORTUGUESA
Praça da Luz, s/n° Centro - São Paulo - SP Tel3326-0775
www.museulinguaportuguesa.org.br
Dedicado à valorização da língua, apresenta recursos tecnológicos de última
geração.

MUSEU DO FUTEBOL
Praça Charles Miller, S/N - Estádio do Pacaembu São Paulo - Tel 3664-3848
www.museu do futebol.org.br
Visitar este museu é percorrer a história do século XX.

CATAVENTO
Palácio das Indústrias, Parque Dom Pedro II Tel. 3315 0051
www.cataventocultural.org.br
Onde é possível aprender ciência e se divertir ao mesmo tempo.

Mais informações: www.enderecosite.com.br
contato: emailsite@enderecosite.com.br
```

8. Diminua a largura da janela do navegador e observe que agora são necessárias mais linhas para acomodar o mesmo parágrafo. As quebras de linha forçadas (<br>) permanecem as mesmas.

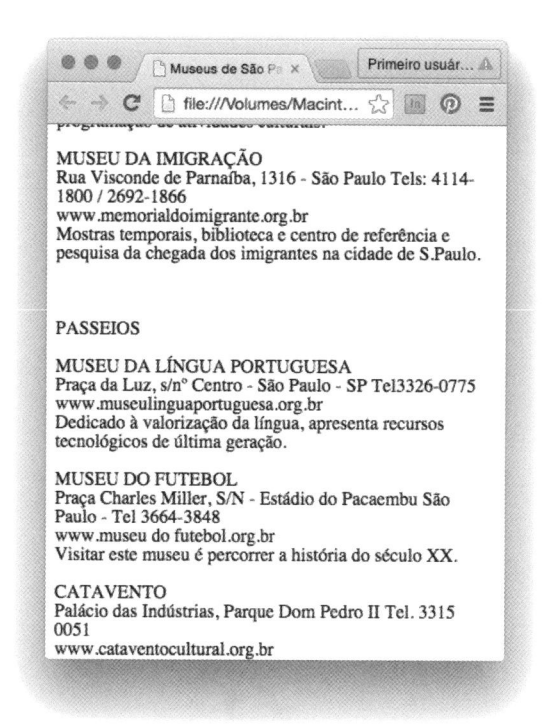

9. Clique no botão *Fechar* da janela do navegador para retornar ao programa.

Estruturação semântica

Trabalhar o conteúdo separado da forma é a premissa essencial do novo paradigma da web. A grande verdade é que isso já deveria ser feito há muitos anos, praticamente desde o início da web, na década de 1990, mas não era o que estava acontecendo. Muitos elementos de formatação foram embutidos no conteúdo, tornando os sites lentos e de difícil acesso, principalmente para leitores de tela para cegos e mecanismos de busca. Nos últimos anos, vem crescendo a conscientização para as questões de acessibilidade, tanto do ponto de vista das pessoas quanto das máquinas, e hoje a web é feita com páginas estruturadas com HTML e diagramadas com CSS (*Cascading Style Sheets* – folhas de estilo em cascata, que é uma linguagem de estilos). Esse também é o foco e o objetivo de nossas atividades.

Entenda o conceito de estruturação como colocar conteúdos em caixas. Colocar títulos principais em uma caixa, títulos secundários em outra e o conteúdo propriamente dito em uma terceira. O visual dessas caixas fica por conta do CSS.

Os elementos (ou as caixas) básicos para estruturar um documento são os parágrafos e os títulos, e esses títulos possuem uma hierarquia que vai do nível 1, o mais importante, até o nível 6, de menor importância. Assim, você tem a caixa *p* para o conteúdo e pode distribuir os títulos dos assuntos em *headings* (cabeçalhos) de 1 a 6, ou seja, *h1* a *h6*.

> Ao longo das próximas atividades você irá conhecer e utilizar esses e outros elementos estruturais de HTML5, incluindo *header*, *main* e *footer*.

Parágrafo e cabeçalho

1. Na área de design, clique em qualquer lugar na primeira linha do documento. Observe o cursor piscando.

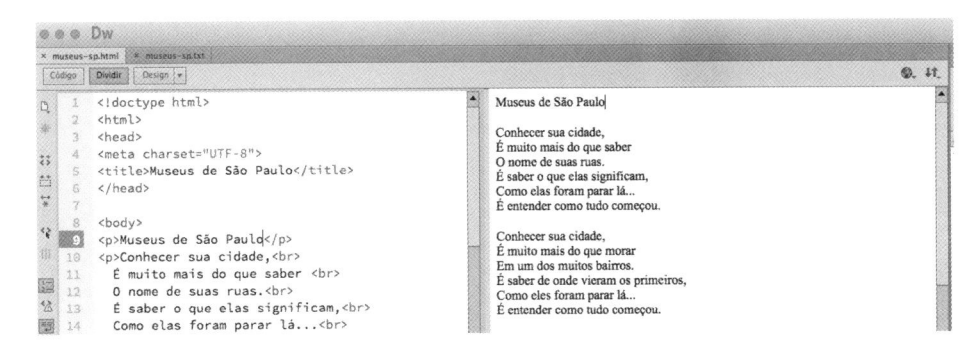

2. No painel *Propriedades*, clique na caixa *Formato*; em seguida, clique na opção *Cabeçalho 1*.

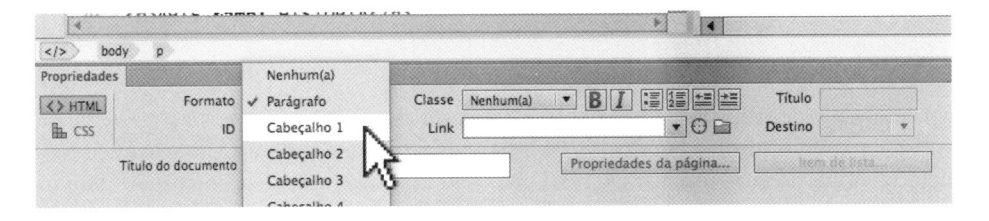

Esse procedimento faz o parágrafo selecionado se transformar em um parágrafo especial: um título, pois é exatamente isso que o texto representa. Dessa forma, você está estruturando o seu conteúdo semanticamente, ou seja, pelo seu significado. O título mais importante recebe a formatação *Cabeçalho 1*, o de menor importância *Cabeçalho 2* e assim sucessivamente. Recomenda-se o uso dos valores de cabeçalhos na sequência (1 para o mais importante, 2 para o segundo em importância, 3 para o terceiro, etc.) e que seja mantida a lógica da ordem estabelecida ao longo de todo seu projeto. Cabeçalhos de mesma importância recebem o mesmo valor de formato.

3. Observe o resultado tanto na área de design quanto na área de código.

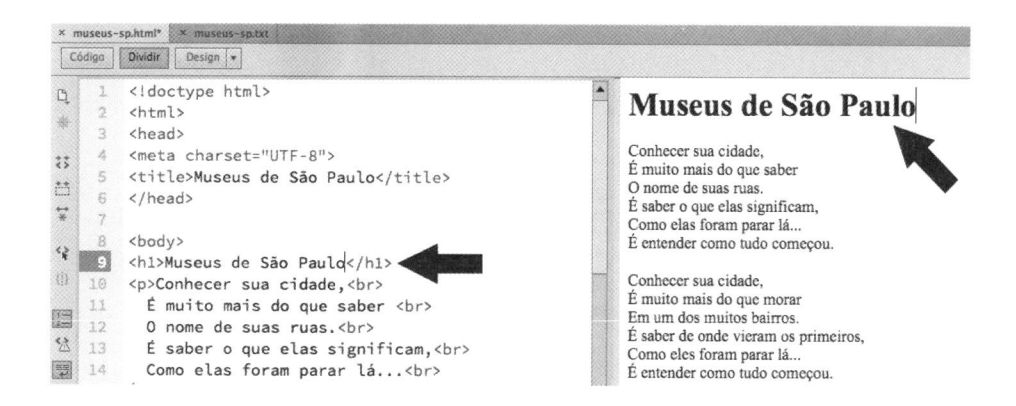

```
x museus-sp.html*   x museus-sp.txt
 Código   Dividir   Design

 1   <!doctype html>
 2   <html>
 3   <head>
 4   <meta charset="UTF-8">
 5   <title>Museus de São Paulo</title>
 6   </head>
 7
 8   <body>
 9   <h1>Museus de São Paulo</h1>   ⬅
10   <p>Conhecer sua cidade,<br>
11       É muito mais do que saber <br>
12       O nome de suas ruas.<br>
13       É saber o que elas significam,<br>
14       Como elas foram parar lá...<br>
```

Museus de São Paulo

Conhecer sua cidade,
É muito mais do que saber
O nome de suas ruas.
É saber o que elas significam,
Como elas foram parar lá...
É entender como tudo começou.

Conhecer sua cidade,
É muito mais do que morar
Em um dos muitos bairros.
É saber de onde vieram os primeiros,
Como eles foram parar lá...
É entender como tudo começou.

4. Na área de design, clique na linha *ARTE & HISTÓRIA* (imediatamente acima de *PINACOTECA*); em seguida, no painel *Propriedades*, clique na caixa *Formato* e na opção *Cabeçalho 2*.

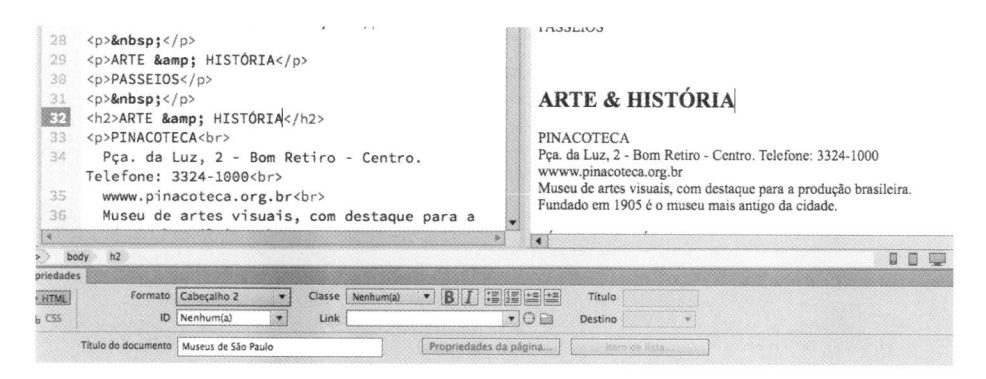

```
28   <p> </p>
29   <p>ARTE &amp; HISTÓRIA</p>
30   <p>PASSEIOS</p>
31   <p> </p>
32   <h2>ARTE &amp; HISTÓRIA</h2>
33   <p>PINACOTECA<br>
34       Pça. da Luz, 2 - Bom Retiro - Centro.
     Telefone: 3324-1000<br>
35       www.pinacoteca.org.br<br>
36       Museu de artes visuais, com destaque para a
```

ARTE & HISTÓRIA

PINACOTECA
Pça. da Luz, 2 - Bom Retiro - Centro. Telefone: 3324-1000
www.pinacoteca.org.br
Museu de artes visuais, com destaque para a produção brasileira.
Fundado em 1905 é o museu mais antigo da cidade.

5. Repita o procedimento anterior para a linha *PASSEIOS* (imediatamente acima de *MUSEU DA LÍNGUA PORTUGUESA*).

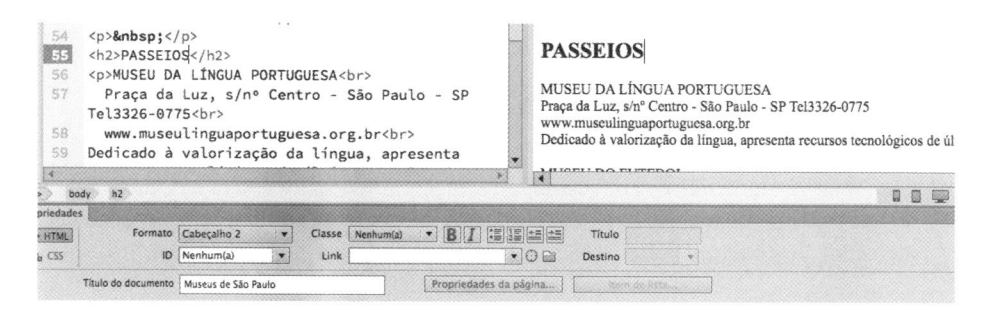

```
54   <p> </p>
55   <h2>PASSEIOS</h2>
56   <p>MUSEU DA LÍNGUA PORTUGUESA<br>
57       Praça da Luz, s/nº Centro - São Paulo - SP
     Tel3326-0775<br>
58       www.museulinguaportuguesa.org.br<br>
59       Dedicado à valorização da língua, apresenta
```

PASSEIOS

MUSEU DA LÍNGUA PORTUGUESA
Praça da Luz, s/nº Centro - São Paulo - SP Tel3326-0775
www.museulinguaportuguesa.org.br
Dedicado à valorização da língua, apresenta recursos tecnológicos de úl

Ambas as linhas contêm o mesmo tipo de informação e, portanto, recebem o mesmo tipo de peso, no caso, *Cabeçalho 2*. Fazendo assim, você está estruturando o seu conteúdo de forma semântica.

Ao manter a mesma formatação ao longo do projeto para conteúdos de mesmo sentido, como nesse passo utilizando *Cabeçalho 2* para subtítulo, você vai garantir a consistência do layout. Rapidamente, o visitante vai aprender que aquele formato é para os subtítulos.

> Não se preocupe com o aspecto do resultado. Por padrão, os navegadores possuem formas diferentes de exibir os títulos. Ao longo das atividades, você aprenderá a manipular esse aspecto utilizando CSS.

6. Na área de design, clique na linha *Mais informações: www.enderecosite.com.br*; em seguida, no painel *Propriedades*, clique na caixa *Formato*, depois na opção *Cabeçalho 3*.

Observe que, mesmo tendo clicado apenas na primeira linha, ao trocar sua formatação, ela foi transferida automaticamente para a linha de baixo. Isso ocorre por causa da quebra de linha <br>. A formatação é pertinente ao parágrafo todo; portanto, as quebras de linhas, que cortam apenas o fluxo visual, não interferem na continuidade do parágrafo e na sua formatação.

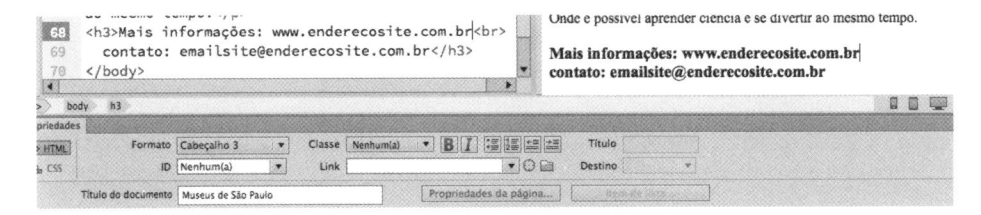

7. Observe na aba do nome do arquivo a marcação de que há alterações ainda não salvas no documento.

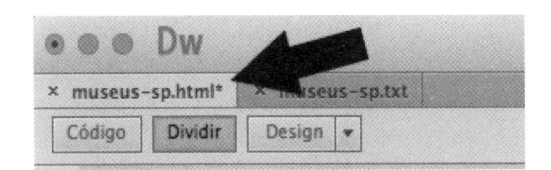

8. Clique no menu *Arquivo*; em seguida, na opção *Salvar* para salvar seu documento, ou use as teclas de atalho *Ctrl + S* (*Cmd + S*). Observe que a marcação desapareceu, indicando que o arquivo está salvo.

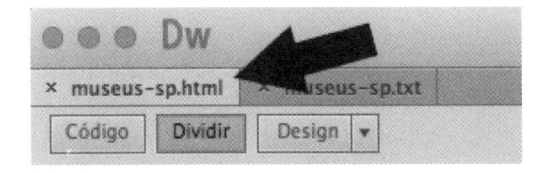

Força e destaque – *emphatic stress* e *strong*

Há dois elementos semânticos utilizados para dar destaque: <em> e <strong>. Esses elementos HTML, assim como os elementos de cabeçalho, carregam uma formatação natural indicada pelo navegador: itálico e negrito. Porém, quando você os usa, sua preocupação deve ser semântica e não estética. Quando a intenção é dar ênfase ao texto, ou você está usando um idioma estrangeiro, então usa-se a marcação <em>. Quando a intenção é dar força, uma importância maior, então usa-se <strong>. No Dreamweaver, você usa os botões *B* e *I* do painel de *Propriedades*.

1. Na parte superior do documento, logo abaixo do título, clique na linha *Conhecer sua cidade*; em seguida, clique no elemento *<p>* da barra seletora.

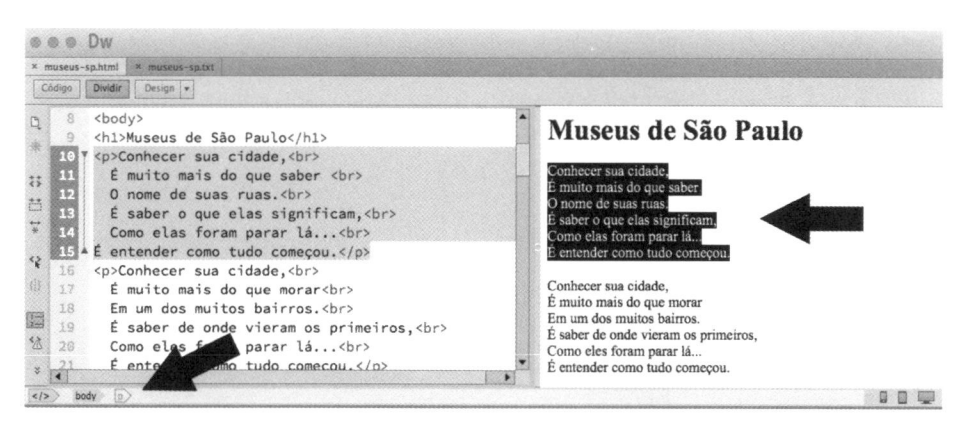

Esse procedimento seleciona todo o parágrafo.

2. No painel *Propriedades*, clique no botão *Itálico*.

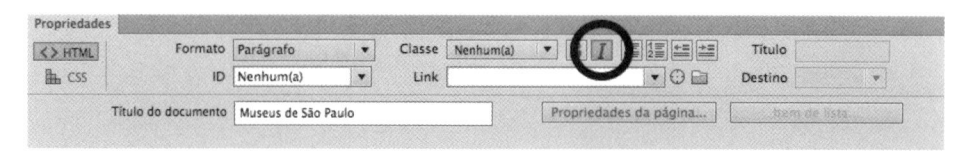

Esse procedimento transforma todo o parágrafo em itálico. Esse tipo de transformação não é referente ao parágrafo, e sim à seleção, por isso não basta apenas deixar o cursor piscando na linha que se deseja alterar, é necessário realizar a seleção. Nesse caso, deve-se selecionar todo o parágrafo por meio da barra seletora de elementos.

3. Na área de design, selecione o texto *PINACOTECA*; em seguida, no painel *Propriedades*, clique no botão *Negrito*.

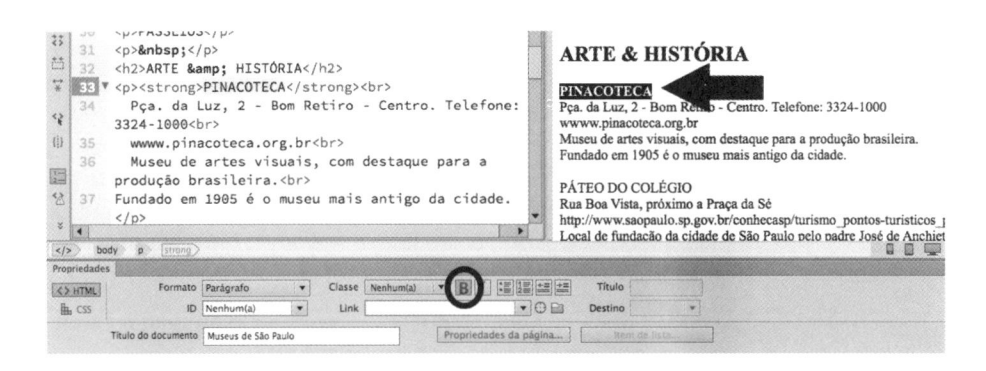

Esse procedimento transforma apenas o texto selecionado em negrito.

4. Na área de design, selecione cada um dos nomes dos museus e transforme-os em negrito, repetindo o procedimento anterior.

Lista dos nomes dos museus:

Pátio do Colégio, Masp, MAM, Museu da Imigração, Museu da Língua Portuguesa, Museu do Futebol, Catavento.

> Você pode usar as teclas de atalho *Ctrl + I (Cmd + I)* para colocar uma seleção em itálico, e o atalho *Ctrl + B (Cmd + B)* para colocar uma seleção em negrito.

5. Clique no menu *Arquivo*; em seguida, na opção *Salvar* para salvar seu documento, ou use as teclas de atalho *Ctrl + S (Cmd + S)*.

Listas

As listas são uma forma semântica de estruturar o conteúdo de itens relacionados. Uma lista de compras, uma lista de tarefas, uma lista de menu, etc. Lembre-se de que, mais que um visual diferente, o objetivo é estruturar o conteúdo de suas páginas de acordo com o que contêm.

Observe o conteúdo indicado:

1. Esse é um conteúdo de dois parágrafos. Essa observação é importante, pois, para usar o botão de lista conforme será feito no próximo passo, o conteúdo de cada um dos itens da lista deve estar isolado em seu próprio parágrafo. Caso você tenha um único parágrafo com quebras de linha, o resultado será diferente. Quando isso acontecer, na área de design, apague a quebra de linha e pressione *Enter* para criar o parágrafo; faça isso até que todos os futuros itens da lista estejam em seus respectivos parágrafos.

2. Na área de design, selecione esses dois parágrafos; em seguida, no painel *Propriedades*, clique no botão *Lista não ordenada*.

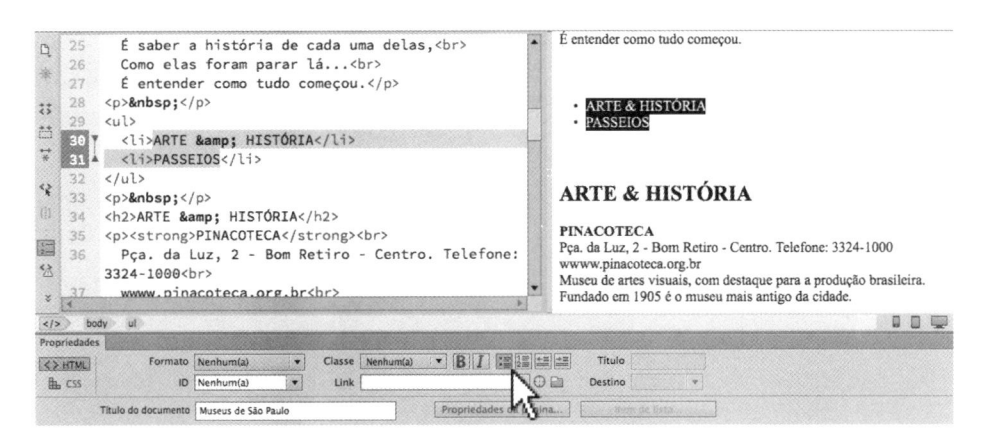

Esse procedimento transformou os parágrafos em itens de lista não ordenada.

- Caso necessite de uma lista ordenada, selecione os parágrafos que farão parte da lista e clique no botão *Lista ordenada* no painel *Propriedades*.

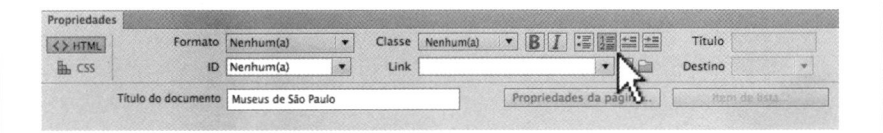

- Para remover completamente os itens de lista, transformando-os novamente em parágrafos, selecione os itens e clique novamente no botão *Lista ordenada/ Lista não ordenada* conforme a lista selecionada.

Régua horizontal

1. Clique no início da linha do Cabeçalho 2, em *ARTE & HISTÓRIA*; em seguida, clique no painel *Inserir*, opção *Comum*, clique em *Régua horizontal*.

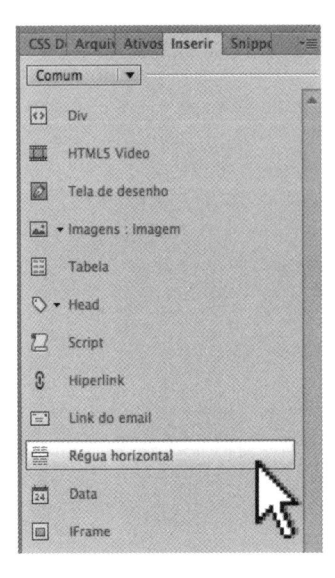

- Caso o painel *Inserir* esteja ativo, clique sobre sua aba para ativá-lo.
- Caso a opção *Comum* não esteja visível, clique na seta para baixo da caixa de opções e clique sobre ela para ativá-la.

Observe o resultado. Embora você tenha clicado no parágrafo *ARTE & HISTÓRIA*, a régua horizontal ficou acima dele. Isso porque a régua é também considerada um elemento de bloco, assim como o parágrafo, e elementos de bloco não ficam lado a lado, ao menos não sem estilo. Você verá mais sobre os tipos de elementos e estilos ao longo das atividades.

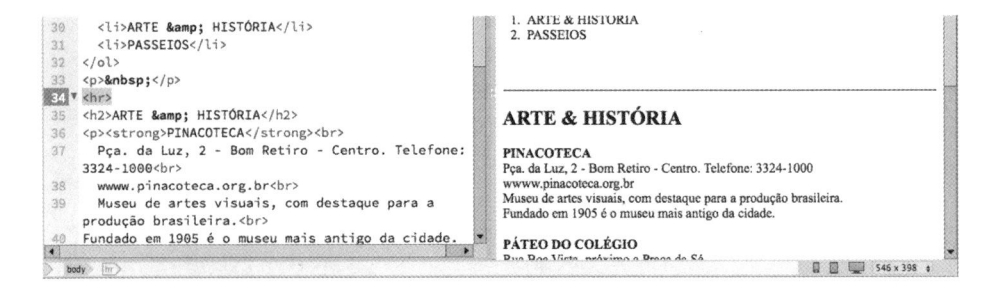

2. Salve seu documento.

Elementos de seção

Os elementos que você verá aqui representam uma das maiores mudanças trazidas pelo HTML5. Os elementos de seção são responsáveis por organizar o conteúdo de forma mais estrutural, mas sempre tendo em vista o sentido desse conteúdo. A forma mais fácil de utilizar esses elementos é por meio do menu *Inserir*, opção *Estrutura*.

1. No painel *Inserir*, clique na seta para baixo das categorias e escolha a opção *Estrutura*.

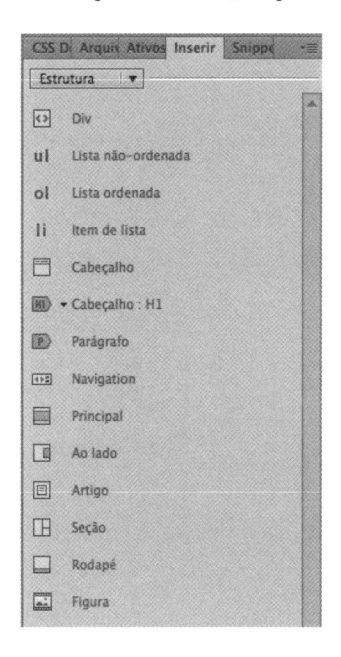

Observe que por meio desse painel também é possível inserir parágrafos, cabeçalhos e listas.

2. Na área de design, selecione o primeiro cabeçalho e todo o texto antes do início da lista, incluindo o parágrafo em branco.

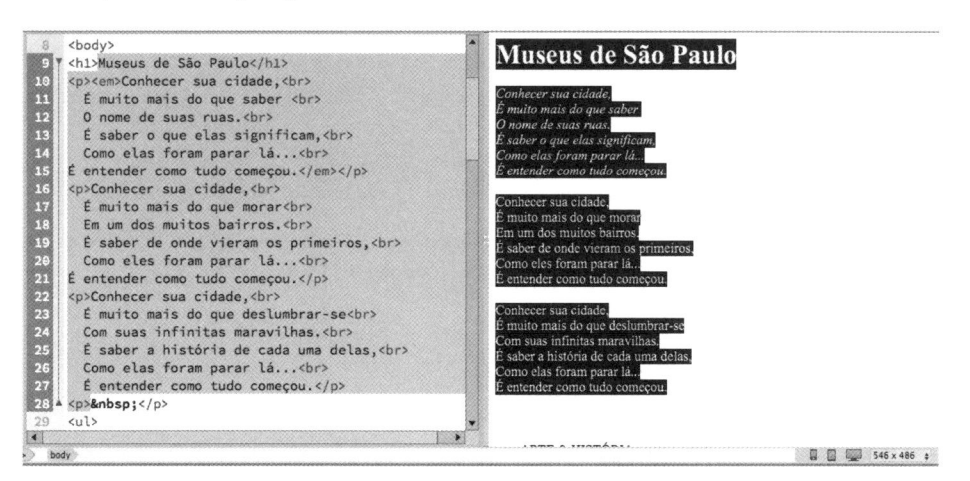

> Você pode clicar no parágrafo em branco antes da lista e arrastar até o topo da página para selecionar todo o bloco de texto e cabeçalho.

3. No painel *Inserir*, clique em *Cabeçalho*.

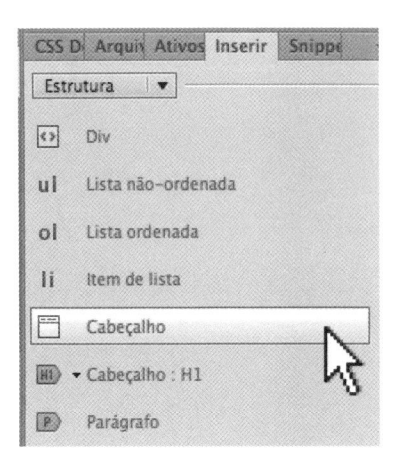

4. Na caixa de diálogo *Inserir Header*, na opção *Inserir*, verifique se está selecionada a opção *Dispor ao redor...* (*Dispor ao redor da seleção*) e clique em *OK*.

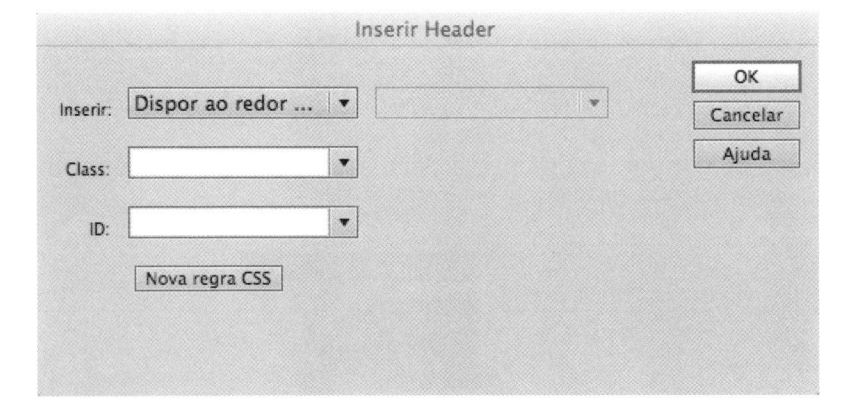

O programa coloca o elemento <header> ao redor da seleção. Você pode observar o código no lado esquerdo da tela e a marcação feita com um retângulo pontilhado cinza na área de design.

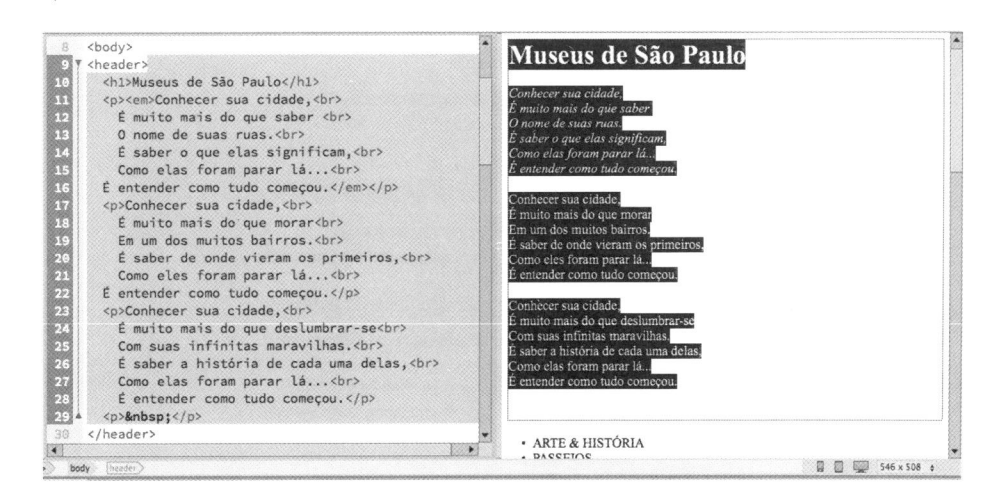

5. Na área de design, selecione a lista e o parágrafo em branco abaixo dela.
6. No painel *Inserir*, clique na opção *Navigation*.
7. Na caixa de diálogo *Inserir Navigation*, na opção *Inserir*, verifique se está selecionada a opção *Dispor ao redor...* (*Dispor ao redor da seleção*) e clique *OK*.

8. Na área de design, selecione o texto que começa em *ARTE & HISTÓRIA* até o parágrafo em branco antes de *PASSEIOS*.
9. No painel *Inserir*, clique na opção *Seção*.
10. Na caixa de diálogo *Inserir Section*, opção *Inserir*, verifique se está selecionada a opção *Dispor ao redor...* (*Dispor ao redor da seleção*) e clique *OK*.

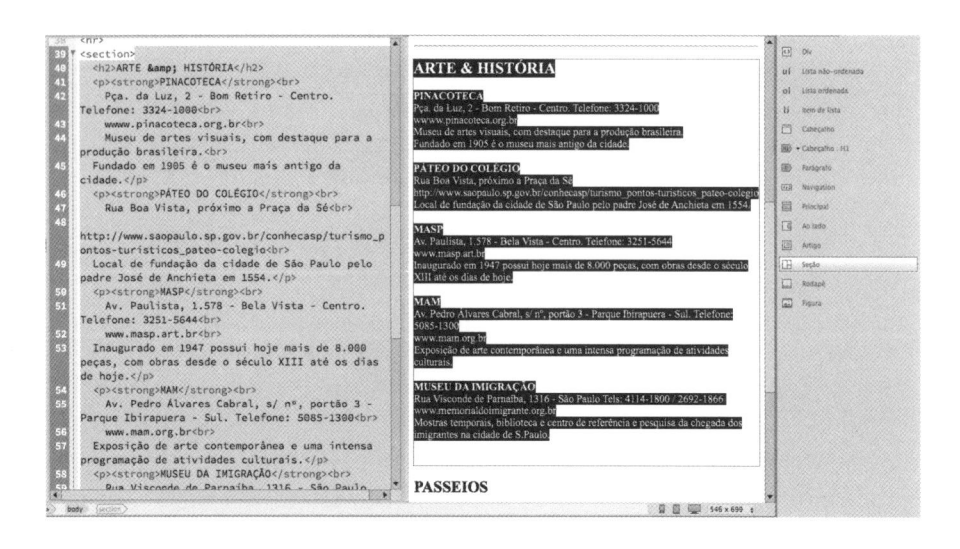

11. Na área de design, selecione o texto que começa em *PASSEIOS* até a linha *Onde é possível aprender...*.
12. No painel *Inserir*, clique na opção *Seção*.
13. Na caixa de diálogo *Inserir Section*, na opção *Inserir*, verifique se está selecionada a opção *Dispor ao redor...* (*Dispor ao redor da seleção*) e clique em *OK*.

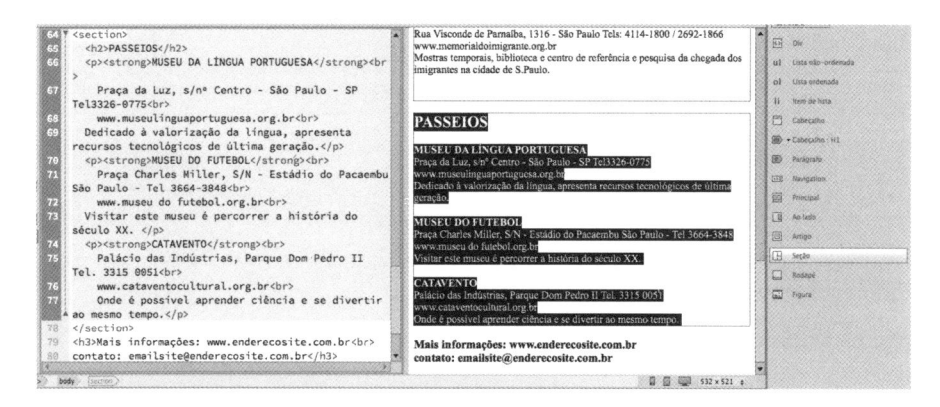

14. Na área de design, selecione o último cabeçalho 3.
15. No painel *Inserir*, clique na opção *Rodapé*.
16. Na caixa de diálogo *Inserir Footer*, na opção *Inserir*, verifique se está selecionada a opção *Dispor ao redor...* (*Dispor ao redor da seleção*) e clique em *OK*.

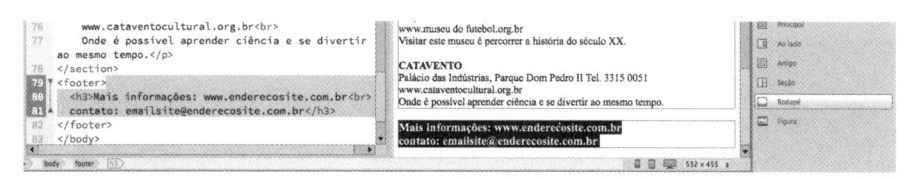

17. Salve o seu trabalho.
18. Clique na seta para baixo ao lado de *Design* e escolha a opção *Dinâmica*.

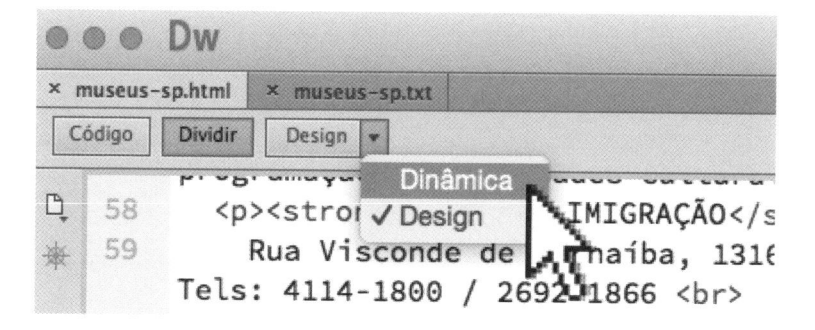

A visualização *Dinâmica* transforma a janela do documento em uma simulação de navegador baseado no motor de renderização *Chromium*, que é o utilizado no navegador Google Chrome.

Observe que não há qualquer marcação das últimas alterações feitas nessa área. Os elementos estruturais de seção são apenas para a marcação semântica do conteúdo:

- *cabeçalho*, elemento *header*: indica uma seção destinada aos itens de cabeçalho além de conteúdos introdutórios. Pode ser referente à página toda ou apenas a uma seção ou um artigo;

- *navegação*, elemento *nav*: indica uma seção destinada aos elementos de navegação para páginas dentro ou fora de seu website. Pode conter outros elementos além de links e é recomendado apenas para navegação primária e secundária;

- *seção*, elemento *section*: indica uma seção destinada a um tipo de conteúdo genérico do conteúdo agrupado por um tema;

- *rodapé*, elemento *footer*: indica uma seção destinada a receber um conteúdo adicional à seção que representa ou à própria página. Endereços, autores, ou até mesmo navegação secundária são itens encontrados nessa seção.

Há ainda outros elementos de seção que não foram utilizados agora, mas o serão em atividades futuras. São eles:

- *ao lado*, elemento *aside*: indica uma seção de conteúdo correlato ao conteúdo principal, mas que pode ser entendido de forma independente. Normalmente, contém itens de publicidade;

- *artigo*, elemento *article*: indica uma seção de conteúdo autossuficiente, que pode ser distribuída separadamente do resto do conteúdo, como os artigos de uma publicação, por exemplo.

O item *Principal*, elemento *main*, é um elemento de agrupamento. Ele deve conter a área principal de sua página, o ponto central.

Todos esses elementos serão utilizados para a criação do layout de seu conteúdo. Uma marcação estrutural bem-feita facilita, e muito, a criação dos estilos para que seu projeto fique bonito e fácil de usar.

> Saiba mais sobre os elementos de seção no site do W3C (em inglês): http://bit.ly/html5sections.

19. Clique no *X* e feche o documento *museus-sp.txt*, conforme indicado:

Exibição rápida do elemento

Tanto na visualização *Design* quanto na visualização *Dinâmica* é possível fazer alterações de blocos de elementos por meio de um painel especial chamado *Exibição rápida do elemento*.

1. Na barra seletora de elementos, clique no botão </> (*Exibição rápida do elemento*).

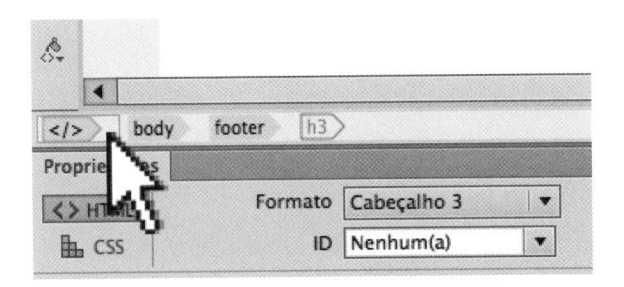

Esse procedimento abrirá o painel de exibição rápida de elementos.

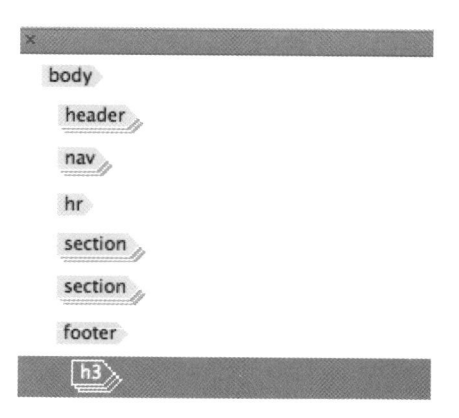

> Você também pode usar as teclas de atalho *Ctrl + /* (*Cmd + /*).

2. No painel, clique na segunda marcação *section*. Em seguida, clique e arraste essa marcação para baixo do elemento *hr*. Observe que aparecerá uma linha verde indicando a nova posição. Libere o botão do clique nessa posição.

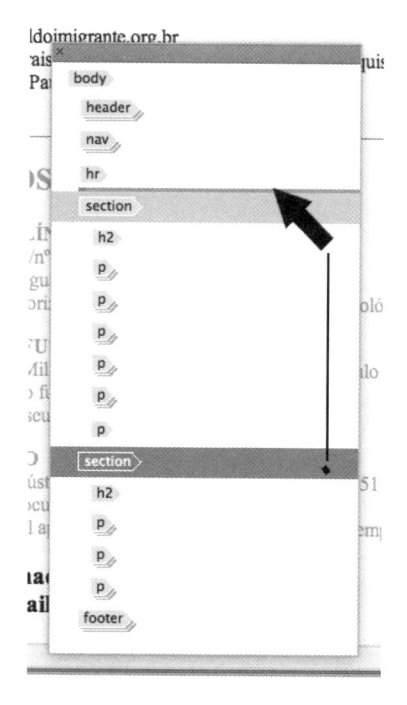

Observe que todo o grupo foi movimentado. Essa é a forma mais simples para se movimentar grandes agrupamentos por sua página.

3. Ainda com o painel aberto, clique na marcação *nav*. Em seguida, clique na marcação *ul*.
4. Clique e arraste o segundo *li* para cima do primeiro, invertendo a ordem dos itens da lista.

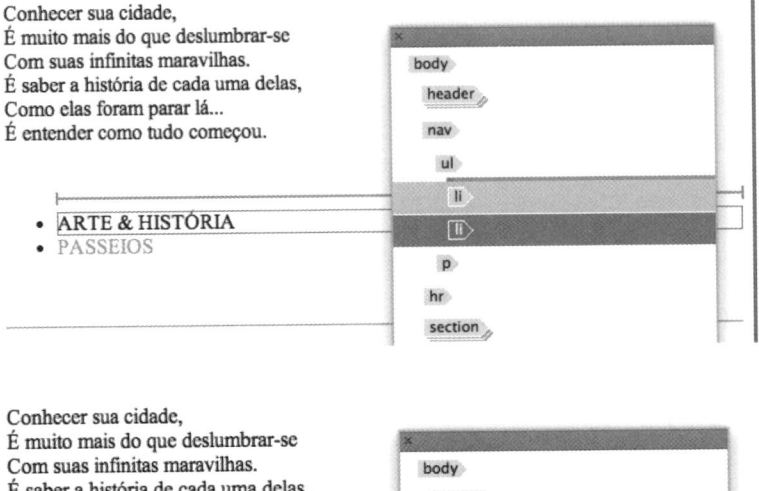

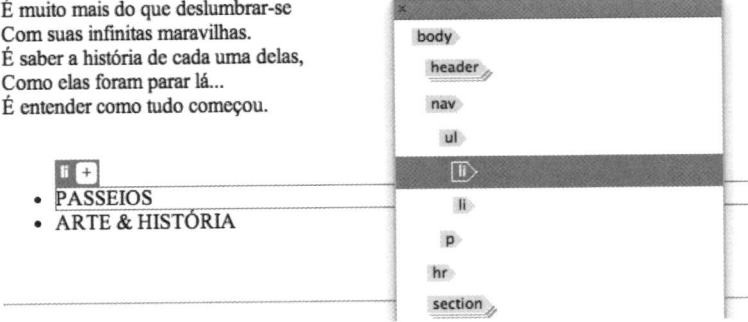

Com esse painel é possível copiar, colar, duplicar e excluir elementos. Você pode usar as teclas de atalho *Ctrl + C (Cmd + C), Ctrl + V (Cmd + V), Ctrl + D (Cmd + D), delete* ou clicar no elemento desejado com o botão contrário ao clique (ou botão direito) e escolher a opção desejada.

5. Clique fora do painel para que ele feche.
6. Salve o seu documento.
7. Feche o documento *html* e o programa ou continue na próxima atividade.

Atividade 3 – Criando links

Objetivo: • Trabalhar com links.

Tarefas: • Criar links (absoluto, de e-mail, de identificador e relativo).
• Visualizar o resultado no navegador.

Esta atividade utiliza o mesmo mapeamento da atividade anterior.

1. Abra o Dreamweaver no mapeamento *Museus de São Paulo* e abra o arquivo *museus-sp.html*, caso esteja iniciando a atividade agora.
2. Verifique se o botão *Dividir* está ativo e se você está no modo *Design*.

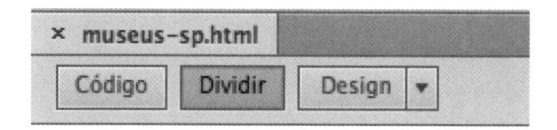

3. Na área de design, deslize a barra de rolagem até visualizar a última frase, conforme a figura.

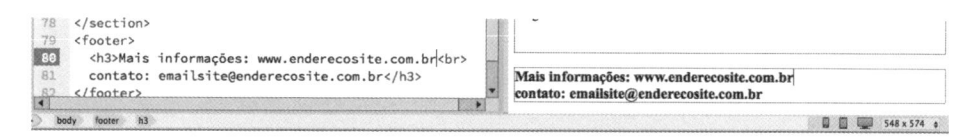

> O botão *Dividir* deve estar ativo para que você visualize o código e o design da página.

Link absoluto

Esse tipo de link é utilizado para indicar páginas fora do seu projeto, mas nada impede que dentro do seu site você trabalhe com links absolutos. Eles são assim chamados por indicarem um endereço completo na web, ou seja, você dará o endereço completo (URL) da página a ser aberta. A URL começa normalmente com http://, mas quando o endereço é seguro, será https://. Por isso, antes de indicar um site e criar o link, verifique se o endereço está funcionando corretamente.

1. Na área de design, selecione o texto *www.enderecosite.com.br*; em seguida, no painel *Propriedades*, na caixa *Link*, digite o texto: *http://www.enderecosite.com.br* e pressione a tecla *Enter*.

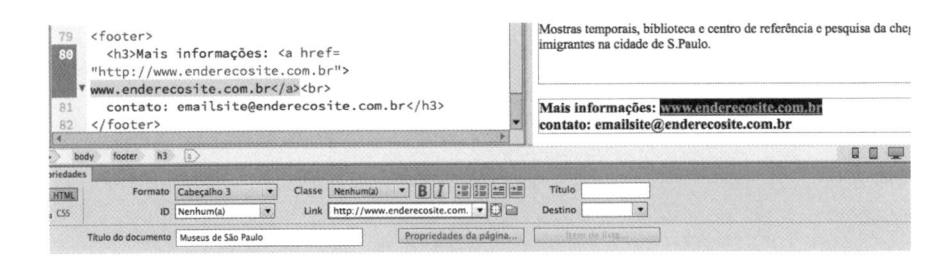

```
79  <footer>
80      <h3>Mais informações: <a href=
    "http://www.enderecosite.com.br">
    www.enderecosite.com.br</a><br>
81      contato: emailsite@enderecosite.com.br</h3>
82  </footer>
```

Mostras temporais, biblioteca e centro de referência e pesquisa da cheg imigrantes na cidade de S.Paulo.

Mais informações: www.enderecosite.com.br
contato: emailsite@enderecosite.com.br

Esse procedimento cria um link externo para a página indicada.

> Sempre que quiser indicar um link para outro site, você deverá digitar o endereço completo, por exemplo: *http://www.nomedosite.com.br*, lembrando-se sempre de testar o endereço antes de indicar o link.

2. Ainda com o texto selecionado, no painel *Propriedades*, na caixa *Título*, digite *Site com mais informações* e pressione *Enter*.

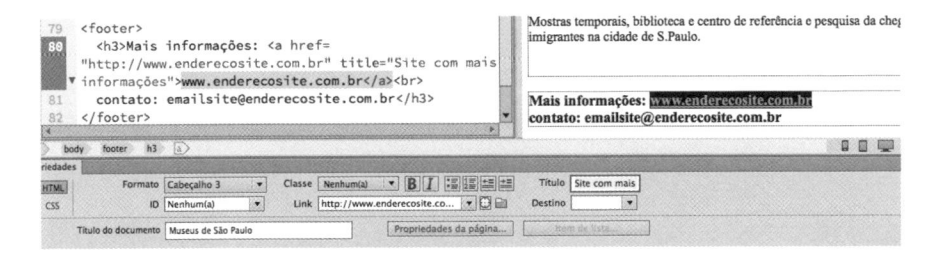

```
79  <footer>
80      <h3>Mais informações: <a href=
    "http://www.enderecosite.com.br" title="Site com mais
    informações">www.enderecosite.com.br</a><br>
81      contato: emailsite@enderecosite.com.br</h3>
82  </footer>
```

Mostras temporais, biblioteca e centro de referência e pesquisa da cheg imigrantes na cidade de S.Paulo.

Mais informações: www.enderecosite.com.br
contato: emailsite@enderecosite.com.br

Esse procedimento acrescenta um título ao seu link. Dessa forma, os programas leitores de tela para cego poderão ler o título para o usuário antes que ele siga o link. Lembre-se de usar títulos com informações significativas e relacionadas à página de destino.

3. Ainda com o texto selecionado, no painel *Propriedades*, na caixa *Destino*, clique na seta para baixo e na opção *_blank*.

> Você pode deixar a caixa *Destino* em branco caso queira que o seu link abra na mesma página do navegador, pois esse é o valor padrão para qualquer destino. A opção *_blank* indica que o link de destino deve ser aberto em uma nova janela (ou aba) do navegador e *_self* para ser aberto na mesma janela do navegador. As opções *_top* e *new* são similares e úteis quando está sendo utilizado um *iframe*, da mesma forma que a opção *_parent*. Esses últimos casos são bastante relativos ao local de abertura, pois o *iframe* representa uma nova janela dentro do modelo. Para informações detalhadas, consulte: http://bit.ly/html5target.

Link de e-mail

Esse tipo de link abrirá a janela do programa leitor de e-mail padrão do computador do visitante. Caso não haja nenhum leitor especificado, será aberto o leitor padrão imposto pelo navegador/sistema operacional, ou aparecerá a informação de que não há um programa leitor de e-mail configurado. Há casos em que o navegador não dá nenhuma informação ao visitante e simplesmente não executa a tarefa.

Um link de e-mail utiliza a instrução *mailto:* antes do endereço. Um complemento útil é utilizar a instrução *?subject=* após o endereço, seguida do título da mensagem. Dessa forma, ao clicar no link, será aberto o programa de e-mail da máquina do visitante, já com o nome do remetente e o título da mensagem devidamente preenchidos.

1. Selecione o texto *emailsite@enderecosite.com.br*; em seguida, no painel *Propriedades*, na caixa *Link*, digite o texto *mailto:emailsite@enderecosite.com.br* e pressione *Enter*.

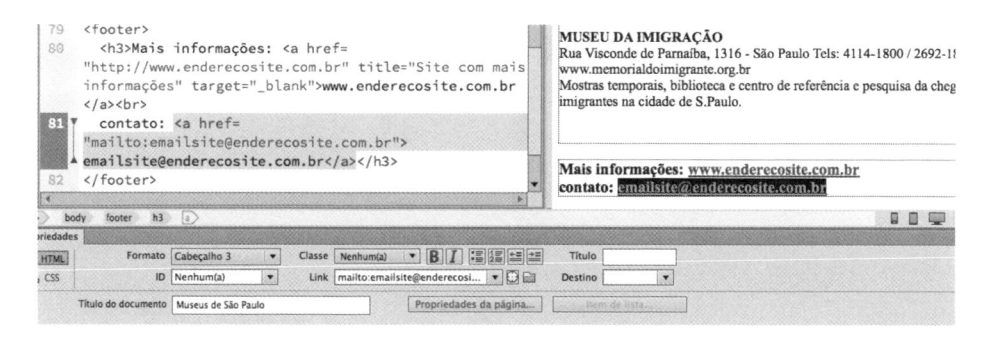

2. Ainda com o texto selecionado, no painel *Propriedades*, na caixa *Título*, digite *Entre em contato* e pressione *Enter*.

Preste atenção ao digitar um link de e-mail. Você deverá digitar o texto *mailto:* seguido do endereço para onde deseja que a mensagem seja enviada, sem espaço algum entre ou após os caracteres.

Cuidado com esse tipo de link. Caso o seu visitante esteja navegando de uma *lan house*, por exemplo, ele não conseguirá enviar a mensagem diretamente, pois não terá seu programa leitor de e-mail à disposição. Para que seu visitante sempre consiga entrar em contato, deixe por extenso o endereço que deve ser utilizado. Assim, ele poderá copiar o endereço e enviar a mensagem de um leitor de e-mail on-line (webmail).

3. Clique no botão *Código* e observe como ficaram os elementos HTML dos links:

```
79  <footer>
80      <h3>Mais informações: <a href="http://www.enderecosite.com.br" title="Site com mais
        informações" target="_blank">www.enderecosite.com.br</a><br>
81      contato: <a href="mailto:emailsite@enderecosite.com.br" title="Entre em contato">
        emailsite@enderecosite.com.br</a></h3>
82  </footer>
83  </body>
84  </html>
```

Foram implementados os elementos HTML <a> e </a> para a criação dos links. A indicação da página a ser aberta é feita por meio do atributo *href* e o título do link é indicado pelo atributo *title*.

> É muito importante conhecer os elementos HTML para a correta utilização dos estilos CSS que você verá em atividades posteriores.

4. Salve o seu documento.

Links de identificador

Esse tipo de link também é chamado de link vertical, pois o usuário vai navegar por pontos específicos do conteúdo dentro da mesma página, para cima ou para baixo. Você vai criar primeiro o ponto de chegada utilizando um identificador e depois o ponto de partida utilizando o link que vai apontar para esse identificador. Esse tipo de link é chamado de identificador de fragmento.

1. Clique na opção *Dinâmica*. Em seguida, clique novamente para ativar apenas a visualização em modo dinâmico, sem o código.

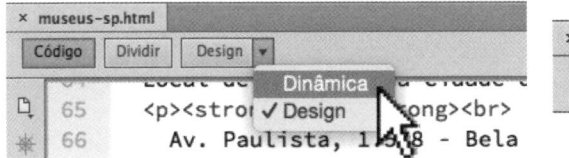

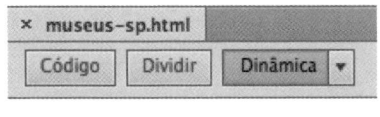

2. Clique no cabeçalho *PASSEIOS*.

- PASSEIOS
- ARTE & HISTÓRIA

PASSEIOS

MUSEU DA LÍNGUA PORTUGUESA
Praça da Luz, s/nº Centro - São Paulo - SP Tel3326-0775
www.museulinguaportuguesa.org.br
Dedicado à valorização da língua, apresenta recursos tecnológicos de última geração.

3. Na barra seletora de elementos, clique com o botão direito do mouse sobre o elemento <h2>, então escolha a opção *Quick Tag Editor*.

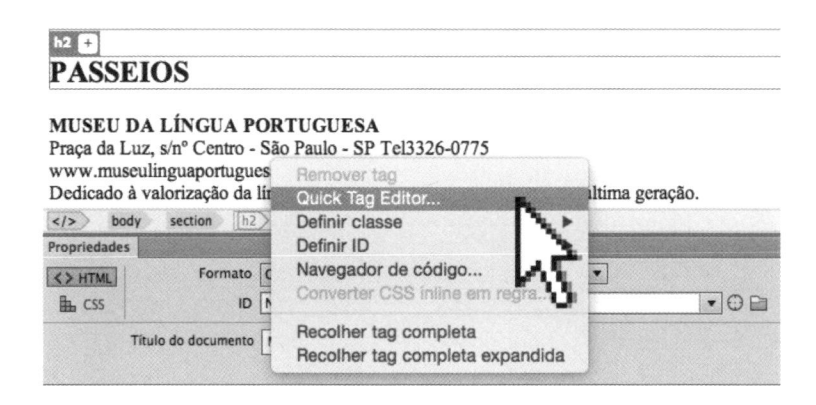

PASSEIOS

MUSEU DA LÍNGUA PORTUGUESA
Praça da Luz, s/nº Centro - São Paulo - SP Tel3326-0775
www.museulinguaportugues
Dedicado à valorização da lí

- Remover tag
- Quick Tag Editor...
- Definir classe
- Definir ID
- Navegador de código...
- Converter CSS inline em regra
- Recolher tag completa
- Recolher tag completa expandida

4. Na caixa de edição, após o elemento *h2*, dê um espaço em branco e digite *id="passeios"*.

PASSEIOS

MUSEU DA LÍNGUA PORTUGUESA
Praça da Luz, s/nº Centro - São Paulo - SP Tel3326-0775
www.museulinguaport
Dedicado à valorização

Editar tag: `<h2 id="passeios">`

5. Pressione *Enter* ao final.

Observe na marcação do elemento da área dinâmica e na barra seletora de elementos que aparecerá a marcação do identificador *#passeios* para o elemento *h2*.

- PASSEIOS
- ARTE & HISTÓRIA

PASSEIOS

MUSEU DA LÍNGUA PORTUGUESA
Praça da Luz, s/nº Centro - São Paulo - SP Tel3326-3775
www.museulinguaportuguesa.org.br
Dedicado à valorização da língua, apresenta recursos tecnológicos de última geração.

6. Repita os dois procedimentos anteriores para o subtítulo *ARTE & HISTÓRIA*, nomeando o identificador como *arte*.

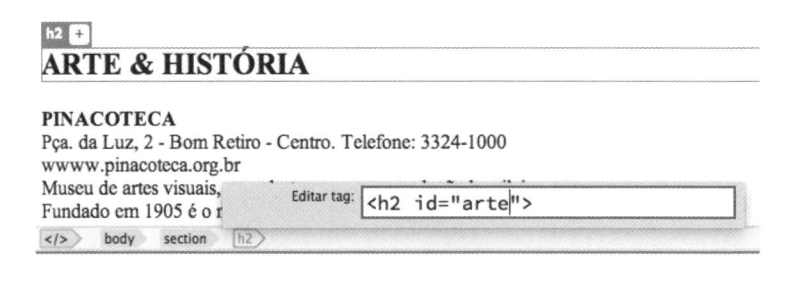

ARTE & HISTÓRIA

PINACOTECA
Pça. da Luz, 2 - Bom Retiro - Centro. Telefone: 3324-1000
wwww.pinacoteca.org.br
Museu de artes visuais,
Fundado em 1905 é o   Editar tag: `<h2 id="arte">`

ARTE & HISTÓRIA

PINACOTECA
Pça. da Luz, 2 - Bom Retiro - Centro. Telefone: 3324-1000
wwww.pinacoteca.org.br
Museu de artes visuais, com destaque para a produção brasileira.
Fundado em 1905 é o museu mais antigo da cidade.

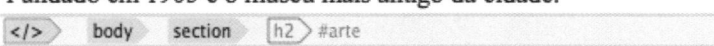

> Você pode usar o *Quick Tag Editor* ou então clicar no sinal de + ao lado do elemento e digitar o valor do identificador *#arte*.
>
> **ARTE & HISTÓRIA**

7. Salve o seu documento.
8. Clique duas vezes no item de lista *PASSEIOS*.

Uma borda laranja aparecerá envolvendo o elemento que está selecionado e pronto para ser editado. Mesmo no modo *Dinâmica*, é possível realizar algumas alterações no seu conteúdo.

- PASSEIOS
- ARTE & HISTÓRIA

9. Clique duas vezes na palavra *PASSEIOS* para selecioná-la completamente. Em seguida, clique no botão *Link* que irá aparecer.

- PASSEIOS
- ARTE & HISTÓRIA

10. Digite a marcação do identificador *#passeios* e pressione *Enter*.

A palavra agora é um link, portanto, aparece em azul e sublinhada.

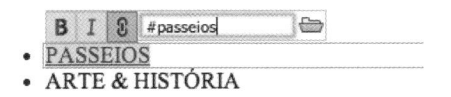

- PASSEIOS
- ARTE & HISTÓRIA

11. Clique duas vezes no item de lista *ARTE & HISTÓRIA*.
12. Clique três vezes na palavra *ARTE* (ou *HISTÓRIA*) para selecionar toda a frase. Em seguida, clique no botão *Link* que irá aparecer.
13. Digite a marcação do identificador *#arte* e pressione *Enter*.

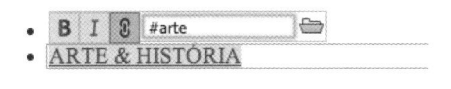

- ARTE & HISTÓRIA

14. Salve o seu documento.
15. Navegue pelos links clicando sobre eles com a tecla *Ctrl* (*Cmd*) pressionada.

Para visualizar melhor o resultado, a janela do programa não pode exibir todo o conteúdo da página de uma única vez. Caso você esteja vendo todo o conteúdo, diminua um pouco a janela do programa para esconder o que será chamado após o clique no link.

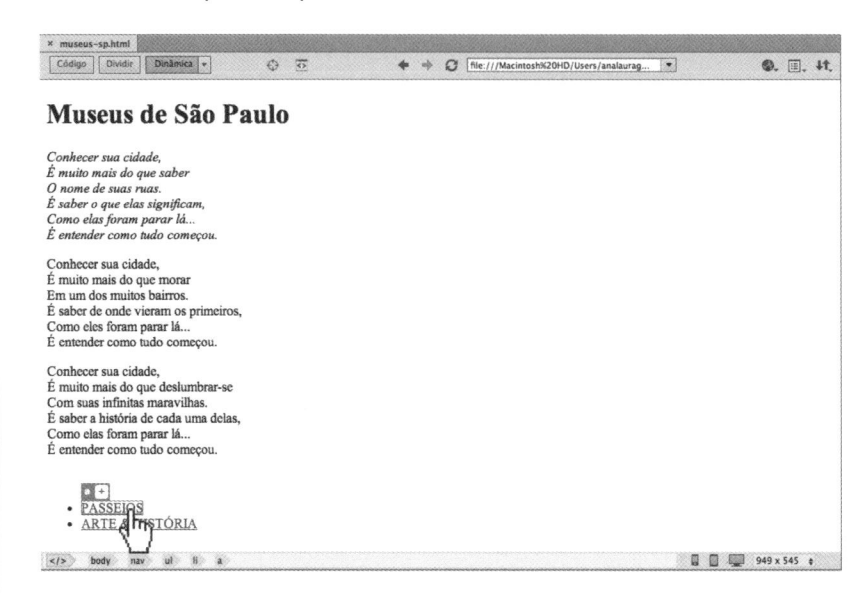

Após clicar no link PASSEIOS, o cabeçalho *h2* que tem *id="passeios"* irá para o topo da janela. Portanto, é de se esperar que tenha mais conteúdo para baixo dele que ocupe o espaço restante da página.

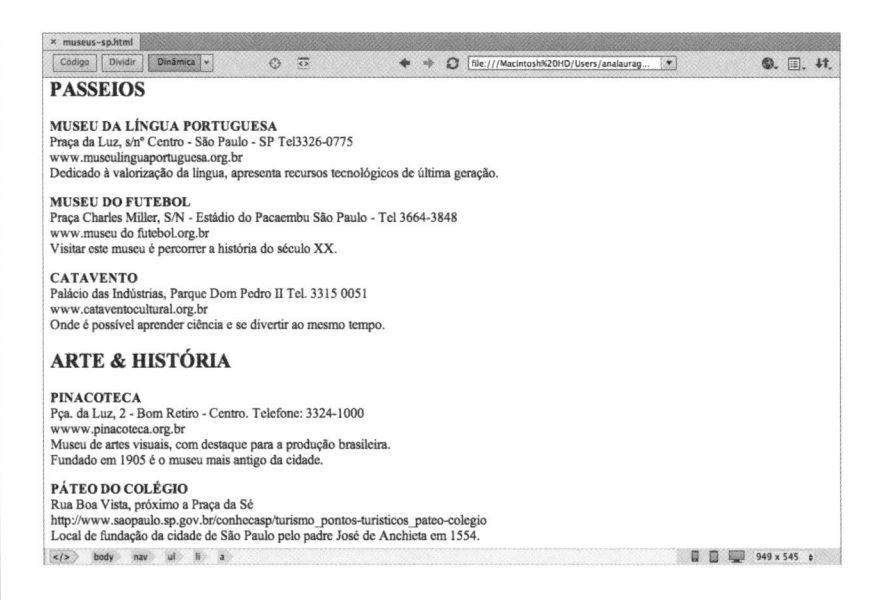

(cont.)

Caso não haja conteúdo suficiente para ocupar o espaço entre o início e o final da janela, o identificador subirá até o seu limite. Veja no exemplo a seguir, com o tamanho de janela um pouco mais alto, o que acontece ao se clicar no link *ARTE & HISTÓRIA*.

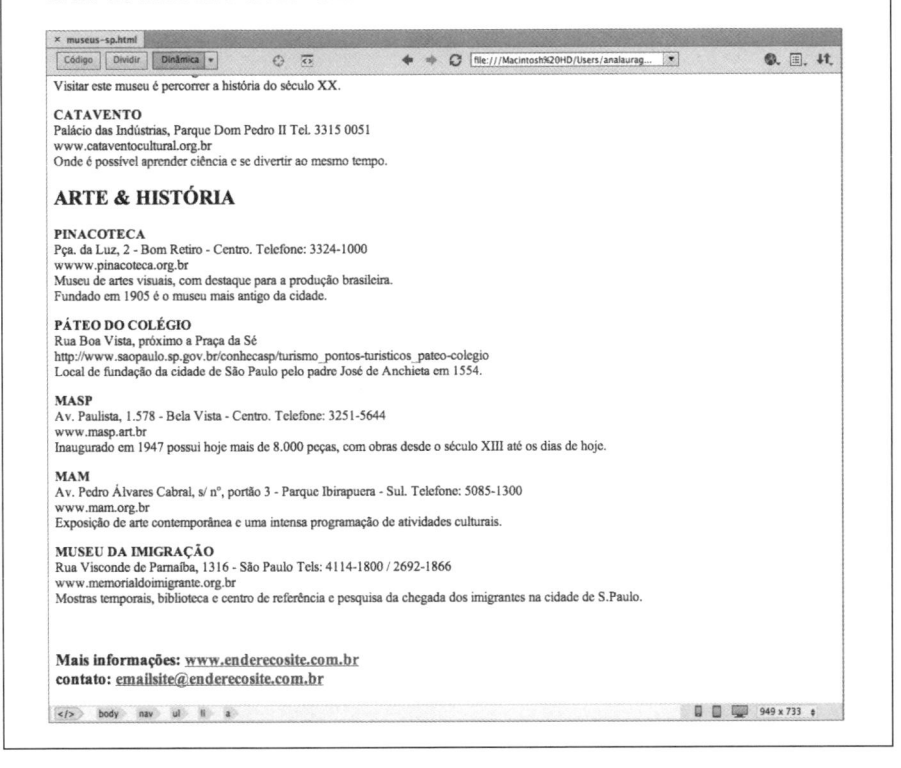

Retorno a um mesmo identificador

1. Clique no parágrafo em branco acima da lista de links (*PASSEIOS*); em seguida, na barra seletora de elementos, clique com o botão contrário do mouse na opção *Quick Tag Editor* e, após a letra *p*, digite um espaço em branco seguido do texto *id="refMenu"*.

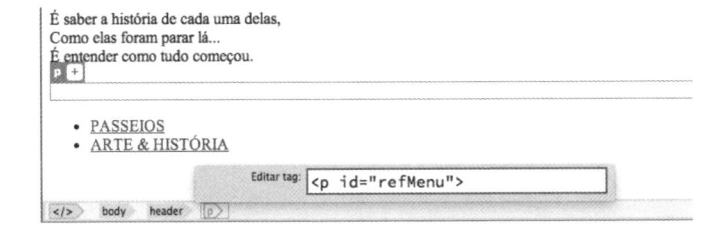

2. Pressione *Enter*.
3. Clique no parágrafo *CATAVENTO*.

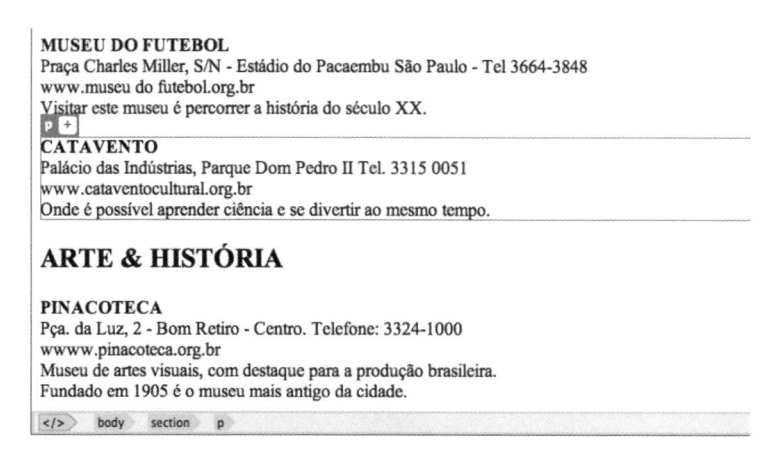

```
MUSEU DO FUTEBOL
Praça Charles Miller, S/N - Estádio do Pacaembu São Paulo - Tel 3664-3848
www.museu do futebol.org.br
Visitar este museu é percorrer a história do século XX.
 p +
CATAVENTO
Palácio das Indústrias, Parque Dom Pedro II Tel. 3315 0051
www.cataventocultural.org.br
Onde é possível aprender ciência e se divertir ao mesmo tempo.

ARTE & HISTÓRIA

PINACOTECA
Pça. da Luz, 2 - Bom Retiro - Centro. Telefone: 3324-1000
wwww.pinacoteca.org.br
Museu de artes visuais, com destaque para a produção brasileira.
Fundado em 1905 é o museu mais antigo da cidade.

</>   body   section   p
```

4. No painel *Inserir*, opção *Estrutura*, clique no botão *Parágrafo*.
5. Na área dinâmica, clique no botão *Depois*.

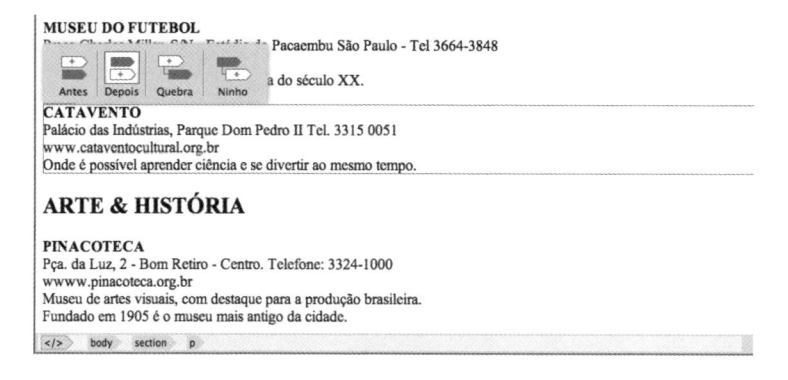

```
MUSEU DO FUTEBOL
                              Pacaembu São Paulo - Tel 3664-3848
 +    +    +    +
Antes Depois Quebra Ninho     a do século XX.
CATAVENTO
Palácio das Indústrias, Parque Dom Pedro II Tel. 3315 0051
www.cataventocultural.org.br
Onde é possível aprender ciência e se divertir ao mesmo tempo.

ARTE & HISTÓRIA

PINACOTECA
Pça. da Luz, 2 - Bom Retiro - Centro. Telefone: 3324-1000
wwww.pinacoteca.org.br
Museu de artes visuais, com destaque para a produção brasileira.
Fundado em 1905 é o museu mais antigo da cidade.

</>   body   section   p
```

O novo parágrafo aparecerá, depois do elemento indicado, já com um pequeno conteúdo para facilitar a edição.

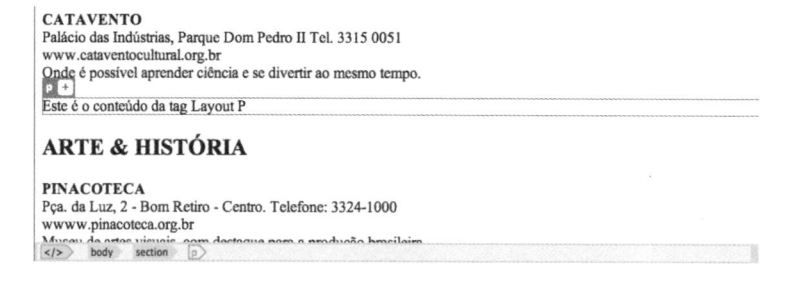

```
CATAVENTO
Palácio das Indústrias, Parque Dom Pedro II Tel. 3315 0051
www.cataventocultural.org.br
Onde é possível aprender ciência e se divertir ao mesmo tempo.
 p +
Este é o conteúdo da tag Layout P

ARTE & HISTÓRIA

PINACOTECA
Pça. da Luz, 2 - Bom Retiro - Centro. Telefone: 3324-1000
wwww.pinacoteca.org.br

</>   body   section   p
```

6. Clique três vezes nesse conteúdo para entrar no modo de edição e selecionar toda a frase, em seguida, digite *Menu*.
7. Clique duas vezes para selecionar toda a palavra, em seguida, clique no botão de *Link* e digite o endereço do identificador *#refMenu*.

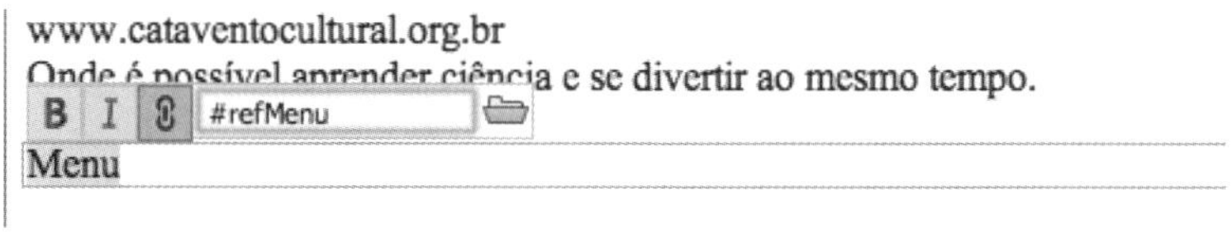

www.cataventocultural.org.br
Onde é possível aprender ciência e se divertir ao mesmo tempo.

Menu

8. Pressione *Enter* e observe que a palavra é um link, portanto, está em azul e sublinhada.

9. Clique ao lado da palavra *Menu* para selecionar o parágrafo e não o link.

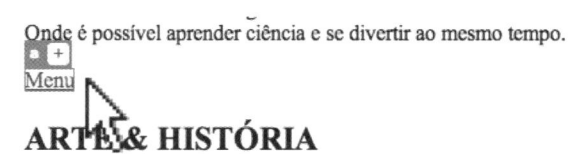

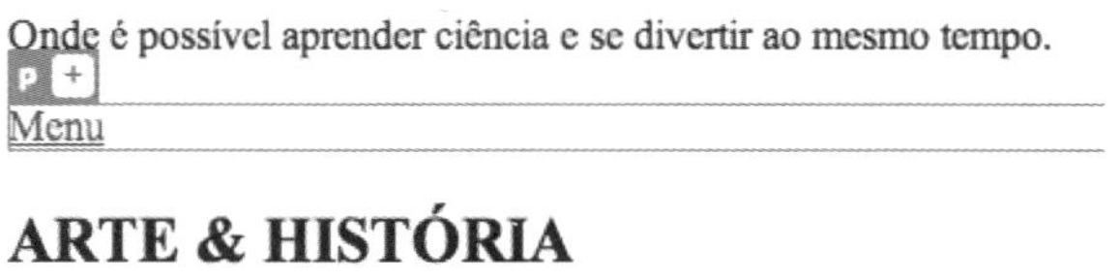

Onde é possível aprender ciência e se divertir ao mesmo tempo.
Menu

ARTE & HISTÓRIA

Onde é possível aprender ciência e se divertir ao mesmo tempo.
Menu

ARTE & HISTÓRIA

10. Na barra seletora de elementos, clique no botão </> (*Exibição rápida do elemento*).

11. No painel de exibição, clique com o botão direito do mouse no parágrafo do *Menu*. Observe que ele já vem selecionado. Em caso de dúvida, observe a seleção também na área dinâmica. Em seguida, clique em *Duplicar*.

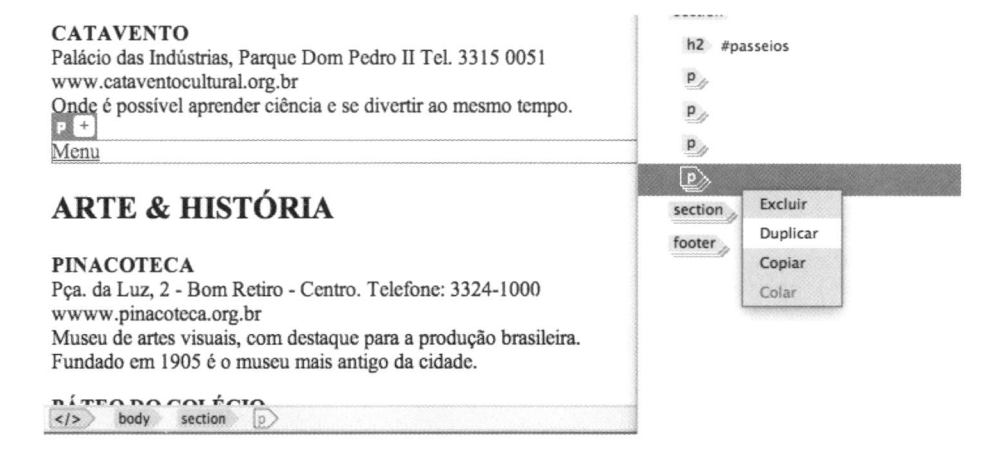

CATAVENTO
Palácio das Indústrias, Parque Dom Pedro II Tel. 3315 0051
www.cataventocultural.org.br
Onde é possível aprender ciência e se divertir ao mesmo tempo.
Menu

ARTE & HISTÓRIA

PINACOTECA
Pça. da Luz, 2 - Bom Retiro - Centro. Telefone: 3324-1000
www.pinacoteca.org.br
Museu de artes visuais, com destaque para a produção brasileira.
Fundado em 1905 é o museu mais antigo da cidade.

Ao ser duplicado, o parágrafo e o seu conteúdo aparecem na área de design.

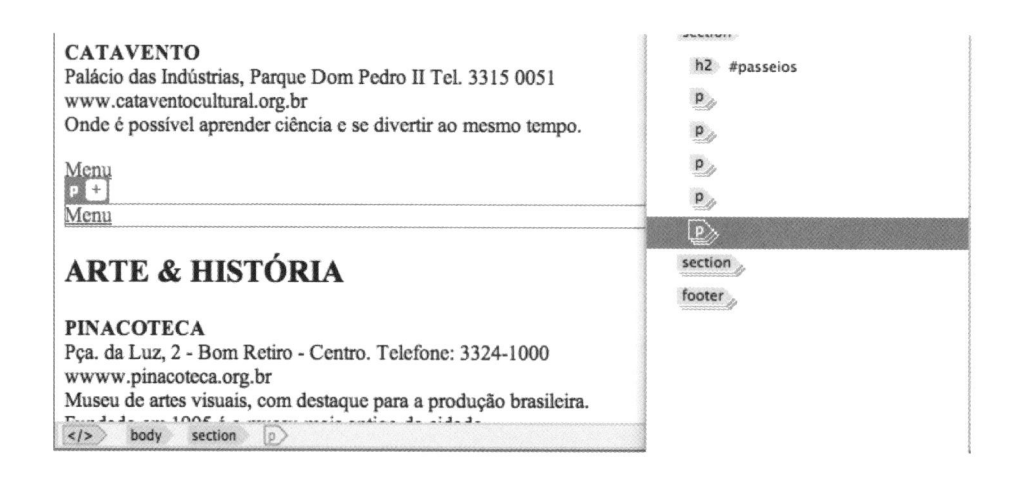

12. No painel de exibição, clique e arraste o parágrafo recém-criado para que fique entre os elementos *section* e *footer*.

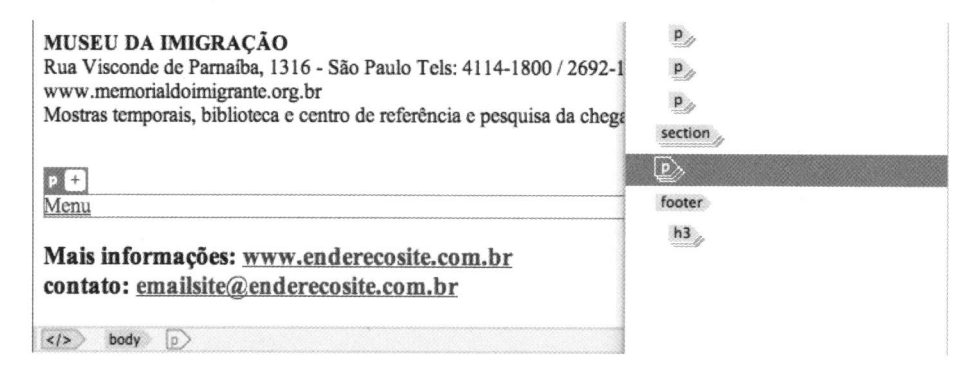

13. No painel de exibição, clique no elemento *section* acima do parágrafo arrastado, em seguida, clique no último parágrafo nele contido. Clique com o botão direito do mouse e depois em *Excluir*.

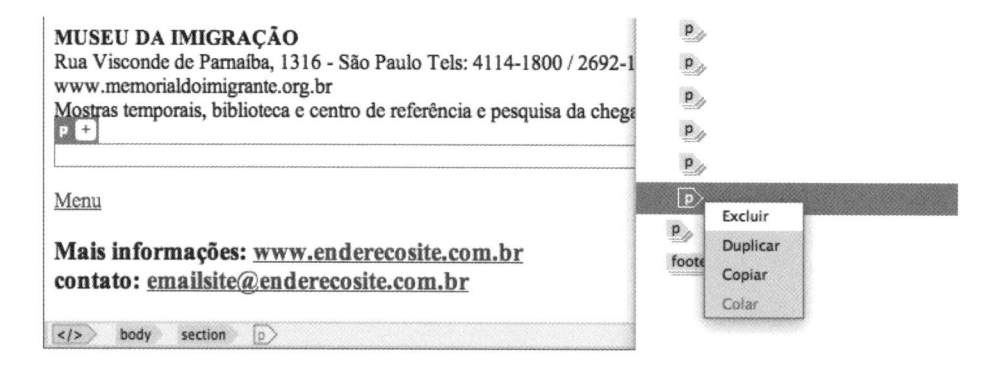

14. Salve o seu documento.

Link relativo

Esse tipo de link utiliza o endereço relativo à página em que o visitante está atualmente. Não será necessário digitar o endereço completo. Nesse ponto, é de extrema importância que você esteja trabalhando de modo mapeado, pois a própria interface do programa vai auxiliá-lo a criar a relação entre a página atual e a do link.

Área dinâmica

Nesta etapa, você ainda deverá usar apenas a área dinâmica.

1. No início do documento, clique na linha do título *Museus de São Paulo*; em seguida, no painel *Inserir*, na opção *Estrutura*, clique em *Parágrafo*.
2. Na área dinâmica, no quadro de opções, clique em *Depois*.
3. No parágrafo, clique três vezes para selecionar todo o texto e digite: *[lista de endereços]*.

Museus de São Paulo

[lista de endereços]

4. Ainda no modo de edição, com a borda laranja ao redor do texto, selecione apenas a frase *lista de endereços*; em seguida, clique no botão de link e depois no ícone de pasta para buscar o arquivo.

Museus de São Paulo

B I S Inserir link

[lista de endereços]

5. Na janela *Selecionar arquivo*, localize a pasta *museus-sp* e, dentro dela, o arquivo *enderecos.html*. Clique duas vezes sobre o nome do arquivo para selecioná-lo, fechar a janela e retornar à área dinâmica com o link criado.
6. Clique em qualquer área ao redor do link para sair do modo de edição.
7. Com o elemento *a* selecionado, no painel *Propriedades*, opção *Título*, digite *Lista de endereços* e pressione *Enter*.

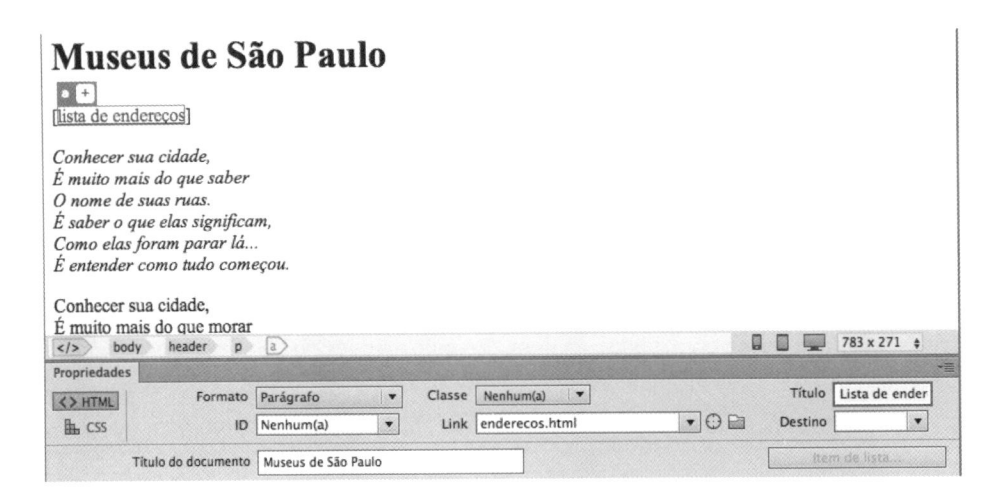

8. Salve o seu documento.

Área de design

Nesta etapa, você ainda deverá usar apenas a área de design.

1. No painel *Arquivos*, clique duas vezes sobre o nome do arquivo *enderecos.html*.
2. Clique no botão *Design* (sob o botão *Dinâmica*).

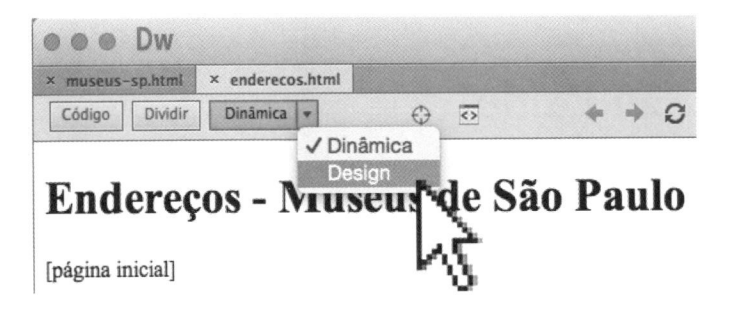

3. Clique no painel *Arquivos* para visualizar o destino do link a ser criado: a página *enderecos.html*.
4. Selecione apenas o texto *página inicial*; em seguida, no painel *Propriedades*, clique e arraste a alça de mira da opção *Link* até o painel *Arquivos* sobre o nome do arquivo *museus-sp.html*.

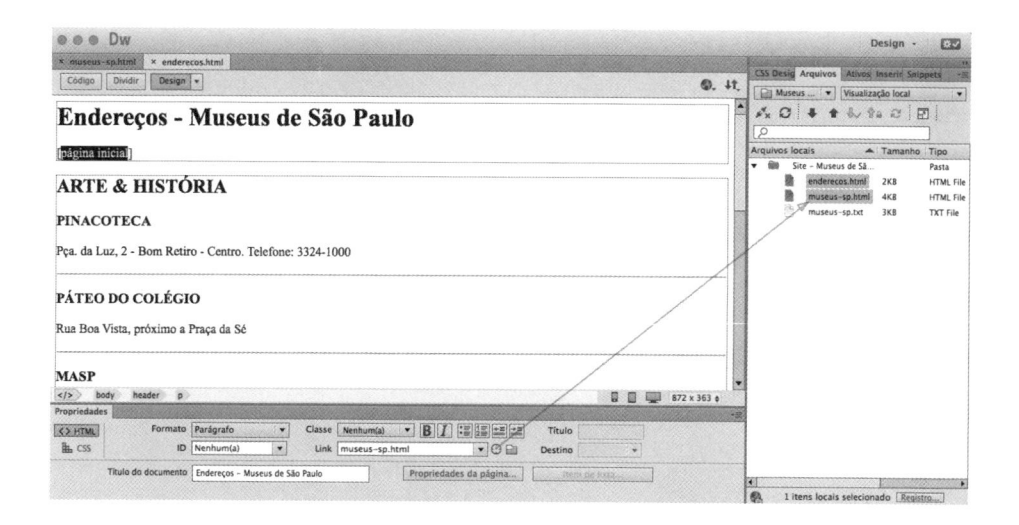

5. Ainda com o texto selecionado, no painel *Propriedades*, opção *Título*, digite *Museus de São Paulo*.

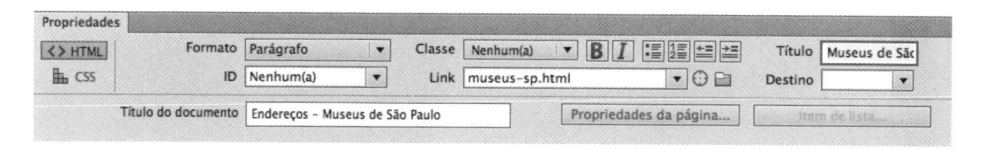

6. Salve e feche esse documento.

7. No documento *museus-sp.html*, pressione a tecla *F12* (*Opt + F12*) para visualizar o resultado no navegador.

8. Navegue pelos links do tipo âncora, observando que é possível fazer a ida e a volta entre o *Menu* (lista) e os conteúdos, além de ir de uma página a outra (museus e endereços).

9. Feche a janela do navegador e retorne ao Dreamweaver.

10. Feche o documento e a janela do Dreamweaver ou continue na próxima atividade.

Projeto "Museu de Marinha"

Resumo:

- Pequeno site promocional de conteúdo imagético e textual com imagens do Museu de Marinha, que fica em Lisboa, Portugal.

Objetivo:

- Divulgar o acervo permanente do Museu apenas durante o intervalo entre exposições especiais. Incluir imagens do acervo, contato e localização do museu.

Estrutura:

- O site deverá entrar em uma janela externa de dimensões 800 × 600 px.
- Página principal contendo todos os links de acesso e a imagem do grande mapa do saguão. Todas as páginas devem conter links de uma para a outra, para que o acesso a qualquer informação seja sempre rápido.

Layout das páginas:

museu de.
marinha
ACERVO
CONTATO
LOCAL
Em São Paulo
responsável
55 11 1234-5678
email@empresa.com
responsável
55 11 1234-5678
email@empresa.com
Em Lisboa
responsável
55 11 1234-5678
email@empresa.com
responsável
55 11 1234-5678
email@empresa.com

museu de.
marinha
ACERVO
CONTATO
LOCAL
Praça do Império,
Lisboa
Museu de Marinha
Praça Império
R. Belém
Starbucks
Av. Brasília
Centro Cultural de Belém

Atividade 4 – Trabalhando com imagens

Objetivos:
- Criar um novo projeto.
- Criar páginas com imagens, textos, tabelas e links.
- Trabalhar com múltiplos arquivos abertos.

Tarefas:
- Fazer o mapeamento.
- Criar páginas.
- Inserir imagens.
- Criar links em imagem.
- Inserir tabela.
- Inserir conteúdo textual.
- Fazer pequenas edições em imagens.
- Criar imagem menor com base em imagem pronta.
- Criar múltiplos links em uma mesma imagem – mapeamento de imagem.

Mapeamento

1. Abra o Dreamweaver CC e, na tela de abertura, clique no botão *Config. Site*.
2. Na janela *Configuração do site para*, na caixa *Nome do site*, digite o nome do projeto: *Museu de Marinha*. Em seguida, na opção *Pasta do site local*, clique na pasta ao lado da caixa de entrada de texto. Na janela *Escolher pasta raiz*, selecione, dentro da pasta *dream-cc*, a pasta *museu-de-marinha* e clique no botão *Escolher/Selecionar pasta*. Na janela *Configuração do site para*, clique no botão *Salvar* para finalizar o mapeamento.

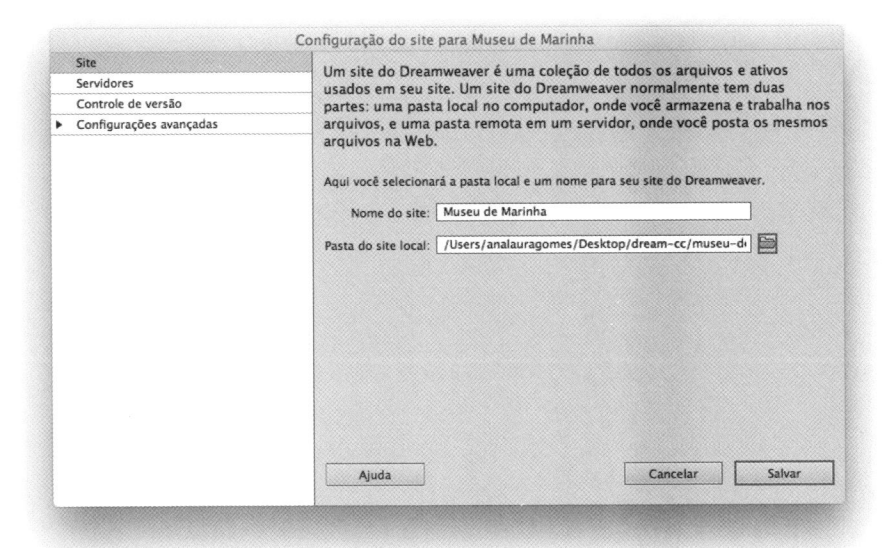

Observe que o painel *Arquivos* exibe agora o mapeamento *Museu de Marinha* contendo as pastas relativas a esse novo projeto.

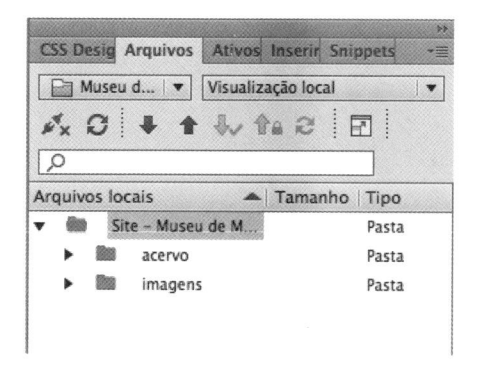

Criando páginas

1. Na tela de abertura, clique no botão *HTML*.
2. No painel *Propriedades*, clique na caixa *Título do documento* e digite *Museu de Marinha*. 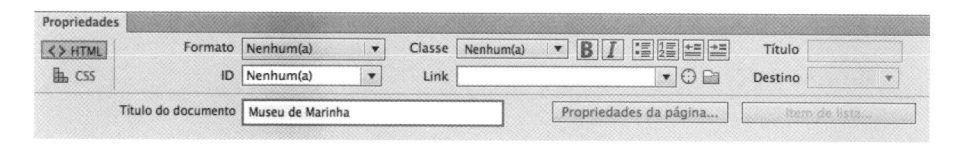
3. Clique no menu *Arquivo*, depois na opção *Salvar como* e salve esse documento com o nome *index*. Observe as indicações de que o arquivo foi salvo na aba da janela do documento e no painel *Arquivos*.

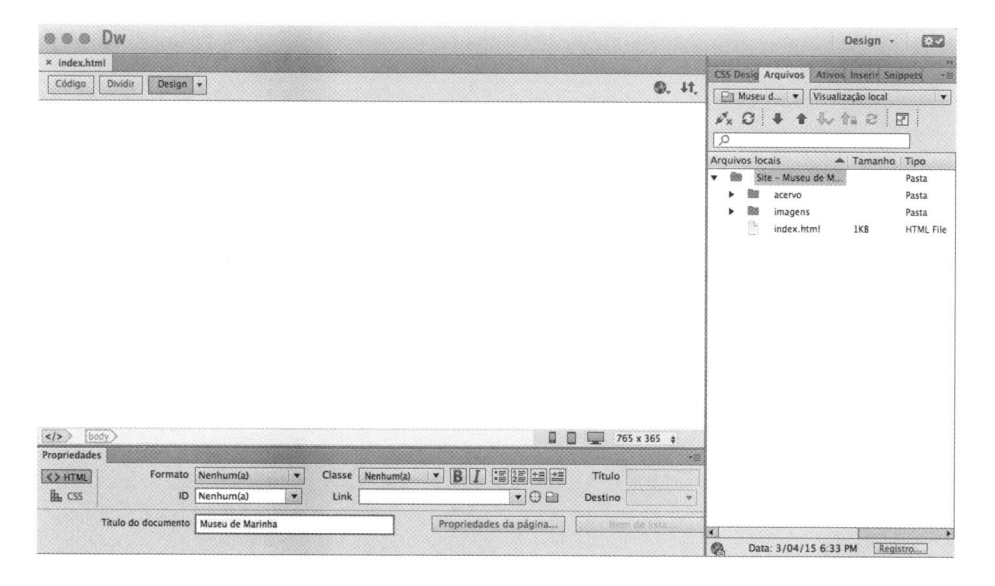

> Na grande maioria das vezes, o arquivo da página inicial de um website deve ter o nome de *index.html*.

Inserindo imagens – modo *Design*

1. Verifique se o botão *Design* está ativo.

2. No painel *Arquivos*, clique no sinal + ao lado da pasta *imagens*; em seguida, clique e arraste o arquivo *index-topo.jpg* para a primeira linha do documento.

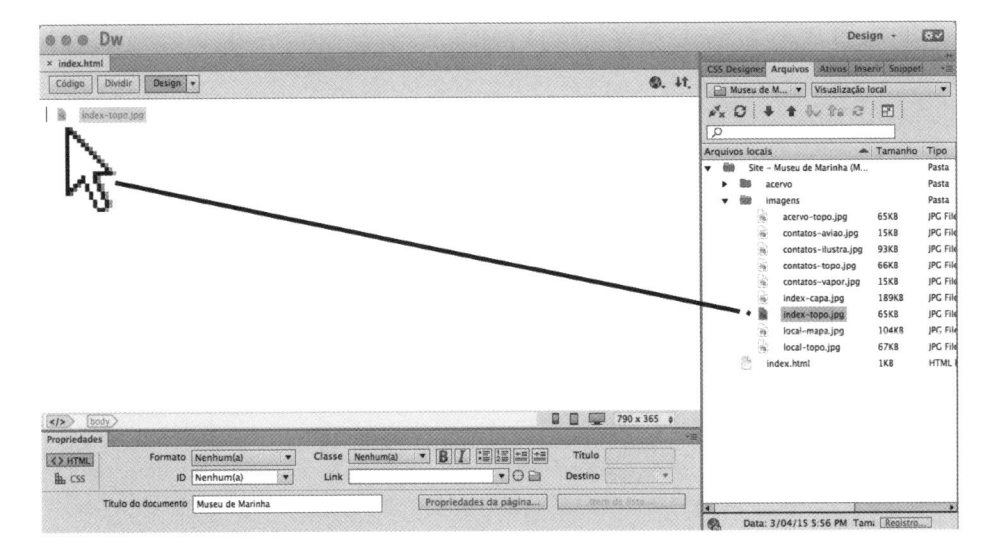

3. Com a imagem ainda selecionada, no painel *Propriedades*, na caixa *Alt*, digite *Museu de Marinha*.

Esse é um texto alternativo à imagem para visitantes que utilizam programas especiais de leitura, como os leitores de tela para cegos. Em alguns navegadores, esse texto alternativo também é exibido quando o visitante passa o mouse, sem clicar, sobre a imagem. Em outros, é necessário acrescentar o mesmo texto na caixa *Título*, mas não é obrigatório. Escreva sempre um pequeno texto que descreva a sua imagem. Caso tenha muita coisa a dizer sobre a imagem, como seria o caso de uma obra de arte, crie uma página HTML com esse conteúdo e indique o endereço para essa página na caixa *Link*.

4. Clique ao lado da imagem e pressione a tecla *Enter*.

5. No painel *Arquivos*, na pasta *imagens*, clique e arraste o arquivo *index-capa.jpg* para a linha recém-criada no documento.

6. No painel *Propriedades*, na caixa *Alt*, digite *Mapa das rotas dos descobrimentos*.

7. Salve esse documento e mantenha essa página aberta.

Inserindo imagens – modo *Dinâmica*

1. Clique no menu *Arquivo*, depois na opção *Novo*. Na janela *Novo documento*, verifique se estão ativas a categoria *Página em branco*, a opção *HTML* na categoria *Tipo de página* e a opção *<nenhum(a)>* na categoria *Layout*. Caso alguma opção não esteja ativa, clique conforme indicado. Em seguida, clique no botão *Criar*.

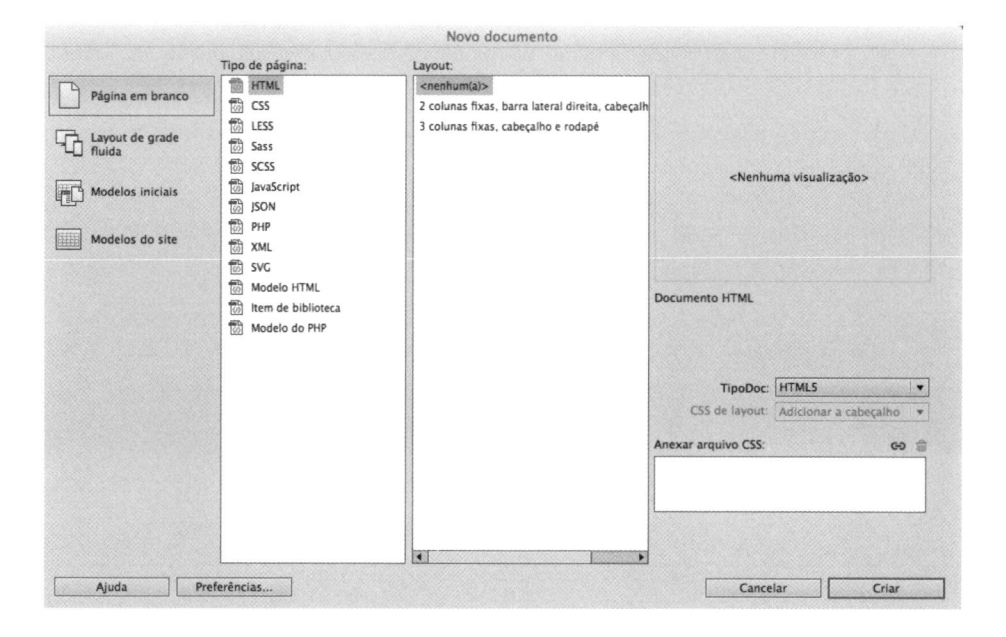

2. No painel *Propriedades*, clique na caixa *Título do documento* e altere para *Acervo – Museu de Marinha*.

3. Clique no menu *Arquivo*, depois na opção *Salvar como*, e salve esse documento com o nome *acervo-museu*.

4. Ative o modo *Dinâmica*.

5. No painel *Inserir*, opção *Comum*, clique em *Imagens: Imagem*.

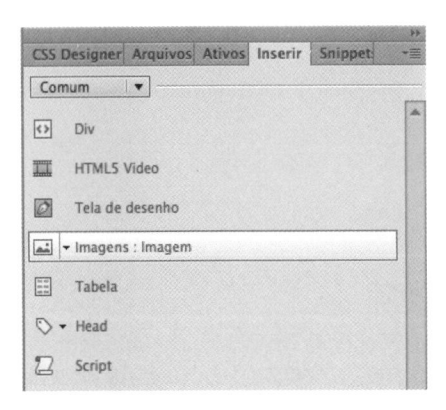

6. Na caixa *Selecionar origem da imagem*, selecione a pasta *imagens* e clique duas vezes no arquivo *acervo-topo.jpg*.

7. Ainda com a imagem selecionada, no painel *Propriedades*, na opção *Alt*, digite *Acervo Museu de Marinha*.

8. Ainda com a imagem selecionada, no painel *Inserir*, na opção *Estrutura*, clique em *Parágrafo*. Na área dinâmica, na caixa de opções, clique em *Quebra*.

Esse procedimento acrescenta o elemento de parágrafo ao redor da imagem, pois uma imagem não pode ficar flutuando na página sem que um elemento de bloco a contenha.

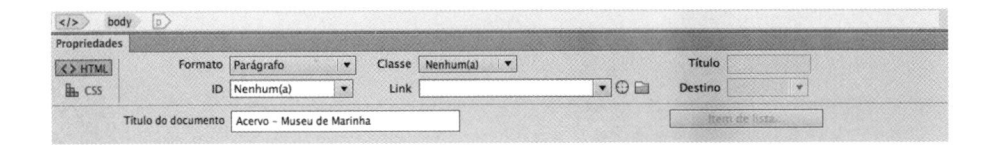

9. Salve esse documento.

Propriedades da imagem – modo *Dinâmica*

1. Clique no menu *Arquivo*, depois na opção *Salvar Como* e salve um novo documento com o nome *contato-museu*.

2. No painel *Propriedades*, clique na caixa *Título do documento* e altere para *Contato – Museu de Marinha*.

3. Ainda no modo *Dinâmica*, clique na imagem do topo.

4. Clique no botão *Editar Atributos HTML* (1). No painel de edição (2), clique no ícone da pasta ao lado da caixa *src*. Clique duas vezes em *imagem contato-topo.jpg*. No mesmo painel, na caixa *alt*, troque a palavra *Acervo* por *Contato*.

5. Salve o documento.

Inserindo imagens – painel *Ativos*

1. Clique no menu *Arquivo*, depois na opção *Novo*. Na janela *Novo documento*, verifique se estão ativas a categoria *Página em branco*, a opção *HTML* na categoria *Tipo de página* e a opção *<nenhum(a)>* na categoria *Layout*. Caso alguma opção não esteja ativa, clique conforme indicado. Em seguida, clique no botão *Criar*.

2. No painel *Propriedades*, clique na caixa *Título do documento* e altere para *Localização – Museu de Marinha*.

3. Clique no menu *Arquivo*, depois na opção *Salvar como* e salve esse documento com o nome *local-museu*.

4. Ative o modo *Design* e mantenha o cursor do mouse piscando na primeira linha do documento.

5. No painel *Ativos*, opção *Imagens*, clique na imagem *local-topo.jpg* e, em seguida, no botão *Inserir*.

6. Ainda com a imagem selecionada, no painel *Propriedades*, caixa *Alt*, digite *Localização – Museu de Marinha*.

7. Salve o documento.

Inserindo link em imagem

1. Na página *local-museu*, clique ao lado da imagem *local-topo.jpg*, pressione *Enter* para criar um parágrafo abaixo da imagem e mantenha o cursor do mouse piscando nesse parágrafo.

2. No painel *Ativos*, opção *Imagens*, clique na imagem *local-mapa.jpg* e, em seguida, no botão *Inserir*.

3. Com a imagem selecionada, no painel *Propriedades*, caixa *Alt*, digite *Mapa de localização do Museu de Marinha*.

4. Ainda com a imagem selecionada, no painel *Propriedades*, na caixa *Link*, digite o endereço *http://tinyurl.com/local-museu*.

> Ao colocar um link em uma imagem, ela receberá as mesmas atribuições de um link de texto, ou seja, por padrão, ficará com uma borda ao seu redor, uma simulação do efeito sublinhado do texto de link. Para que essa borda não fique visível, você pode aplicar um estilo CSS. A maior parte dos navegadores modernos já corrige esse erro, mas fique atento a versões antigas de Internet Explorer e clientes leitores de e-mail para o caso de e-mail marketing.

5. Salve o documento.

Inserindo tabela – modo *Design*

1. Clique na aba do arquivo *contato-museu.html*.
2. Verifique se está ativo o modo *Design*.
3. Clique do lado direito da imagem do topo.
4. No painel *Inserir*, na opção *Comum*, clique em *Tabela*. Na janela *Tabela*, preencha os dados conforme a seguir e clique no botão *OK*.

Linhas: *5* / Colunas: *3* / Largura da tabela: *800 pixels* / Espessura da borda: *0* / Preenchimento da célula: *0* / Espaçamento da célula: *0* / Cabeçalho: *Nenhum(a)*

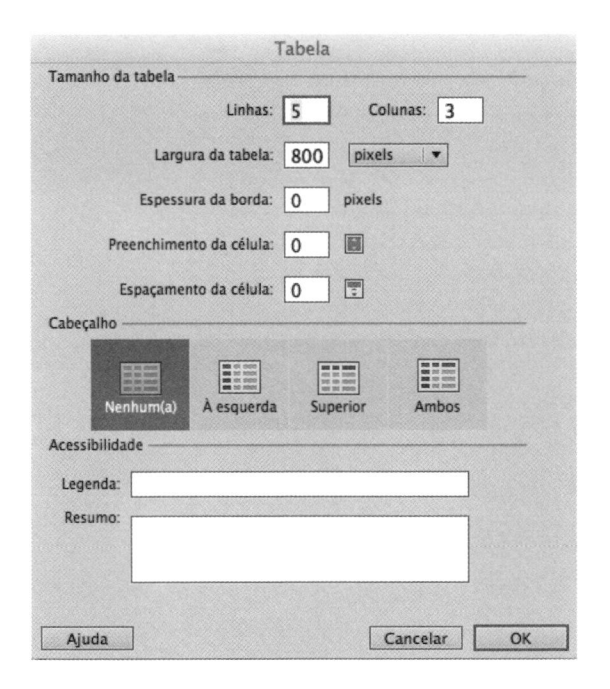

Inserindo conteúdo textual em tabela

1. Clique na segunda célula da segunda linha da tabela e digite *Em São Paulo*.
2. Clique na segunda célula da quarta linha da tabela e digite *Em Lisboa*.

Não se preocupe com o desalinho das colunas. Após a inserção de todos os conteúdos, você poderá alterar a largura de cada uma delas.

3. Clique na segunda célula da terceira linha da tabela e digite o texto conforme a seguir. Separe cada uma das linhas com uma quebra de linha, ou seja, com as teclas *Shift + Enter*.

4. Selecione o texto digitado no passo anterior e copie com as teclas de atalho *Ctrl + C (Cmd + C)*.
5. Clique na célula ao lado e cole o conteúdo copiado com as teclas de atalho *Ctrl + V (Cmd + V)*.

6. Clique e arraste do início da segunda célula, terceira linha, até o fim da última célula dessa mesma linha; em seguida, pressione as teclas de atalho *Ctrl + C (Cmd + C)*.

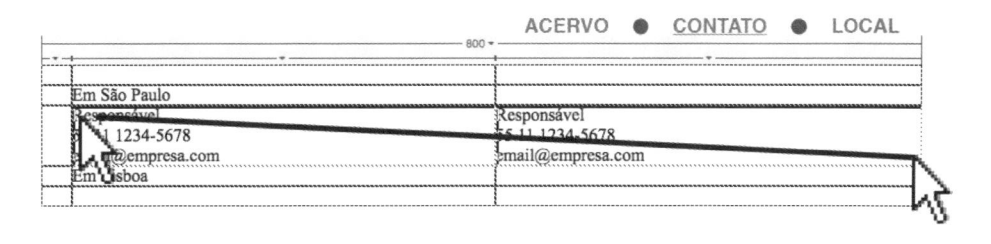

ACERVO	CONTATO	LOCAL
Em São Paulo		
Responsável	Responsável	
55 11 1234-5678	55 11 1234-5678	
email@empresa.com	email@empresa.com	
Em Lisboa		

ACERVO	CONTATO	LOCAL
Em São Paulo		
Responsável	Responsável	
55 11 1234-5678	55 11 1234-5678	
email@empresa.com	email@empresa.com	
Em Lisboa		

Esse procedimento seleciona essas duas células da tabela, inclusive seu conteúdo, que é copiado.

7. Clique e arraste do início da segunda célula da última linha até a última célula dessa mesma linha; em seguida, pressione as teclas de atalho *Ctrl + V (Cmd + V)*.

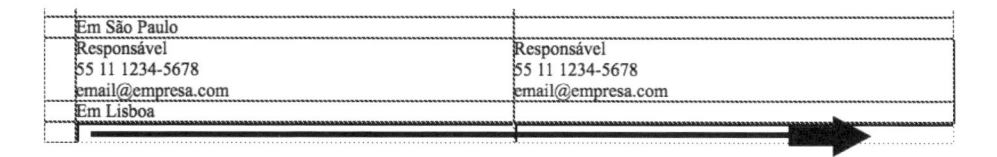

Em São Paulo	
Responsável	Responsável
55 11 1234-5678	55 11 1234-5678
email@empresa.com	email@empresa.com
Em Lisboa	

Em São Paulo	
Responsável	Responsável
55 11 1234-5678	55 11 1234-5678
email@empresa.com	email@empresa.com
Em Lisboa	
Responsável	Responsável
55 11 1234-5678	55 11 1234-5678
email@empresa.com	email@empresa.com

Esse procedimento cola o conteúdo copiado dentro da seleção, que também é de duas células.

8. Na segunda e na terceira células da última linha, ajuste os telefones para: 351 21 123-4567.

9. Salve o documento.

Mesclar células

1. Selecione todas as células da primeira coluna. Em seguida, no painel *Propriedades*, clique no botão *Mesclar células*.

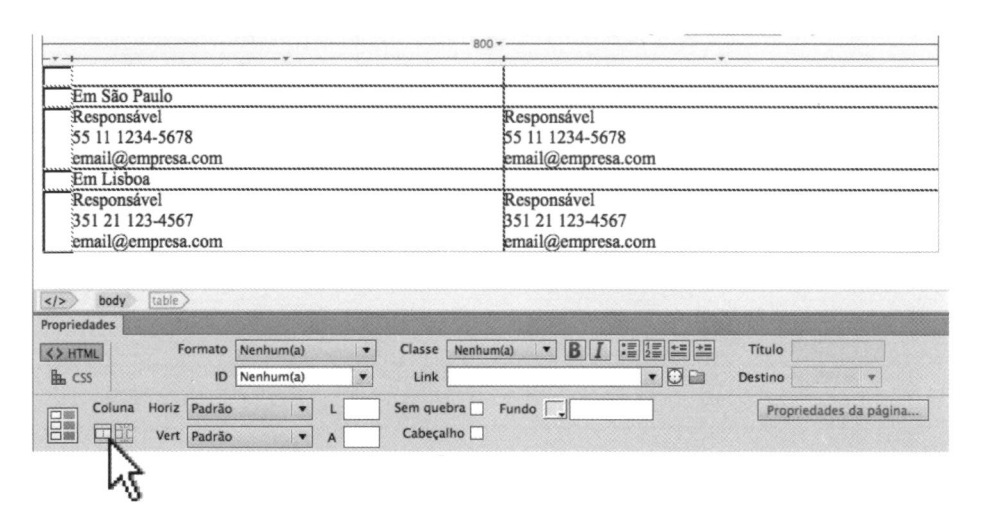

2. Selecione toda a linha que contém a célula *Em São Paulo*. Em seguida, no painel *Propriedades*, clique no botão *Mesclar células*.

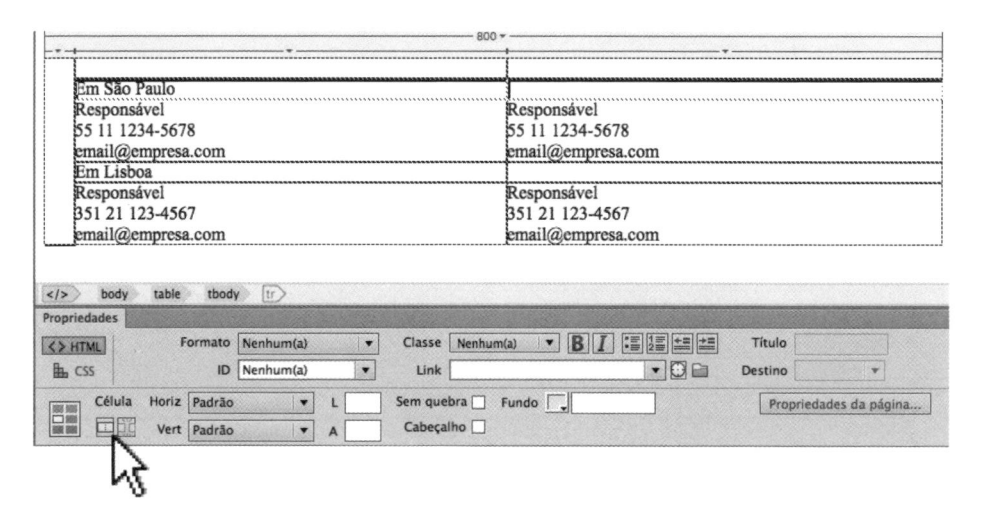

3. Repita o procedimento anterior para a linha que contém o texto *Em Lisboa*.

O resultado de mesclar as células é o que segue:

Em São Paulo	
Responsável 55 11 1234-5678 email@empresa.com	Responsável 55 11 1234-5678 email@empresa.com
Em Lisboa	
Responsável 351 21 123-4567 email@empresa.com	Responsável 351 21 123-4567 email@empresa.com

4. Salve o documento.

Inserindo conteúdo imagético em tabela

Modo Design

1. Verifique se está no modo *Design*.
2. No painel *Arquivos*, na pasta *imagens*, clique e arraste o arquivo *contato-lustra.jpg* para a primeira célula da tabela.
3. Com a imagem selecionada, no painel *Propriedades*, na caixa *Alt*, digite *ilustração: mapa dos descobrimentos*.
4. Salve esse documento.

Modo Design, *painel* Ativos

1. Verifique se está no modo *Design*.
2. Clique na segunda célula da primeira linha.
3. No painel *Ativos*, na opção *Imagens*, clique no arquivo *contato-aviao.jpg* e no botão *Inserir*.
4. Com a imagem selecionada, no painel *Propriedades*, caixa *Alt*, digite *ilustração: acervo avião*.
5. Salve o documento.

Modo Dinâmica

1. Ative o modo *Dinâmica*.
2. Na barra seletora de elementos, clique no botão </>.
3. No painel de exibição rápida, clique nos elementos até localizar a terceira célula da primeira linha. A cada clique o conteúdo do elemento é exibido ao mesmo tempo que é identificado na área dinâmica.

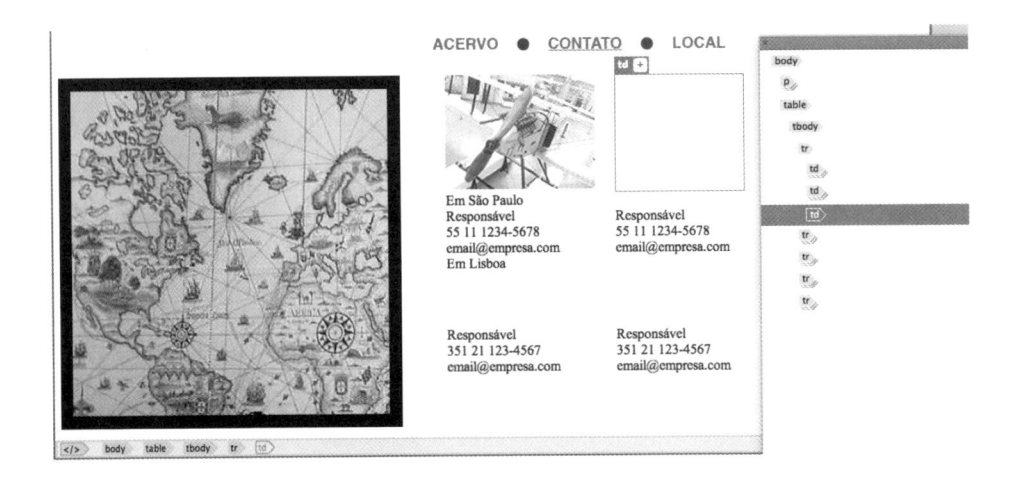

4. No painel *Inserir*, clique em *Imagens: Imagem*. Na área dinâmica, clique na opção *Ninho*, para que a imagem fique dentro da célula. No quadro *Selecionar origem da imagem*, clique na pasta *imagens* e, em seguida, duas vezes no arquivo *contato-vapor.jpg*.

5. Com a imagem selecionada, no painel *Propriedades*, caixa *Alt*, digite *ilustração: acervo vapor*.

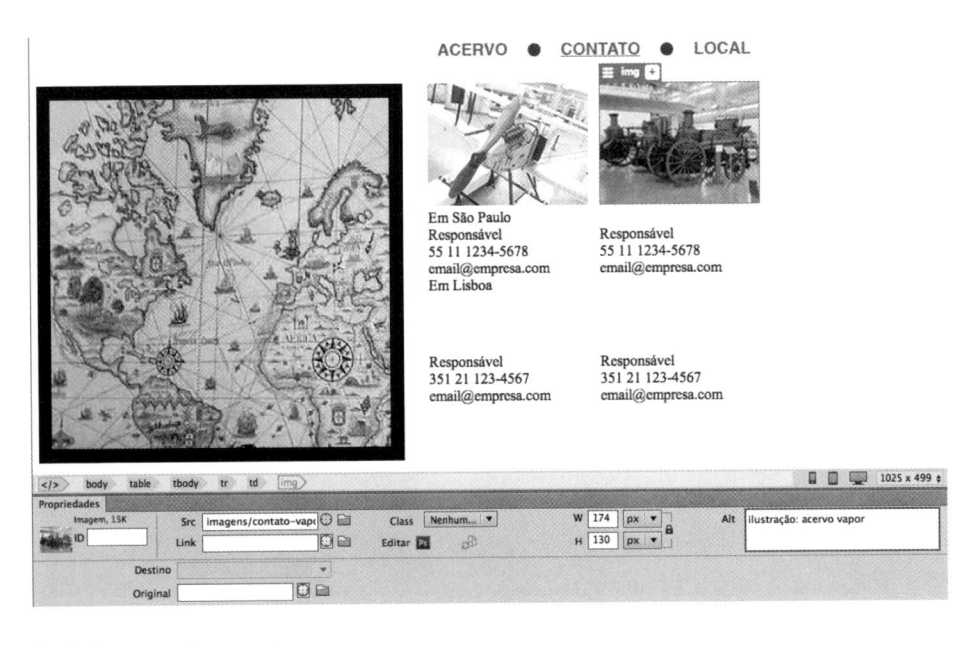

6. Salve esse documento.

> Não se preocupe com a largura da tabela. Você ainda fará novos ajustes nas imagens e a tabela voltará ao normal.

Pequenas edições em imagens

Redimensionamento

1. Ative o modo *Design*.

2. No painel *Arquivos*, na pasta *Imagens*, clique com o botão contrário do mouse e depois clique em *Editar* e, em seguida, em *Duplicar*.

Esse procedimento cria uma cópia do arquivo, porque você fará alterações na imagem e poderá querer usar a imagem original para outra finalidade.

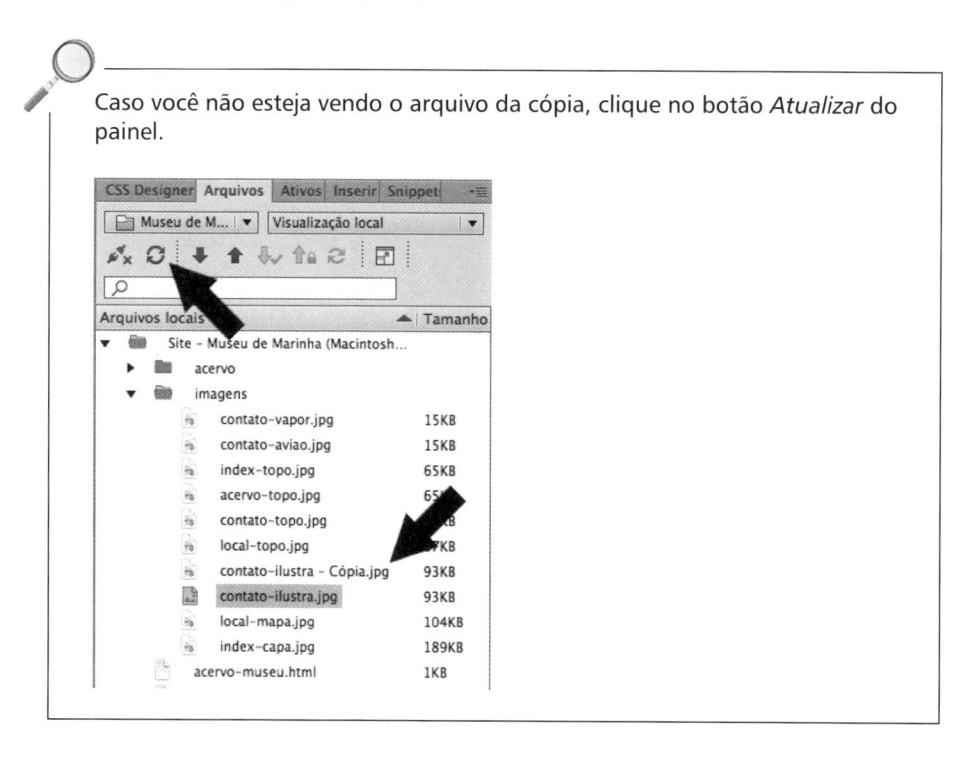

> Caso você não esteja vendo o arquivo da cópia, clique no botão *Atualizar* do painel.

3. Clique na primeira imagem (*contato-ilustra.jpg*).

4. No painel *Propriedades*, verifique se o ícone de cadeado (*Alternar restrição de tamanho*) está fechado.

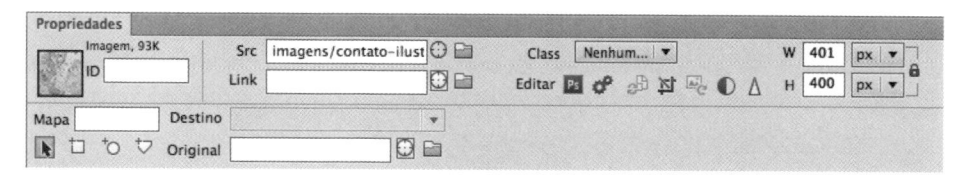

5. Digite na caixa *W* (*width*, largura) o valor *341* e clique na caixa de baixo.

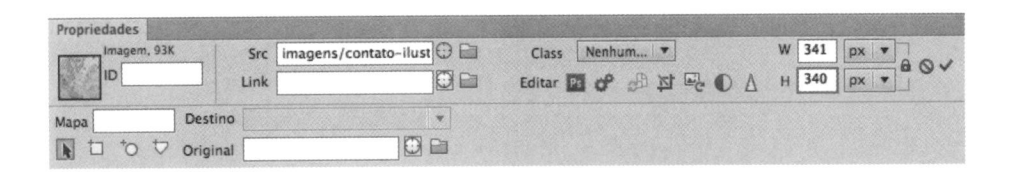

Observe que aparecem dois novos ícones ao lado do cadeado: *Redefinir como tamanho original* e *Confirmar tamanho da imagem*. O primeiro desfaz a alteração de tamanho indicada, o segundo confirma a alteração e aplica o novo tamanho ao arquivo original e, com isso, também diminui seu tamanho lógico (em kbytes).

6. Clique no ícone *Confirmar tamanho da imagem*.

> O Dreamweaver abrirá uma janela avisando que seu comando pode ser desfeito com o comando *Desfazer*. Clique em *OK*.

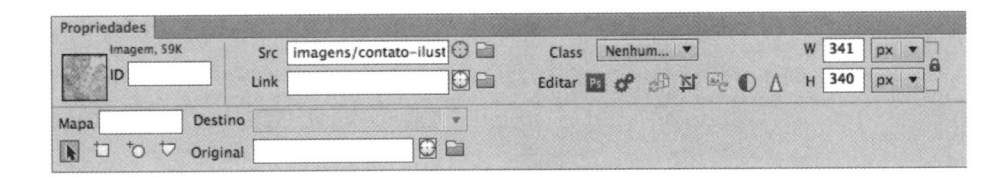

Otimização

1. Ainda com a imagem selecionada, clique no ícone das engrenagens (*Editar configurações da imagem*).

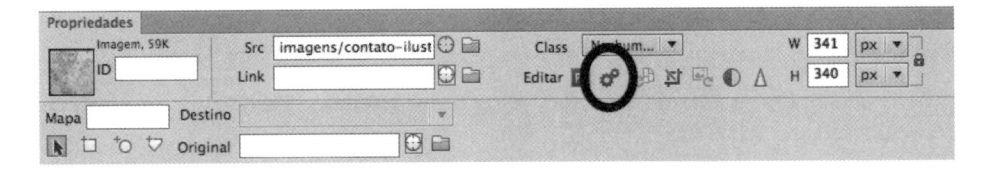

2. No quadro *Otimização de imagem*, na caixa *Qualidade*, use o controle deslizante até que o valor atinja 77. Observe que, enquanto desliza o controle, a imagem vai perdendo a qualidade e seu tamanho lógico vai ficando menor. Clique em *OK*.

3. Clique fora da tabela para ver o resultado até o momento.

Esses procedimentos são utilizados para fazer imagens menores. Fazer ampliações em imagens do tipo *bitmap* produz imagens finais de baixa qualidade. Caso precise fazer uma ampliação, fique atento à qualidade da imagem final ou use um software profissional como o Photoshop CC.

Observe que, à medida que foram inseridos conteúdos de diferentes tamanhos, a tabela automaticamente aumentou ou diminuiu. Isso porque, dentro de uma tabela, o conteúdo inserido é que determina sua dimensão. A tabela funciona como uma caixa elástica, ajustando-se ao conteúdo colocado.

4. Salve o documento.

Corte

1. Clique na primeira imagem (*contato-ilustra.jpg*).
2. No painel *Propriedades*, clique no botão *Cortar*.

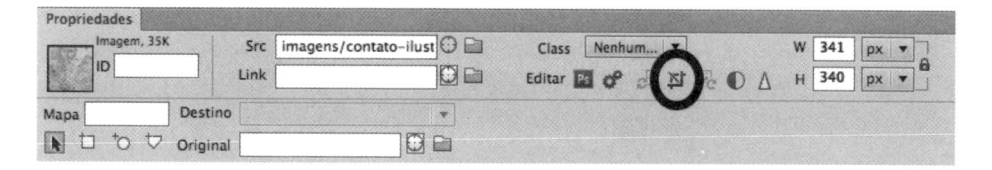

> O Dreamweaver abrirá uma janela avisando que seu comando pode ser desfeito com o comando *Desfazer*. Clique em *OK*.

O programa cria um retângulo ao redor da imagem indicando uma possível área de corte. Você pode aceitar essa área, ou alterar a área manualmente pelos cantos ou pelas laterais, ou ainda usar as caixas *L* (largura) e *A* (altura) do painel *Propriedades*. Para posicionar a área, mantenha o mouse na parte interna do retângulo de corte, em seguida, clique e arraste para a posição desejada. Você pode rejeitar as alterações pressionando a tecla *Esc* ou confirmá-las dando um duplo clique dentro da área de corte.

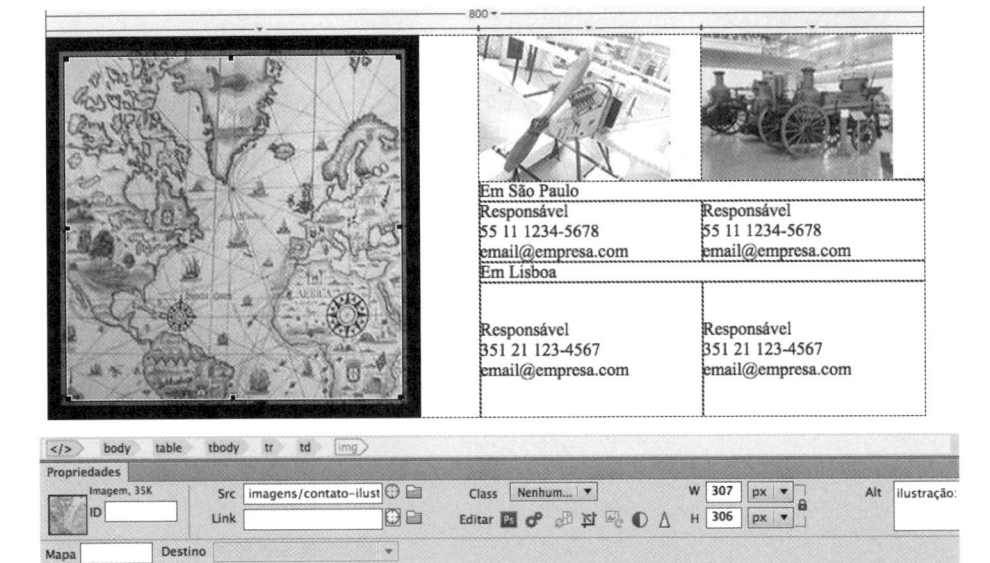

3. Posicione a marca de corte de modo que a borda preta seja removida. Finalize com dois cliques dentro da imagem.

4. Clique fora da tabela para que ela se acomode no novo conteúdo.

5. Salve o documento.

Brilho e contraste

1. Clique na segunda imagem (*contato-aviao.jpg*).

2. No painel *Propriedades*, clique no botão *Brilho e contraste*.

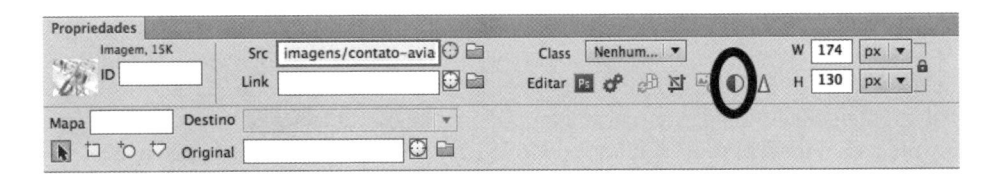

> O Dreamweaver abrirá uma janela avisando que seu comando pode ser desfeito com o comando *Desfazer*. Clique em *OK*.

3. Altere os valores para *Brilho*: *0* e *Contraste*: *30* usando os controles deslizantes ou digitando os valores nas respectivas caixas. Observe o resultado (a caixa *Visualização* deve estar marcada) e clique no botão *OK*.

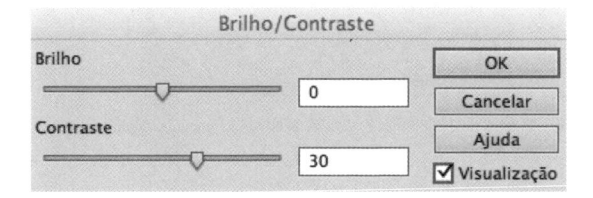

Ao finalizar esse comando, as alterações são imediatamente transferidas para o arquivo original da imagem.

Nitidez

1. Clique na terceira imagem (*contato-vapor.jpg*).
2. No painel *Propriedades*, clique no botão *Nitidez*.

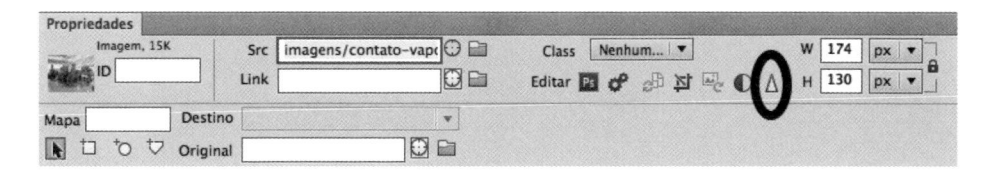

> O Dreamweaver abrirá uma janela avisando que seu comando pode ser desfeito com o comando *Desfazer*. Clique em *OK*.

4. Altere o valor da caixa *Aumentar Nitidez* para *3* usando os controles deslizantes ou digitando o valor na própria caixa. Observe o resultado (a caixa *Visualização* deve estar marcada) e clique no botão *OK*.

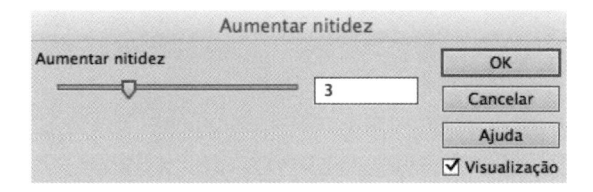

Ao finalizar esse comando, a alteração é imediatamente transferida para o arquivo original da imagem.

5. Salve o documento.

Ajuste de linhas de tabela

Uma tabela é sempre um elástico: você pode definir uma altura e uma largura para a tabela e as suas células, mas ela só obedecerá enquanto o conteúdo couber nesses limites. A partir do momento em que o conteúdo for maior do que o tamanho indicado, a tabela se autoajustará para acomodar esse conteúdo. O ajuste de largura da tabela é feito quando ela é criada e pode ser alterado selecionando-se a tabela toda.

1. Clique em qualquer borda da tabela, que é quando o mouse muda de formato.

Você pode clicar em linhas horizontais ou verticais. Lembre-se de apenas clicar, sem arrastar.

> Você também pode usar o botão </> na barra seletora de elementos para abrir o painel de exibição rápida do elemento e então clicar no elemento de tabela.

Observe que o painel *Propriedades* exibe as propriedades da tabela.

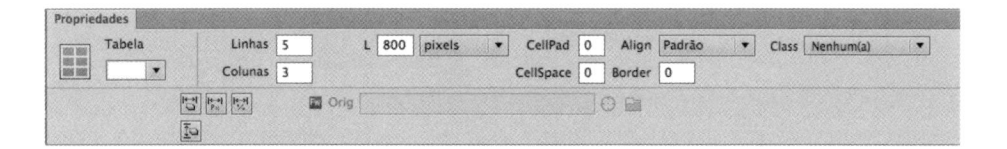

Para fazer o ajuste de colunas ou linhas, basta clicar e arrastar a coluna ou linha que deseja alterar.

2. Clique e arraste para baixo a linha inferior da célula que contém o texto *Em São Paulo*.

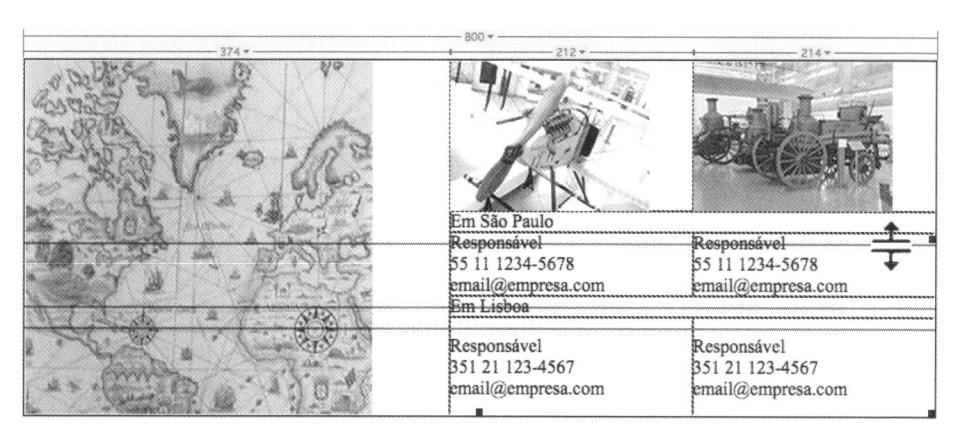

3. Repita o procedimento anterior na linha inferior da célula que contém o texto *Em Lisboa*.
4. Salve o documento.

Ao final, você tem uma tabela com espaçamentos diferentes criados pelo ajuste manual das alturas de linhas.

Tabela com espaçamento

Usando as propriedades HTML de uma tabela, é possível criar dois tipos de espaçamento: preenchimento da célula e espaçamento da célula. A primeira opção cria um espaço por dentro da célula, funcionando como uma moldura interna. A segunda opção cria um espaço entre as células, tanto no sentido horizontal quanto no vertical, afastando umas das outras. Esses espaçamentos devem ser utilizados com muita cautela, pois o ideal é que o visual seja definido com estilos CSS.

Inserindo tabela – modo Dinâmica

1. Clique na aba do documento *acervo-museu.html*.
2. Verifique se o modo *Dinâmica* está ativo.
3. Clique no parágrafo que contém a imagem de topo.
4. No painel *Inserir*, na opção *Comum*, clique em *Tabela*. Na área dinâmica, no quadro de opções de inserção, clique em *Depois*. Na janela *Tabela*, preencha os dados conforme a seguir e clique no botão *OK*.

Linhas: *2* / Colunas: *3* / Largura da tabela: *800 pixels* / Espessura da borda: *0* / Preenchimento da célula: *18* / Espaçamento da célula: *0* / Cabeçalho: *Nenhum(a)*

5. Ative o modo *Design*.
6. No painel *Arquivos*, abra a pasta *acervo*, clique e arraste cada uma das imagens para dentro de uma célula. Utilize os nomes dos arquivos para os respectivos textos alternativos.

Observe que, ao posicionar cada uma das imagens, elas não tocam a borda pontilhada da tabela.

7. Salve o documento.

Links em imagem – mapeamento de imagem

Uma forma diferente de trabalhar com links em imagens é por meio do mapeamento. Dessa forma, uma única imagem pode conter vários links. Lembre-se sempre de colocar as descrições dos links nas caixas de texto alternativo.

1. Clique na aba do arquivo *index.html*.
2. Ative o modo *Design*.
3. Selecione a imagem *index-topo.jpg*; em seguida, no painel *Propriedades*, utilizando a ferramenta *Ponto ativo retangular*, desenhe três retângulos sobre a imagem, conforme a seguir.

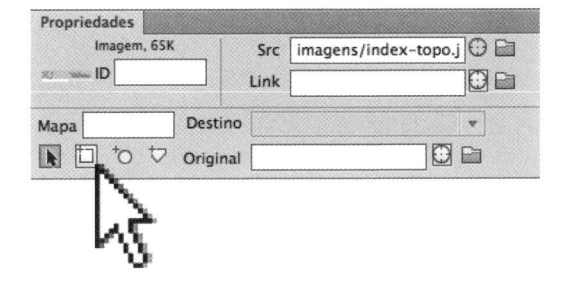

4. Selecione um a um os retângulos criados, alterando no painel *Propriedades* os valores conforme a seguir.

Imagem correspondente	Link	Alt
ACERVO	*acervo-museu.html*	*Acervo Museu de Marinha*
CONTATO	*contato-museu.html*	*Contato Museu de Marinha*
LOCAL	*local-museu.html*	*Localização Museu de Marinha*

Para os links, use o método de clicar e arrastar a *alça de mira* da caixa no painel *Propriedades* até o nome do arquivo no painel *Arquivos*.

5. Salve o documento.

6. Clique na aba do documento *acervo-museu.html*, selecione a imagem do topo e faça o mapeamento dos textos do menu, criando as áreas com a ferramenta *Ponto ativo retangular* com seus respectivos links. O texto *Museu de Marinha* deve ser linkado com a página *index.html*. Utilize nos textos alternativos o mesmo texto do link a que se referem.

7. Salve esse documento.

8. Repita os dois procedimentos anteriores para os arquivos *contato-museu.html* e *local-museu.html*.

9. Clique na aba do documento *index.html* e no ícone *Visualizar* no navegador, e escolha o navegador de sua preferência.

10. Visualize o resultado no navegador testando todos os links.

11. Feche a janela do navegador.

12. Feche os arquivos e o Dreamweaver, ou continue na próxima atividade.

Você pode fechar todas as janelas de uma só vez clicando em qualquer uma das abas dos arquivos com o botão contrário ao clique e escolhendo a opção *Fechar tudo*. Observe que existem outras opções; utilize-as se achar mais prático.

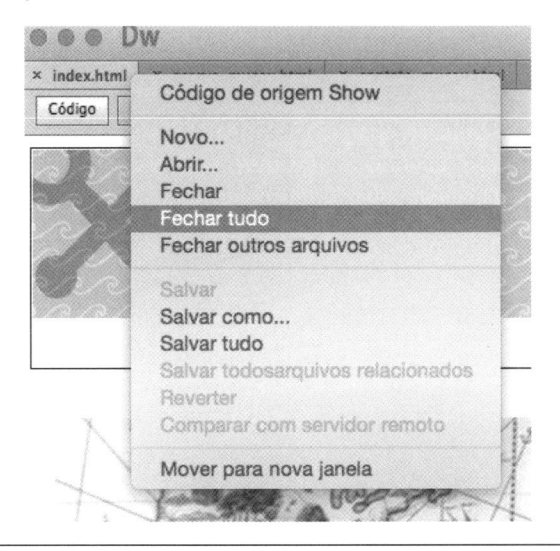

Resumo do capítulo

Para	Procedimento	Botão/teclas de atalho
Fazer o mapeamento do site	Na janela de abertura, clique no botão *Config. site*.	Config. Site
Configurar o padrão de abertura de arquivos	No menu *Editar (Dreamweaver)/ Preferências*, clique na categoria *Novo documento*.	
Criar uma nova página	Na janela de abertura, clique no botão *HTML*.	HTML Ctrl + N

(cont.)

Para	Procedimento	Botão/teclas de atalho
Inserir o título da página	Painel *Propriedades*, caixa *Título do documento*.	Título do documento [Documento sem título]
Salvar um arquivo pela primeira vez ou com um novo nome	Clique no menu *Arquivo/Salvar como*.	*Ctrl* + *Shift* + *S* (*Cmd* + *Shift* + *S*)
Salvar um arquivo que já possui nome	Clique no menu *Arquivo/Salvar*.	*Ctrl* + *S* (*Cmd* + *S*)
Exibir apenas o código da página		Código
Exibir o código e o layout da página		Dividir
Exibir apenas o layout da página em modo *Design*		Design
Exibir apenas o layout da página em modo *Dinâmica*		Dinâmica
Criar parágrafo		*Enter*
Criar quebra de linha		*Shift* + *Enter*
Visualizar a página no navegador		(ícone) Navegador primário: *F12* (*Opt* + *F12*) Navegador secundário: *Ctrl* + *F12* (*Cmd* + *F12*)
Área de trabalho modo *Extract*		Extract
Área de trabalho modo *Design*		Design

(cont.)

Para	Procedimento	Botão/teclas de atalho
Formatar cabeçalho/ parágrafos	Utilize o painel *Propriedades/ Formato*.	Formato Nenhum(a)
Formatar negrito	No painel *Propriedades*, clique no botão *Negrito*.	**B** Ctrl + B (Cmd + B)
Formatar itálico	No painel *Propriedades*, clique no botão *Itálico*.	*I* Ctrl + I (Cmd + I)
Inserir item de lista não numerada	No painel *Propriedades*, clique no botão *Lista não ordenada*.	
Inserir item de lista numerada	No painel *Propriedades*, clique no botão *Lista ordenada*.	
Ativar a régua horizontal	No painel *Inserir/Comum*, clique no botão *Régua horizontal*.	Régua horizontal
Elementos de seção	Painel *Inserir/Estrutura*: *Cabeçalho, Navigation, Ao lado, Artigo, Seção, Rodapé*	
Elementos de agrupamento	Painel *Inserir/Estrutura*: *Principal*	
Exibir de forma simplificada os elementos HTML	Barra seletora de elementos, botão *Exibição rápida do elemento*.	</> Ctrl + / (Cmd + /)
Criar link absoluto	No painel *Propriedades*, preencha a caixa *Link*.	Modelo: *http://www.endereco. com.br*
Criar link de e-mail	No painel *Propriedades*, preencha a caixa *Link*.	Modelo: *mailto:endereco@ provedor.com.br* Modelo com título: *mailto:endereco@provedor. com.br?subject=Titulo*

(cont.)

Para	Procedimento	Botão/teclas de atalho
Criar link relativo	No painel *Propriedades*, clique na alça de mira da caixa *Link*.	
Criar link de identificador	No painel *Propriedades*, preencha a caixa *Link*.	Modelo – link: #*identificador*
Inserir identificador	Na barra seletora de elementos, clicar no elemento com o botão contrário ao clique e escolher *Quick Tag Editor*.	Modelo – ID: id="*identificador*"
Inserir link no modo *Dinâmica*.	Selecionar o texto que será o link, clicar no botão link e preencher ou clicar no botão de busca de arquivo.	
Definir a janela de destino do link	No painel *Propriedades*, clique na caixa *Destino*.	_blank – abre uma nova janela de navegador _self – mesma janela de navegador
Escolher a posição de elemento – modo *Dinâmica*	Ao inserir um elemento no modo *Dinâmica*, nem todas as opções estão disponíveis, pois variam de acordo com o contexto.	Antes do elemento selecionado; Depois do elemento selecionado; Ao redor do elemento selecionado; Dentro do elemento selecionado
Inserir imagem	Arraste a imagem do painel *Arquivos* para a posição desejada.	*Ctrl + Alt + I* (*Cmd + Opt + I*)
Inserir imagem – painel *Inserir*	No painel *Inserir/Comum*, clique no botão *Imagens: imagem*.	
Inserir Imagem – painel *Ativos*	Cursor piscando onde deseja inserir a imagem. Painel *Ativos*, opção *Imagens*, clique na imagem e no botão *Inserir*.	
Inserir tabela	No painel *Inserir/Comum*, clique no botão *Tabela*.	*Ctrl + Alt + T* (*Cmd + Opt + T*)
Mesclar células selecionadas	No painel *Propriedades*, clique no botão *Mesclar*.	

(cont.)

Para	Procedimento	Botão/teclas de atalho
Redimensionar imagem	No painel *Propriedades*, digite novos valores para *L* (largura) e/ou *A* (altura). Botão cadeado: ativa/desativa restrições de tamanho.	W 230 px H 187 px
Cortar imagem selecionada	No painel *Propriedades*, clique no botão *Cortar*.	
Alterar o brilho e o contraste da imagem selecionada	No painel *Propriedades*, clique no botão *Brilho e contraste*.	
Alterar a nitidez da imagem selecionada	No painel *Propriedades*, clique no botão *Nitidez*.	
Mapear a imagem selecionada	No painel *Propriedades*, clique nos botões de Ponto ativo: Retangular, Circular, Poligonal.	
Selecionar um item mapeado da imagem selecionada	No painel *Propriedades*, clique no botão *Ponto ativo de ponteiro*.	

Exercícios propostos

1. Crie um mapeamento para a pasta com os exercícios propostos neste capítulo.

2. Estruture a receita do arquivo *receita.txt* utilizando elementos de lista. Observe o modelo com o arquivo pronto em *receita.pdf*.

3. Utilizando os arquivos da pasta *cap2_propostos/festa_aniversario*, digite o texto e estruture-o junto às imagens, a fim de montar o projeto "Festa de aniversário". Você deverá criar as miniaturas com base em imagens grandes; lembre-se de duplicar os arquivos originais. Observe o modelo com o arquivo pronto em *festa-de-aniversario.pdf*.

Faça suas próprias criações com os dois conteúdos, *receita* e *festa de aniversário*, utilizando novos elementos estruturais e obtendo novos resultados.

Anotações

3
Criando layout com estilos CSS

OBJETIVOS

- Entender a estrutura dos estilos CSS
- Trabalhar com estilos definidos em *Propriedades da página*
- Editar estilos prontos
- Criar estilos estruturais únicos
- Criar e utilizar estilos externos
- Trabalhar com diferentes seletores e propriedades

Trabalhar com folhas de estilo em cascata (*Cascading Style Sheets* – CSS) é fundamental para a acessibilidade e a usabilidade. Em um primeiro momento, você pode entender o CSS como um conjunto de regras que diz como será o aspecto de uma página web: cores, fontes, tamanhos, fundos, etc. Da mesma forma que os adjetivos caracterizam as pessoas, o CSS modifica a página. Ou, se preferir, o CSS é como um armário onde estão as roupas que a sua página vai vestir em cada ocasião.

Os elementos de HTML definem a estrutura e o CSS define a forma como essa estrutura será apresentada. Em cada uma das atividades a seguir você vai compreender o que é o CSS e as múltiplas formas de tirar proveito dele com o Dreamweaver de modo muito simples.

Projeto "Paris"

Resumo:

- Pequeno site de conteúdo textual e imagético sobre Paris, com tabela de preços e contato.

Objetivo:

- Mostrar imagens da cidade, atrações imperdíveis e outros destaques; divulgar tabela de preços e contato. É importante que o site seja leve e simples para facilitar o acesso ao maior número possível de pessoas.

Estrutura:

- *Sitemap*:

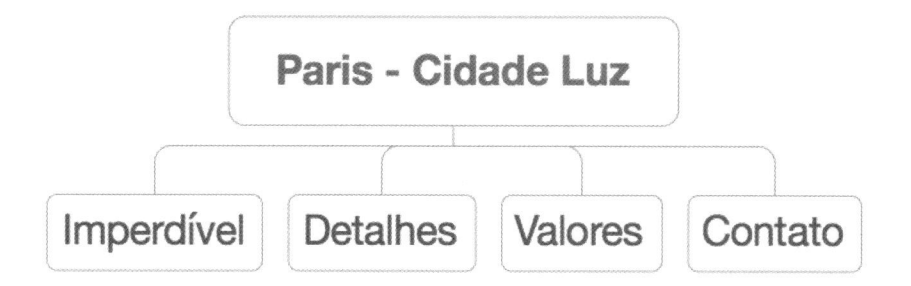

```
                    Paris - Cidade Luz
         ┌─────────────┬──────────┬─────────┐
    Imperdível      Detalhes   Valores   Contato
```

- *Wireframe*:

Atividade 1 – Mapeando a pasta do projeto e entendendo o que são e para que servem os estilos CSS

Objetivos:
- Mapear a pasta do projeto.
- Observar páginas contendo estilos criados.
- Compreender a utilização do CSS.

Tarefas:
- Criar um novo mapeamento.
- Reconhecer a estrutura típica de estilos.

Mapeamento

1. Abra o Dreamweaver.
2. Na janela de abertura, clique no botão *Config. Site*.
3. Na janela *Configuração do site*, na caixa *Nome do site*, digite o nome do projeto: *Paris*.
4. Na opção *Pasta do site local*, clique na pasta ao lado da caixa de entrada de texto.
5. Na janela *Escolher pasta raiz*, clique no botão *Desktop/Área de Trabalho*; em seguida, clique duas vezes na pasta *dream-cc* e clique duas vezes novamente na pasta *paris*. Finalize com um clique no botão *Escolher/Selecionar pasta*.
6. Ao retornar para a janela *Configuração do site*, clique no botão *Salvar*.

Estrutura de estilos CSS

1. No painel *Arquivos*, clique no sinal + da pasta *_exemplo*; em seguida, clique duas vezes no arquivo *modelo_0.html*.

> Para esta atividade, verifique:
>
> - se a sua área de trabalho está no modo *Design* (se precisar alterar essa opção, basta clicar na seta para baixo da caixa e escolher a opção *Design*); 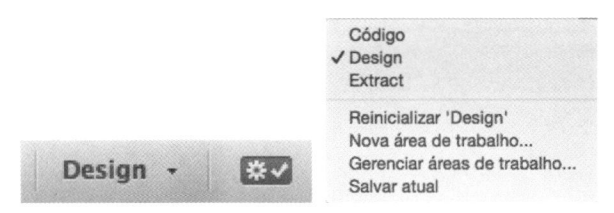
>
> - se a opção de visualização de páginas está no modo *Dinâmica*; 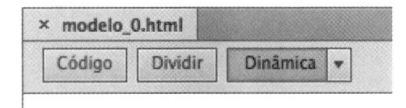
>
> - se o painel *CSS Designer* está aberto de forma a possibilitar a visualização das quatro áreas: *Origens*, *@Media*, *Seletores* e *Propriedades* (para visualizar essas áreas, clique e arraste as barras divisórias do painel);

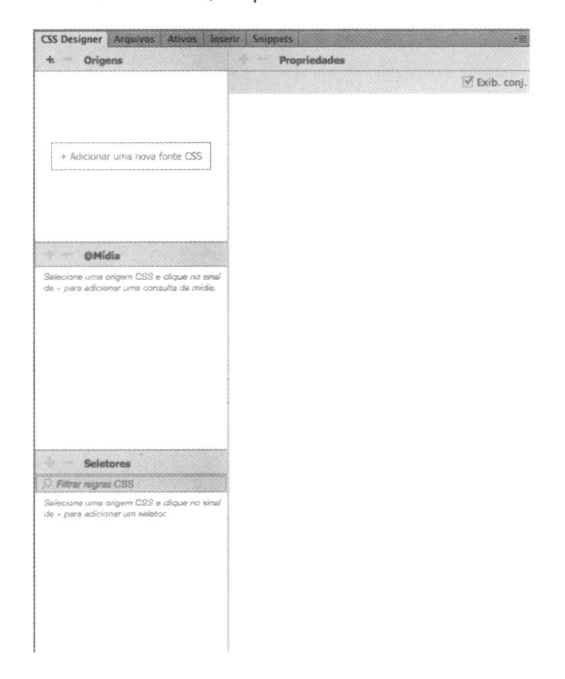

(cont.)

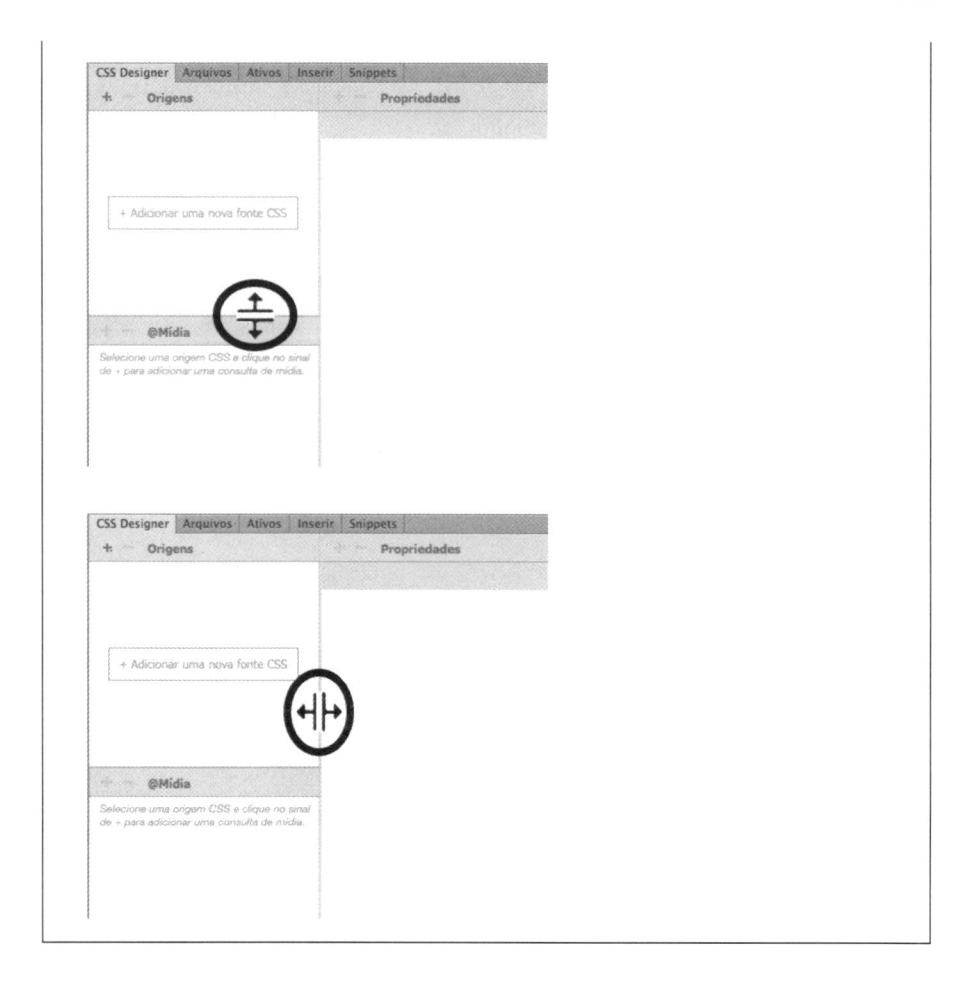

Observando a estrutura do conteúdo

1. Observe que não existe nenhuma folha de estilos criada para esta página. Sendo assim, o seu conteúdo está sendo exibido sem qualquer alteração.

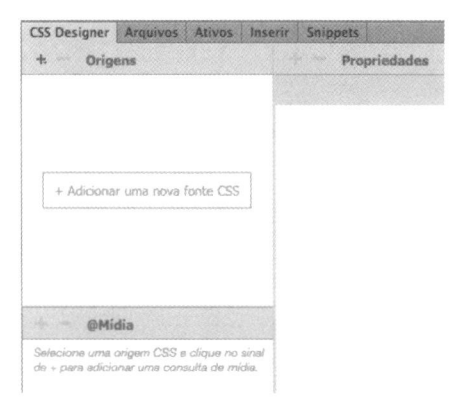

2. Na janela do documento, clique em cada uma das linhas e vá observando os elementos HTML na barra seletora de elementos: parágrafos e cabeçalhos, bem como as áreas de seção: *header*, *section* e *footer*.

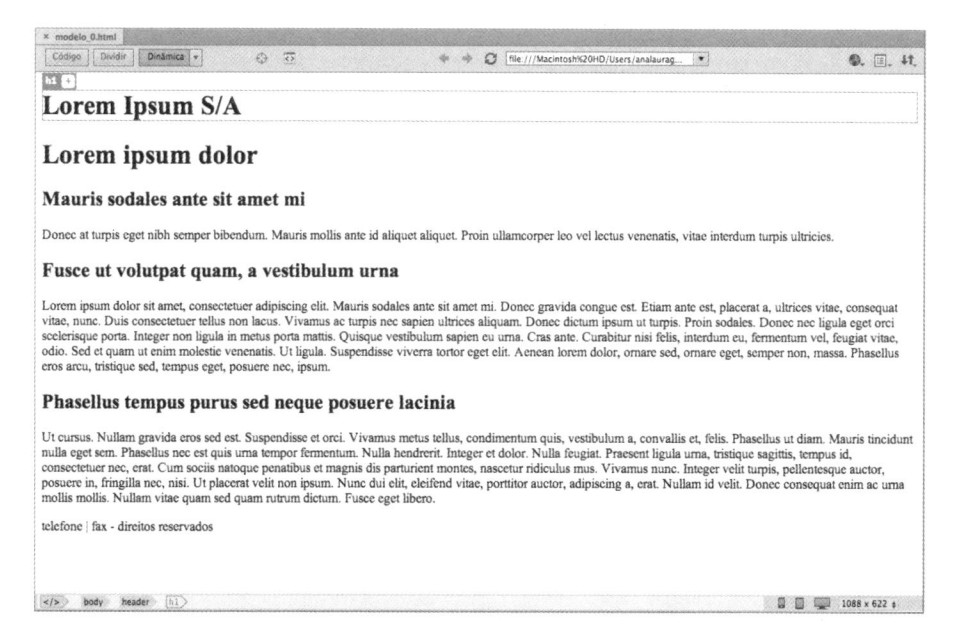

Para ter uma visão geral da estrutura do documento, você pode olhar o código ou então clicar no botão </>. Clique nos elementos do painel de *Exibição rápida* e observe os conteúdos sendo selecionados também na área *Dinâmica*.

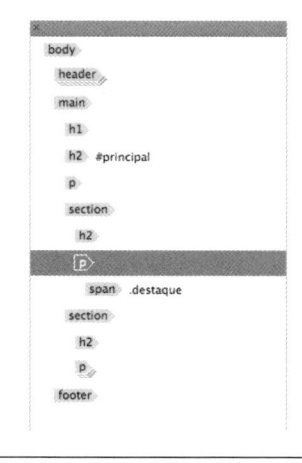

3. Clique na terceira linha do conteúdo e observe o identificador *#principal* no cabeçalho *h2*.

Lorem Ipsum S/A

Lorem ipsum dolor

h2 #principal [+]

Mauris sodales ante sit amet mi

Donec at turpis eget nibh semper bibendum. Mauris mollis ante id aliquet aliquet.

4. Clique no texto indicado conforme a imagem a seguir e observe a marcação HTML <span> junto à classe CSS *.destaque*.

Mauris sodales ante sit amet mi

Donec at turpis eget nibh semper bibendum. Mauris mollis ante id aliquet aliquet. Proin ullamcorper leo vel lectus venenatis, vitae interdum turpis ultricies.

Fusce ut volutpat quam, a vestibulum urna

span .destaque [+]

Lorem ipsum dolor sit amet, consectetuer adipiscing elit. Mauris sodales ante sit amet mi. Donec gravida congue est. Etiam ante est, placerat a, ultrices vitae, consequat vitae, nunc. Duis consectetuer tellus non lacus. Vivamus ac turpis nec sapien ultrices aliquam. Donec dictum ipsum ut turpis. Proin sodales. Donec nec ligula eget orci scelerisque porta. Integer non ligula in metus porta mattis. Quisque vestibulum sapien eu urna. Cras ante. Curabitur nisi felis, interdum eu, fermentum vel, feugiat vitae, odio. Sed et quam ut enim molestie venenatis. Ut ligula. Suspendisse viverra tortor eget elit. Aenean lorem dolor, ornare sed, ornare eget, semper non, massa. Phasellus eros arcu, tristique sed, tempus eget, posuere nec, ipsum.

> Essa é uma fase de observação de elementos, nas próximas atividades você aprenderá a combinar elementos e estilos.

Observando folhas de estilos

1. No painel *Arquivos*, clique duas vezes no arquivo *modelo_1.html*.

2. Clique no painel *CSS Designer* e observe que existe uma folha de estilos. Na área *Origens* do painel, clique em *modelo1.css*. Em seguida, na área *Seletores*, clique um a um nos seletores CSS e observe suas propriedades e valores na área *Propriedades* do painel.

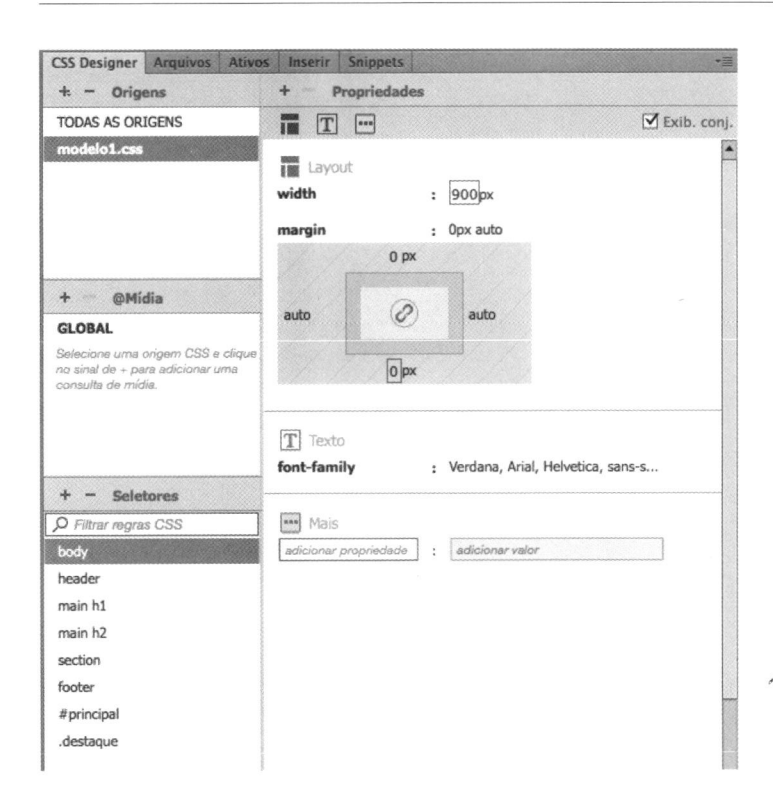

Quando clicar no primeiro seletor, ative a caixa *Exib. conj.* para exibir apenas as propriedades e os valores configurados para o seletor. Essa caixa permanece ativa até que você clique sobre ela novamente.

À medida que você clica nos seletores, o conteúdo correspondente é iluminado na área *Dinâmica*, facilitando a identificação da relação entre estrutura e layout.

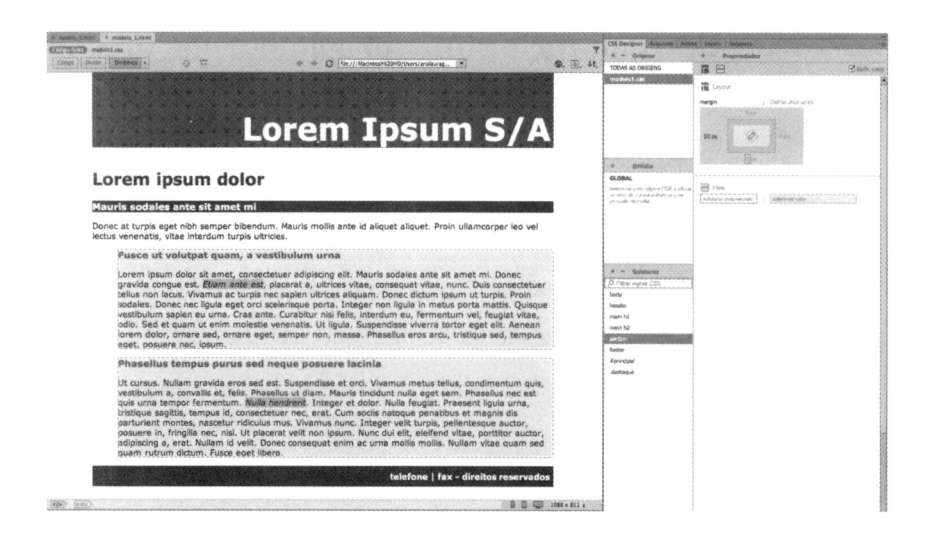

O contrário também é válido: ao clicar em um elemento na área *Dinâmica*, seu seletor correspondente é iluminado no painel *CSS Designer*.

A exibição dos elementos foi alterada por meio da combinação de seletores, propriedades e valores. Isso é CSS. Nenhum tipo de conteúdo foi adicionado ao corpo da página.

Quando você trabalha com CSS, a primeira etapa é escolher qual elemento (ou elementos) terá seu visual modificado. Escolha, portanto, os seletores. O seletor indica onde será aplicado determinado conjunto de regras de estilo.

3. No painel *Arquivos*, dê duplo clique no arquivo *modelo_2.html*.

4. Clique no painel *CSS Designer* e, na área *Origens*, clique em *modelo2.css*. Em seguida, na área *Seletores*, clique um a um nos seletores CSS e observe suas propriedades e valores na área *Propriedades* do painel e seu correspondente na área *Dinâmica*.

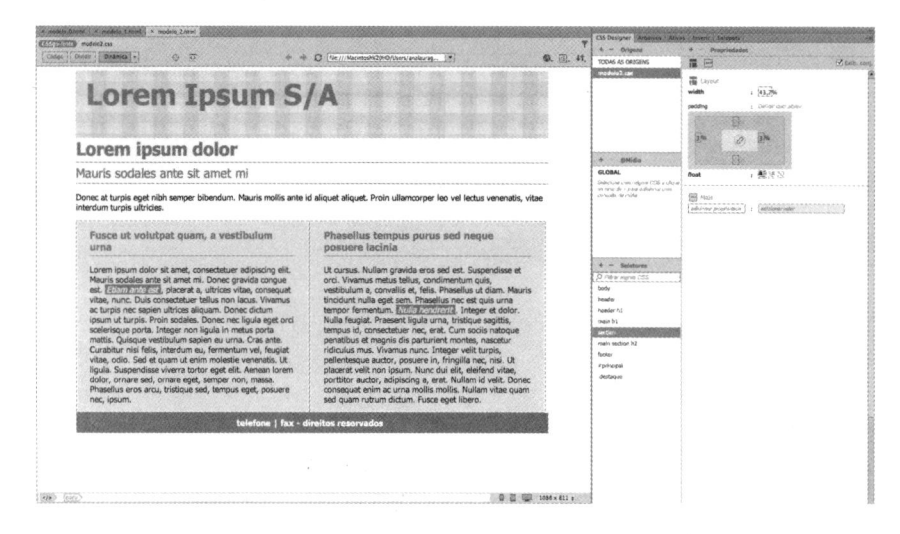

Alguns seletores foram modificados, bem como as propriedades e os valores, mas nenhum conteúdo novo foi adicionado; assim, a estrutura permaneceu a mesma e o layout mudou completamente.

É muito importante fazer a escolha certa dos seletores. A regra mais aceita entre os profissionais de CSS é trabalhar primeiro com os seletores de elementos, que são mais genéricos, e depois ir utilizando os seletores mais específicos.

5. Feche todas as páginas e prepare-se para a próxima atividade, em que você irá criar seus primeiros estilos.

> Para fechar as páginas, você poderá clicar, uma a uma, no sinal x das abas relativas ao arquivo que deseja fechar; ou então clicar com o botão direito do mouse na aba que deseja fechar e depois na opção *Fechar*, para fechar uma a uma, ou em *Fechar tudo* para fechar todas de uma única vez. 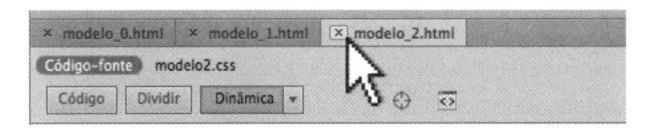 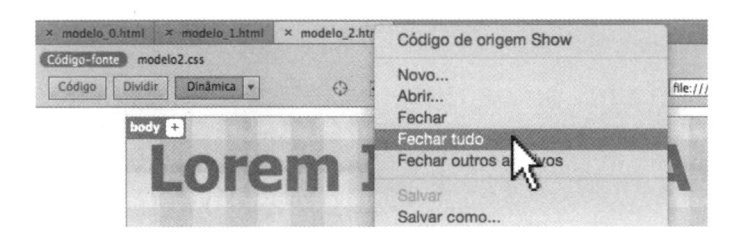
>
> A opção *Fechar outros arquivos* encerra todas as outras páginas, menos a que você clicou com o botão direito. A opção *Salvar* salva o documento no qual você clicou com o botão direito, e a opção *Salvar tudo* salva todos os documentos, inclusive o clicado. Se houver estilos ou outros arquivos dependentes, eles também serão salvos.

Atividade 2 – Criando estilos com o botão *Propriedades da página*

Objetivo: • Criar estilos com o botão *Propriedades da página*.

Tarefas: • Abrir uma página existente.
- Criar os seguintes estilos com o botão *Propriedades da página*:
  - Aparência
  - Títulos
  - Links
  - Codificação

Nesta atividade, você vai criar vários estilos para diferentes seletores usando apenas a interface gráfica do programa.

1. Abra o Dreamweaver no mapeamento *Paris*, se estiver iniciando a atividade agora.
2. No painel *Arquivos*, clique duas vezes no arquivo *index.html*.
3. Verifique se o modo *Design* está ativo, caso contrário, ative-o.

Você verá a página inicial do projeto, já com as imagens e os links prontos.

Botão *Propriedades da página*

1. No painel *Propriedades*, clique no botão *Propriedades da página*.
2. Clique na categoria *Aparência (CSS)*.

Nessa categoria, você implementa estilos gerais para sua página.

- Clique na seta para baixo da caixa *Fonte da página* e escolha a opção *Gotham, Helvetica Neue, Helvetica, Arial, sans-serif* para alterar a fonte de todo o conteúdo da página.
- Clique na seta para baixo da caixa *Tamanho* e escolha a opção *16* para alterar o tamanho do texto da página. Observe que a unidade já aparece indicada como px (pixel).
- Clique no quadro de seleção de cor da opção *Cor do texto*; em seguida, clique na cor *preta* (ou ajuste o valor na caixa hexadecimal para *#00000*) e pressione *Enter* para alterar a cor do texto da página.
- Clique no quadro de seleção de cor da opção *Cor do fundo*; em seguida, clique na cor *branca* (ou ajuste o valor na caixa hexadecimal para *#FFFFFF*) e pressione *Enter* para alterar a cor do fundo da página.

- Clique no botão *Procurar* da opção *Imagem do fundo*; em seguida, dentro da pasta *imagens*, clique no arquivo *back-paris.jpg* e depois em *OK* para alterar a imagem de fundo da página.
- Clique na seta para baixo da caixa *Repetir* e escolha a opção *repeat-x* para alterar o padrão de repetição da imagem de fundo da página.

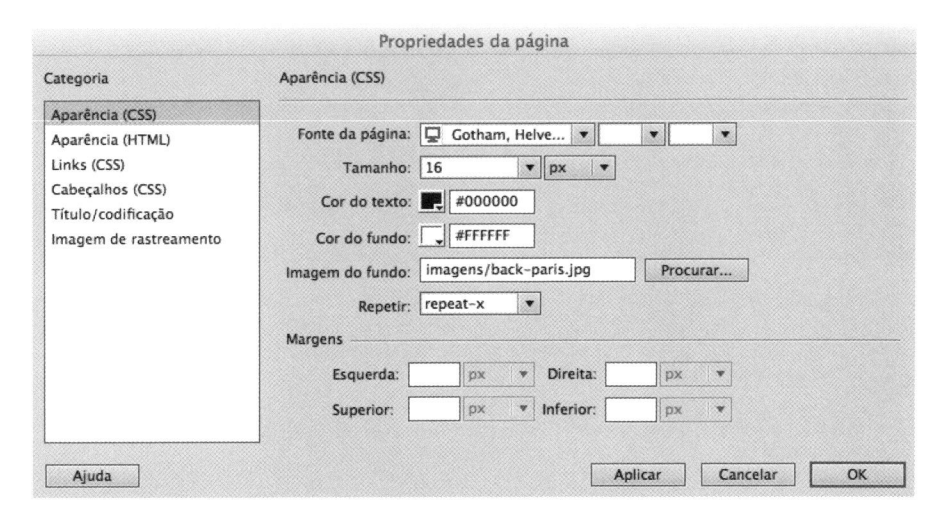

3. Clique no botão *Aplicar* para observar o resultado das alterações e continuar editando as propriedades da página.
4. Clique na categoria *Links (CSS)*.

Nessa categoria, você implementa estilos para os links de sua página.

- Clique na última caixa da opção *Fonte da página* e escolha a opção *Bold* para que seus links fiquem em negrito.
- Na caixa *Cor do link*, digite o valor hexadecimal *#14316B* para alterar a cor dos links.
- Na caixa *Links visitados*, digite o valor hexadecimal *#14316B* para alterar a cor dos links visitados.
- Na caixa *Links de sobreposição*, digite o valor hexadecimal *#990000* para alterar a cor dos links quando o mouse do visitante estiver sobre eles.
- Clique na seta para baixo da caixa de opções *Estilo sublinhado* e escolha *Mostrar sublinhado somente em sobreposição* para que o sublinhado dos links apareça apenas quando o visitante passar o mouse sobre eles.

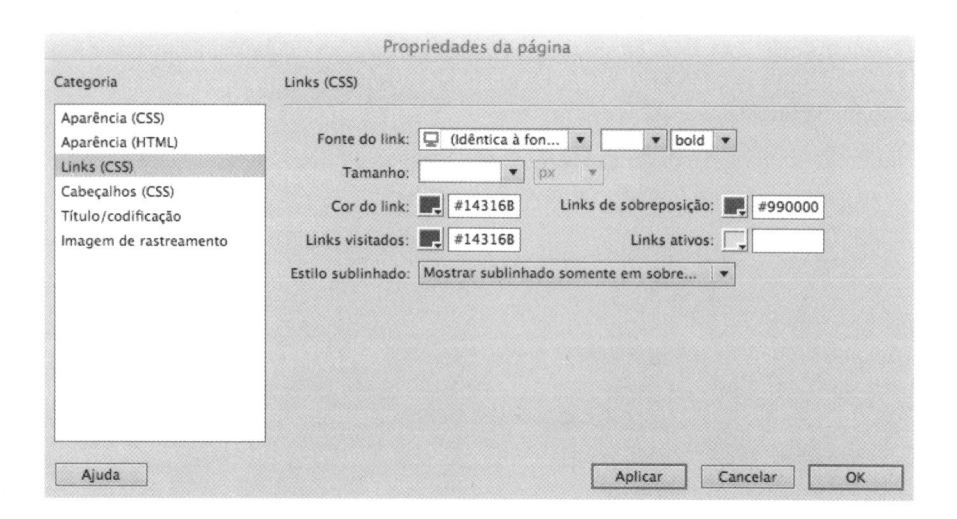

5. Clique no botão *Aplicar* para observar o resultado das alterações e continuar editando as propriedades da página.

6. Clique na categoria *Cabeçalhos (CSS)* e preencha os valores conforme a seguir.

Nessa categoria, você implementa estilos para os títulos de sua página:

- Cabeçalho 1: *48 px – #14316B*;
- Cabeçalho 2: *20 px – #9EB6E2*;
- Cabeçalho 3: *20 px – #14316B*.

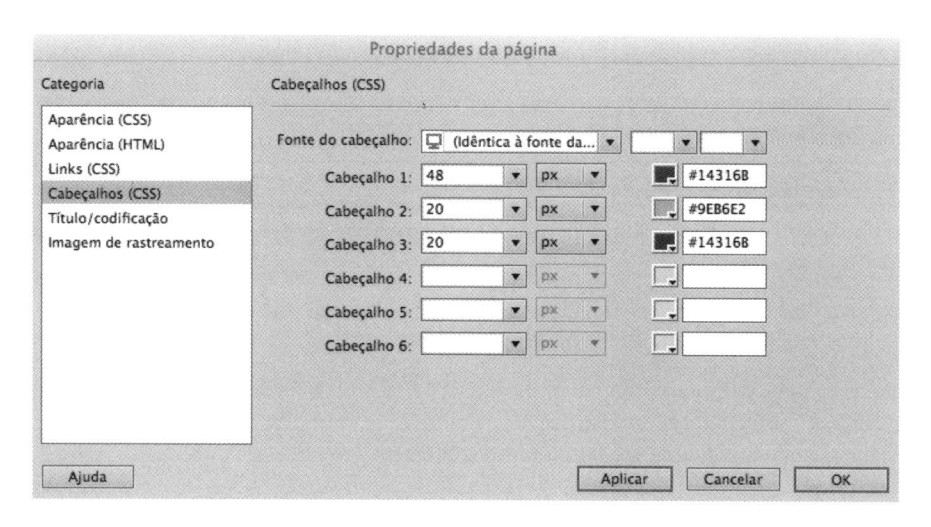

7. Clique no botão *Aplicar* para observar o resultado das alterações e continuar editando as propriedades da página.

8. Clique na categoria *Título/codificação*.

Observe que, nessa categoria, além de poder trocar o título da página você também pode alterar o tipo de DTD do documento e o tipo de codificação.

Tipo de documento DTD (*Document Type Definition* – definição do tipo de documento): aqui você indica qual é o tipo de código que está trabalhando. Dessa forma, o navegador da máquina do visitante, ao ler sua página, vai interpretá-la mais rápida e corretamente. Nas atividades deste livro, você usará sempre o HTML5.

Codificação: aqui você indica qual é o tipo de codificação de caracteres que o navegador da máquina do visitante deverá usar para interpretar os textos de suas páginas. Para os idiomas ocidentais, a codificação recomendada é a "Unicode UTF-8" (que está sendo utilizada neste material). Em sites mais antigos, você vai encontrar a codificação "Western European" (também conhecida como "iso-8859-1").

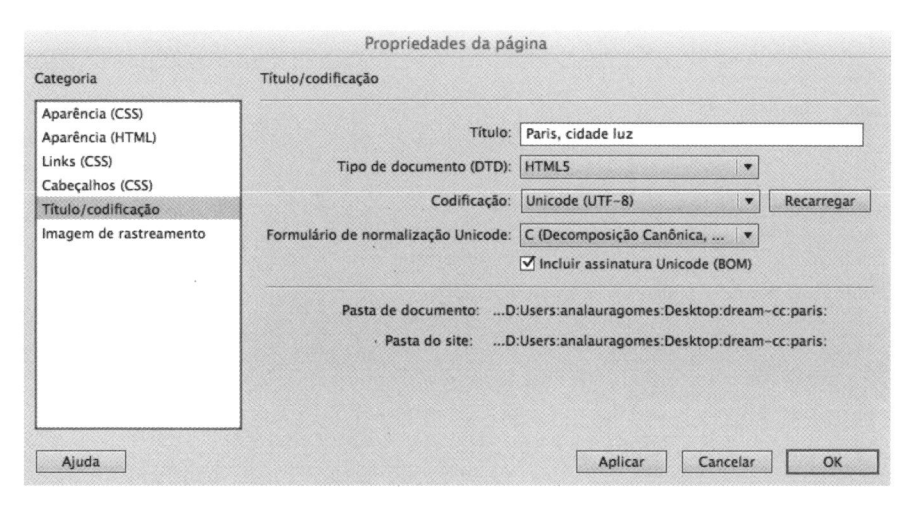

Propriedades da página	
Categoria	**Título/codificação**
Aparência (CSS) Aparência (HTML) Links (CSS) Cabeçalhos (CSS) Título/codificação Imagem de rastreamento	Título: Paris, cidade luz Tipo de documento (DTD): HTML5 Codificação: Unicode (UTF-8) Recarregar Formulário de normalização Unicode: C (Decomposição Canônica, ...) ☑ Incluir assinatura Unicode (BOM) Pasta de documento: ...D:Users:analauragomes:Desktop:dream-cc:paris: Pasta do site: ...D:Users:analauragomes:Desktop:dream-cc:paris:
Ajuda	Aplicar Cancelar OK

9. Clique no botão *OK* e observe o resultado.

Paris

cidade luz imperdível detalhes valores contato

Paris

cidade luz

Lorem ipsum dolor sit amet, consectetur adipiscing elit. Quisque porttitor sodales turpis, sed iaculis ipsum facilisis non. Etiam vitae tellus a sem sollicitudin pellentesque. Nam tempor quam magna. Morbi id libero lorem. Donec in nunc commodo metus ultrices tincidunt sit amet id lectus. Integer dictum nisi sed dui placerat vitae faucibus dolor luctus. Nullam nec nunc vitae nisi ultricies tristique. Fusce bibendum elementum tortor, a fermentum tortor congue at. In fringilla velit nisi, et eleifend mi. Fusce sed odio sit amet turpis iaculis faucibus.

Suspendisse at varius erat. Mauris sed diam tellus. Etiam ante dolor, eleifend tristique luctus vitae, ultricies vitae dolor. Nunc eget ullamcorper diam. Curabitur ligula nulla, fringilla a pretium sit amet, rhoncus a mauris. Etiam metus ligula, volutpat vulputate imperdiet a, dictum eu libero. Etiam sit amet ullamcorper enim. Proin et luctus erat. Duis sapien dolor, tincidunt vel egestas sed, eleifend in nisi. Proin accumsan viverra ante sit amet euismod. Nam imperdiet rhoncus lobortis. Cras sodales, massa a imperdiet pellentesque.

Imperdível

- Torre Eiffel
- Arco do Triunfo
- Museu do Louvre

Contato

contato@turismoemparis.com.br

11 1234 5678
11 9876 5432

10. Salve o seu documento.
11. No painel *CSS Designer*, opção *Origens*, clique em <style>. Em seguida, na opção *Seletores*, observe todos os seletores criados.

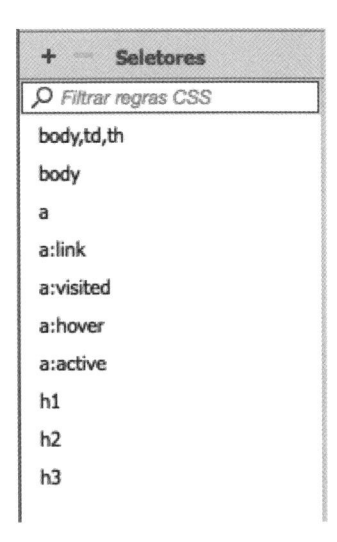

```
+ —    Seletores
🔍 Filtrar regras CSS
body,td,th
body
a
a:link
a:visited
a:hover
a:active
h1
h2
h3
```

Ao implementar as regras de estilo com o botão *Propriedades da página*, a folha de estilos que contém essas regras fica inserida na página atual. Isso é indicado no painel *CSS Designer* pela marcação <style>. Quando as regras de estilo ficam "presas" à página, estamos utilizando uma folha de estilos interna. Os seletores e os seus respectivos atributos e valores só alteram o documento onde a folha de estilos está. Nas próximas atividades, você vai aprender a criar folhas de estilos externas que podem ser compartilhadas entre várias páginas.

Todos os estilos criados estão baseados em seletores do tipo *tag*, ou seja, têm como base elementos HTML da estrutura da sua página. Dessa forma, as regras criadas são as mais abrangentes possíveis, pois, quando seu projeto todo está corretamente estruturado, seu conteúdo será automaticamente transformado por essas regras.

Entre os seletores de elementos, você pode observar alguns especiais: *a:link*, *a:visited* e *a:hover*. São chamados seletores do tipo *pseudo-class*. Tais seletores são especiais porque os links possuem comportamentos distintos de acordo com a interação do visitante sobre eles. Para cada uma dessas interações, há uma resposta visual diferente para o visitante.

Modo de visualização *Dinâmica*

1. Ative o modo de visualização *Dinâmica*.

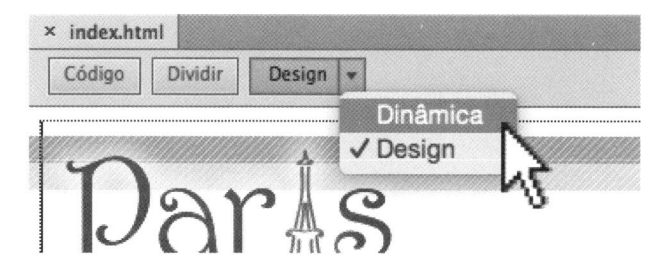

2. Passe o mouse por cima dos links e veja a mudança de cor e o sublinhado.

A opção *Dinâmica* transforma a área da página do Dreamweaver em um navegador. Dessa forma, você poderá observar comportamentos específicos do navegador.

O tipo de navegador que o programa simula é baseado no motor de renderização *Chromium*, o mesmo usado pelos navegadores mais modernos. Para saber qual será o comportamento de determinado navegador, é recomendável ter o navegador em questão instalado em seu equipamento e utilizar os atalhos vinculados a ele.

3. Clique em um dos links pressionando simultaneamente a tecla *Ctrl* (*Cmd*) para que ele funcione de verdade. Para retornar à página anterior, use a seta de navegação da barra superior.

Modo *Inspeção*

No modo *Inspeção*, você pode verificar de forma visual como as propriedades CSS *margin* e *padding* afetam os elementos na página alterando o layout.

> O botão para ativar o modo de *Inspeção* é visível apenas quando você está no modo *Dinâmica*.

1. Ainda no modo *Dinâmica*, clique no botão para ativar o modo *Inspeção*.

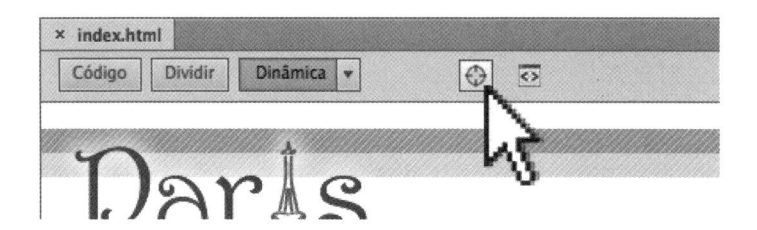

2. Passe o mouse sobre cada um dos elementos de sua página e observe as cores.

3. Passe o mouse sobre o elemento de lista, que nativamente possui estilos de *margin* e *padding*, e veja a relação entre cada cor e a propriedade CSS:

   - azul: *elemento*;
   - verde: *padding*;
   - salmão: *margin*.

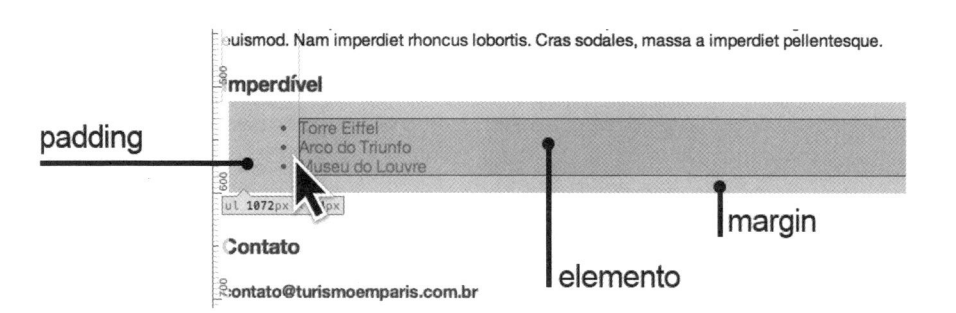

4. Clique no botão do modo *Inspeção* para desligá-lo.

> Quando você clica em qualquer elemento, o modo *Inspeção* é desligado automaticamente.

5. Feche o programa ou continue na próxima atividade.

Atividade 3 – Editando estilos prontos

Objetivo: • Criar novos layouts com base em estilos prontos.

Tarefas: • Abrir uma página existente.
• Editar estilos prontos.

Caso você esteja continuando da atividade anterior, vá direto ao passo 1 do tópico "Alterando estilos prontos pelo painel *CSS Designer* – modo *Design*".

1. Abra o Dreamweaver no mapeamento *Paris*.
2. No painel *Arquivos*, clique duas vezes no arquivo *index.html*.

Alterando estilos prontos pelo painel *CSS Designer* – modo *Design*

Este tipo de alteração pode ser feito tanto no modo *Design* quanto no modo *Dinâmica*. O acesso e o funcionamento do painel *CSS Designer* é o mesmo em qualquer um dos modos. Nesse momento, será usado o modo *Design*.

1. Ative o modo *Design*.
2. No painel *CSS Designer*, clique em <style>, em seguida clique no seletor *h3*.

> Na janela do documento, com a ajuda da barra de rolagem, ajuste a visualização para que você possa ver o elemento *h3* (*Imperdível*) na tela e acompanhar as alterações que serão realizadas.

3. Ainda no painel *CSS Designer*, na área *Propriedades*, clique na caixa *Exib. Conj.* para desmarcá-la.

Nessa área, você tem todas as propriedades CSS organizadas em 5 grupos: *Layout*, *Texto*, *Borda*, *Fundo*, *Mais*. Cada um dos botões dá acesso rápido ao grupo ao qual se refere.

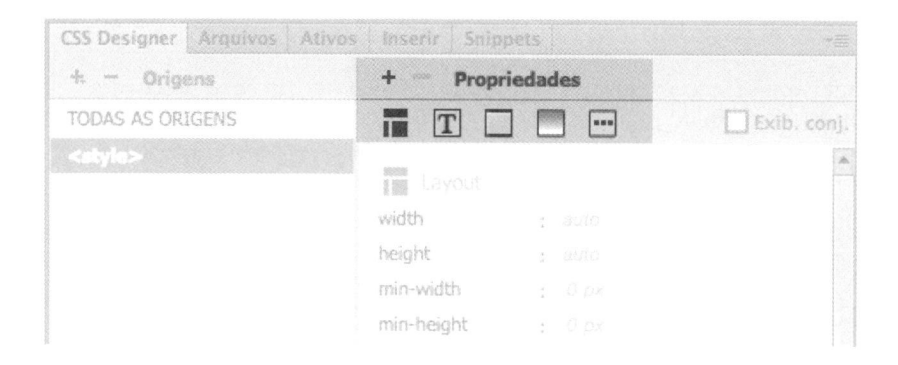

4. Clique no botão *Texto*.

Nesse grupo estão as propriedades relacionadas ao texto, como fonte, tamanho e alinhamento. Como você está editando um estilo pronto, já aparecem as duas regras que foram criadas na atividade anterior por meio do botão *Propriedades da página*, que são a cor e o tamanho da fonte.

5. Na propriedade *font-weight*, clique no texto cinza do lado direito e escolha a opção *normal*.

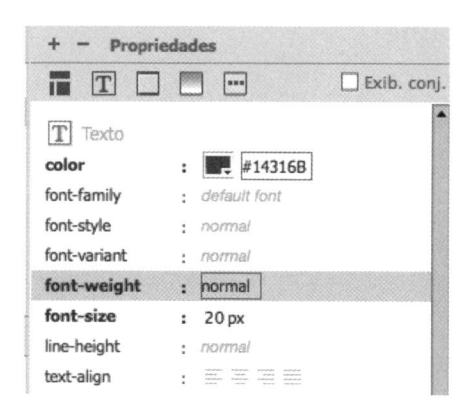

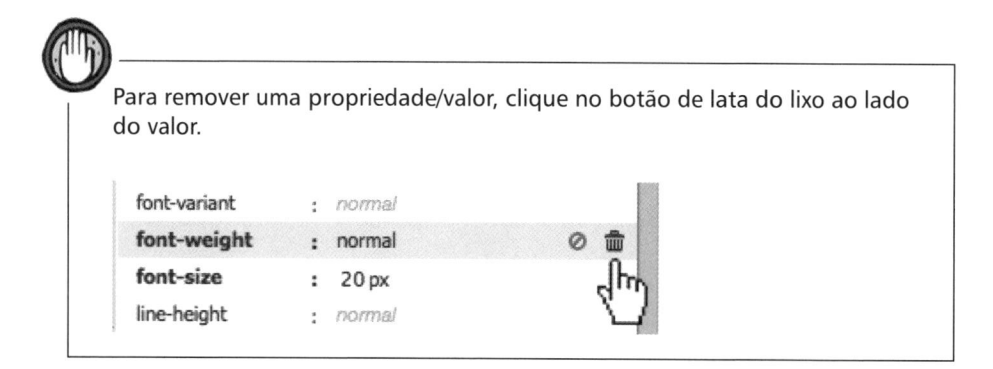

Para remover uma propriedade/valor, clique no botão de lata do lixo ao lado do valor.

6. Clique no botão *Borda*; em seguida, clique na opção *Inferior*; indique os valores:
- *width*: clique duas vezes no texto cinza do lado direito e digite *2 px*;
- *style*: clique do lado direito e escolha a opção *solid;*
- *color*: clique no texto *undefined* e digite *#14316B*.

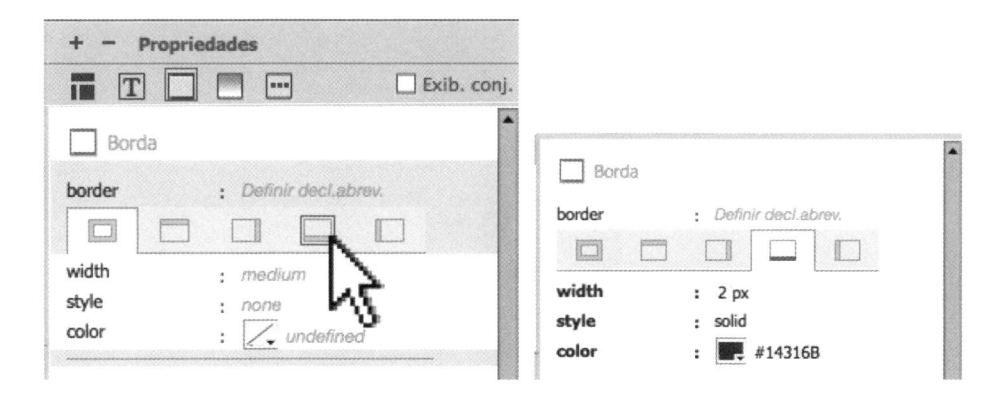

Esse grupo permite a adição de regras para a criação de bordas no seletor indicado. Nesse caso, foi criada uma borda apenas na parte inferior do seletor *h3*. Observe o resultado na área de design: os textos *Imperdível* e *Contato* foram marcados com o cabeçalho *h3*. Como você está alterando um seletor de elemento, o resultado é imediato.

Suspendisse at varius erat. Mauris sed diam tellus. Etiam ante dolor, eleifend tri ligula nulla, fringilla a pretium sit amet, rhoncus a mauris. Etiam metus ligula, vo Proin et luctus erat. Duis sapien dolor, tincidunt vel egestas sed, eleifend in nisi. lobortis. Cras sodales, massa a imperdiet pellentesque.

Imperdível

- Torre Eiffel
- Arco do Triunfo
- Museu do Louvre

Contato

contato@turismoemparis.com.br

11 1234 5678

Sobre a caixa de cores

A partir da versão CC, o Dreamweaver mudou sua caixa de cores:

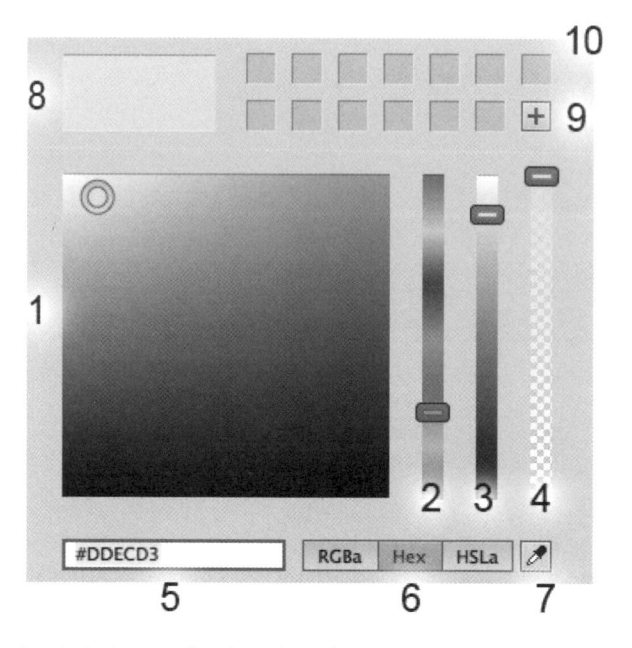

1 – ajuste de cores; 2 – ajuste de matiz; 3 – ajuste de luminosidade; 4 – ajuste de transparência;
5 – código da cor; 6 – opções para codificar a cor; 7 – conta-gotas; 8 – cor selecionada/cor atual;
9 – salvar uma cor; 10 – cores salvas.

Para ajustar a cor, use os controles deslizantes 1, 2 e 3, visualizando o resultado e a cor em 8. Se gostar de uma cor e desejar salvá-la, clique em 9. As cores armazenadas aparecem em 10. Para remover uma cor, clique na cor desejada nessa área e arraste para fora da caixa. Ajuste a transparência com o controle 4 e ajuste a codificação para RGBa em 6. Se quiser usar uma cor de qualquer imagem adicionada na página, clique no conta-gotas 7 e clique na cor desejada.

7. Salve o seu documento.

Alterando estilos prontos – painel *Propriedades*

Este tipo de alteração pode ser feito tanto no modo *Design* quanto no modo *Dinâmica*. O acesso ao painel *Propriedades*, na opção *CSS*, é igual nos dois modos, porém o funcionamento é um pouco diferente.

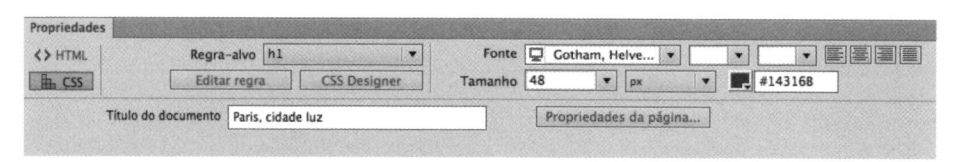

Painel *Propriedades*, na opção *CSS* – modo *Design*.

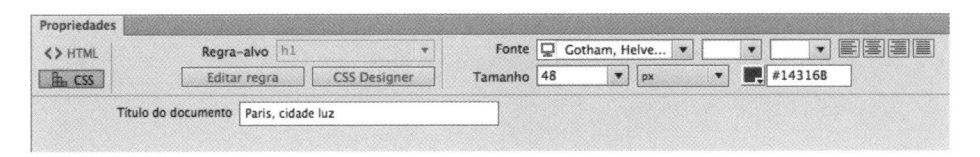

Painel *Propriedades*, na opção *CSS* – modo *Dinâmica*.

Observe que não é possível mudar a regra-alvo e que o botão *Propriedades da página* está ausente no modo *Dinâmica*.

Porém, nos próximos passos, não será preciso alterar nenhuma dessas opções, portanto, fique à vontade se quiser usar outro modo.

1. Ative o modo *Design*.
2. Na área do documento, clique em qualquer posição dentro do cabeçalho 1 *Paris*.
3. No painel *Propriedades*, clique no botão *CSS*.

Esse botão dá acesso rápido a algumas propriedades de estilo CSS do elemento selecionado, além da possibilidade de chamar a janela *Definição de estilos CSS*, por meio do botão *Editar regra*.

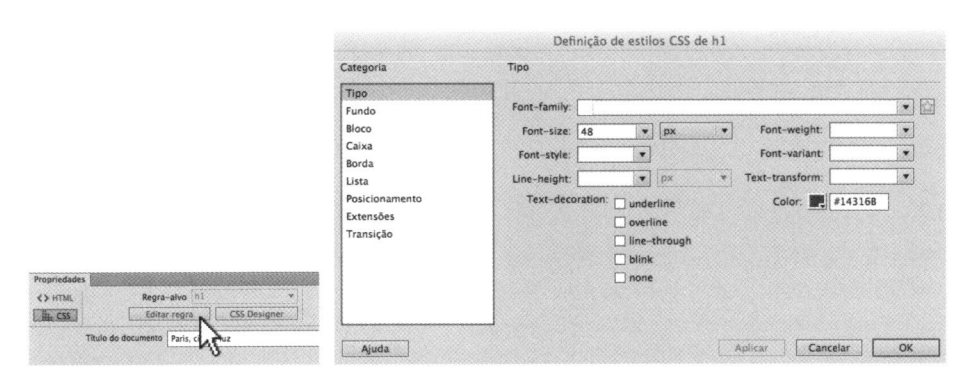

4. No painel, clique na caixa de texto da opção *Tamanho*, digite o valor *50*, pressione *Enter* e observe o resultado no texto do documento.

Todas as alterações feitas nesse painel estão, na verdade, alterando o próprio estilo criado, como se você estivesse usando o painel *CSS Designer*.

5. Mantendo a seleção no elemento *h1*, no painel *Propriedades*, na opção *CSS*, clique no botão *Editar regra*.
6. Na janela *Definição de estilos CSS de h1*, altere:

- Na categoria *Tipo*, na opção *Font-weight*, escolha a opção *normal*.
- Na categoria *Caixa*, na opção *Margin*, desative a caixa *Igual para tudo* e digite o valor *0* (zero) na opção *Bottom*.

7. Clique no botão *OK* e observe o resultado.

8. Na área do documento, clique em qualquer posição dentro do cabeçalho *cidade luz*.
9. No painel *Propriedades*, opção *CSS*, clique no botão *Editar regra*.
10. Na janela *Definição de estilos CSS de h2*, altere:
    - na categoria *Tipo*, na opção *Color*, clique na caixa de cor e escolha a cor branca (#fff);
    - na categoria *Fundo*, na opção *Background Color*, digite o valor *#9EB6E2;*
    - na categoria *Caixa*, na opção *Margin*, desative a caixa *Igual para tudo* e digite o valor *0* (zero) na opção *Top;*
    - na categoria *Caixa*, na opção *Padding*, na caixa *Top*, digite o valor *5*.
11. Clique no botão *Aplicar* e observe o resultado.

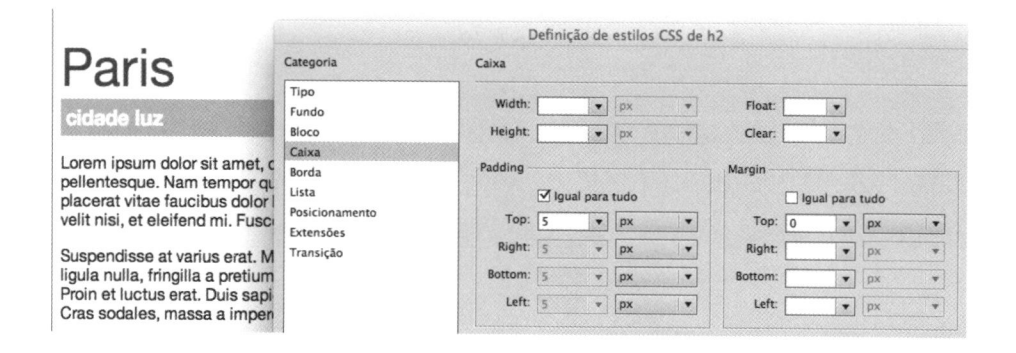

12. Clique no botão *OK*.

Observe que os dois elementos, *h1* e *h2*, estão mais próximos. Isso porque as margens entre eles foi definida como 0 (zero), *margin-bottom* no elemento *h1* e *margin-top* no elemento *h2*. Há um espaço maior entre a caixa criada pela cor de fundo e o texto *cidade luz*, definido pela propriedade *padding* aplicada aos quatro lados do elemento, que cria um espaçamento interno na caixa do elemento, permitindo a visualização de mais área de cor de fundo.

> Se quiser ver de outra forma o que você acabou de fazer, ative o modo *Dinâmica* e clique no botão para ativar o modo *Inspeção*. Passe o mouse sobre os elementos e veja o colorido de cada elemento: *azul* para o *elemento*, *verde* para a propriedade *padding* e *salmão* para a *margin*.

Observe como a cor de fundo ocupa toda a área disponível na página do documento. Nesse caso, a cor de fundo foi aplicada a um elemento de título (*h2*). Os elementos de parágrafo e título são chamados de elementos de bloco e sua largura é definida pela largura da janela do navegador, a menos que você indique de outra forma; portanto, a cor de fundo escolhida preenche toda a área do bloco do elemento.

Alterando estilos prontos pelo painel *CSS Designer* – modo *Dinâmica*

1. Ative o modo *Dinâmica*.
2. No painel *CSS Designer*, clique em <*style*>, e em seguida no seletor *body*.
3. Na área *Propriedades*, grupo *Layout*, propriedade *margin*, clique duas vezes na unidade *px*; em seguida, digite o valor *0 px* e pressione *Enter*.

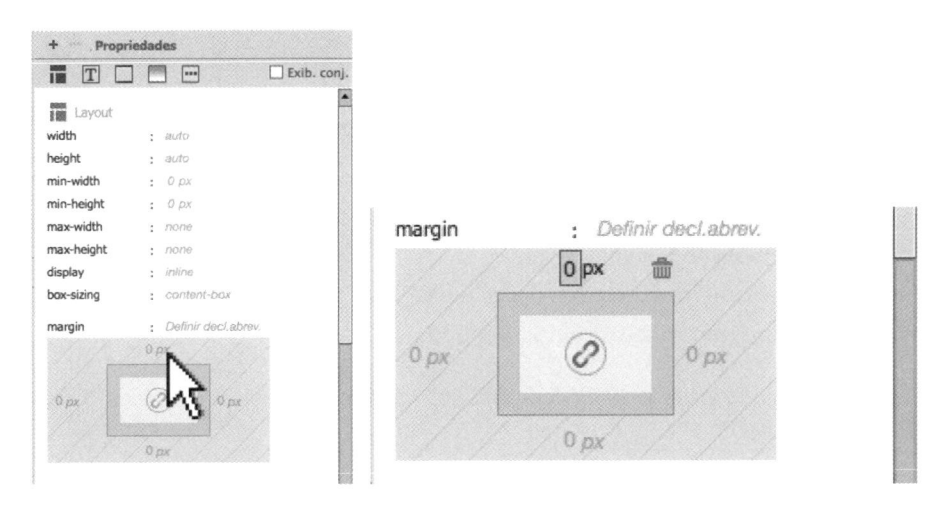

No grupo *Layout*, você encontra as propriedades relativas ao modelo de caixa. Observe como os desenhos auxiliam a criação de propriedades específicas para cada um dos lados. Você pode clicar primeiro uma única vez na unidade para alterá-la e então digitar o valor.

Se você já está acostumado com declarações abreviadas das propriedades CSS, pode clicar duas vezes e acrescentar os valores direto ao lado do nome da propriedade, após a marcação dos ":" sem usar a imagem auxiliar.

4. Ainda com o seletor *body* selecionado, passe o mouse por cima do valor recém-criado, até que apareça o símbolo *Desativar propriedade CSS*. Clique nesse símbolo.

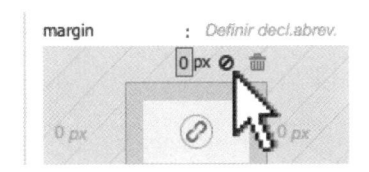

Essa ação faz a propriedade em questão ficar temporariamente desativada. Observe o resultado na área do documento. O documento fica alguns pixels mais para baixo. Dessa forma, você pode fazer testes visuais das alterações que está realizando, ou fazer verificações de estilos. As propriedades desabilitadas permanecem no código, mas de forma comentada, ou seja, não exercem influência.

5. Clique sobre o símbolo *Ativar propriedade CSS* para voltar ao que estava antes.

> O símbolo alterna seu nome entre *Desativar propriedade CSS* e *Ativar propriedade CSS*.

6. Salve o seu documento.
7. Feche o programa ou continue na próxima atividade.

Atividade 4 – Criando estilos

Objetivo:
- Utilizar estilos para definir a estrutura visual do conteúdo.

Tarefas:
- Abrir uma página existente.
- Criar um estilo novo usando elementos HTML.
- Criar um seletor contextual.
- Adicionar imagens por meio de estilo CSS.
- Refinar um trabalho com estilos CSS.

Caso você esteja continuando a atividade anterior, vá direto ao passo 1 do tópico "Estruturando sua página".

1. Abra o Dreamweaver no mapeamento *Paris*.
2. No painel *Arquivos*, clique duas vezes no arquivo *index.html*.

Estruturando sua página

1. Ative o modo *Design*.
2. No painel *CSS Designer*, clique em *<style>*, em seguida clique em *body*.
3. Na área *Propriedades*, grupo *Layout*, *width*, clique duas vezes no texto cinza e digite o valor *960 px*. Em *margin*, clique em *px* e escolha *auto*, tanto para a *esquerda* quanto para a *direita*.

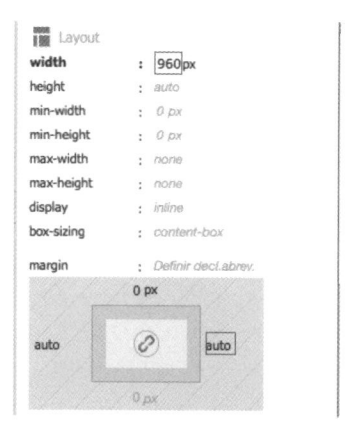

As propriedades definidas no grupo *Layout* alteram as características da caixa do elemento. Elementos de linha e de bloco possuem modelos de caixas diferentes. Isso significa que nem todo elemento HTML pode ser influenciado por todos esses valores. Ao longo das atividades, você poderá verificar esse conceito.

Nesse passo, foi alterada a largura (*width*) e as margens direita e esquerda, que, sendo automáticas, fazem o elemento de bloco (*body*) que recebe esse estilo ficar centralizado na tela do navegador do visitante.

4. Salve o seu documento.
5. Pressione a tecla *F12* (*Alt + F12*) para visualizá-lo no navegador e observe todas as alterações promovidas. Aumente e diminua a largura da janela do navegador para poder observar o conteúdo centralizado, independentemente do tamanho da janela.
6. Feche a janela do navegador e retorne ao programa.

Criando um seletor de elemento

1. No painel *CSS Designer*, clique em *<style>*, em seguida, na área *Seletores*, clique no botão + (*Adicionar seletor*). Na caixa que se abre, digite *main* e pressione *Enter* duas vezes.

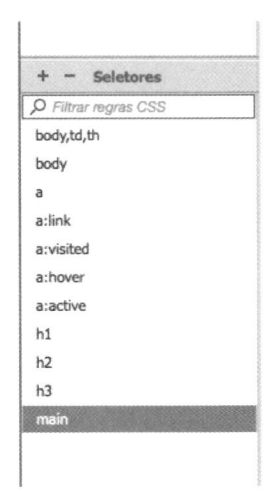

```
+  -   Seletores
 ⌕ Filtrar regras CSS
body,td,th
body
a
a:link
a:visited
a:hover
a:active
h1
h2
h3
main
```

> Quando nenhum seletor está selecionado, o programa irá criar o novo na última posição, conservando seu código organizado, o que facilita a manutenção.

2. Com o seletor selecionado, na área *Propriedades*, altere:
   - grupo *Texto*, opção *text-align*, clique no botão *justify*;
   - grupo *Layout*, opção *margin*, dois cliques no texto cinza do lado esquerdo e digite *240 px*;
   - grupo *Layout*, opção *padding*, dois cliques no texto cinza do lado direito e digite *15 px*.

Observe o resultado na área de design.

3. Salve o seu documento.

Inserindo imagem por meio de estilo

1. No painel *CSS Designer*, clique em *<style>*, em seguida, na área *Seletores*, clique no botão + (*Adicionar seletor*). Na caixa que se abre, digite *nav* e pressione *Enter* duas vezes.

2. Com o seletor selecionado, na área *Propriedades*, altere:
   - grupo *Fundo*:
     - *background-image*: clique no texto URL à direita e digite *imagens/logotipo.png*;
     - *background-repeat*: clique no último ícone à direita, *no-repeat*.
   - grupo *Texto*:
     - text-align: clique no ícone *right*.
   - grupo *Layout*:
     - *padding – top* (superior): *90 px*; *right* (direita): *15 px*; *left* (esquerda): *15 px*.

3. Na área do documento, selecione a imagem do logotipo *Paris* e pressione a tecla *Delete*.

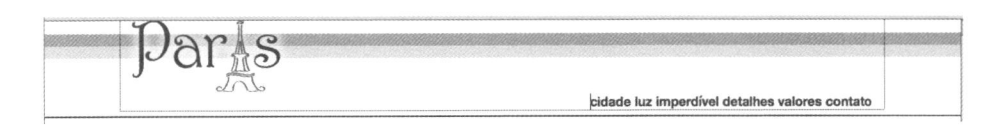

Esse resultado é relativo às configurações do estilo. Inserir a imagem no estilo é uma prática comum que facilita a manutenção. Por exemplo, se o logotipo mudar, basta alterar a imagem no estilo. Outro ponto importante é que, como a imagem está inserida no estilo, não há necessidade de acrescentar o elemento *img* nas páginas, tornando o código mais limpo e rápido. Mas não exagere. No geral, apenas as imagens exclusivamente decorativas devem ser inseridas por meio de estilo.

4. Salve o seu documento.

Inserindo um seletor contextual

1. No painel *CSS Designer*, clique em *<style>*, em seguida, na área *Seletores*, clique no botão + (*Adicionar seletor*). Na caixa que se abre, digite *nav a* e pressione *Enter* duas vezes.

2. Com o seletor selecionado, na área *Propriedades*, altere:

   - grupo *Texto*:
     - *color*: *#71000D*; *font-weight*: *normal*; *font-size*: *20 px*; *text-decoration*: *none*.
   - grupo *Layout*:
     - *padding-top*: *3 px*; *padding-right*: *25 px*; *padding-left*: *25 px*; *margin-left*: *10 px*.
   - grupo *Borda*:
     - *superior – width*: *2 px*; *style*: *solid*; *color*: *#14316B*.

Observe o resultado a seguir.

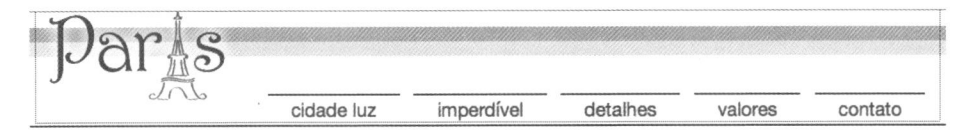

3. No painel *CSS Designer*, clique em *<style>*, em seguida, na área *Seletores*, clique no botão + (*Adicionar seletor*). Na caixa que se abre, digite *nav a:hover* e pressione *Enter* duas vezes.

4. Com o seletor selecionado, na área Propriedades, altere:

   - grupo *Texto*:
     - *text-decoration*: botão *none*.
   - grupo *Fundo*:
     - *background Color*: *#D8E1F3*.

5. Ative o modo *Dinâmica*.
6. Passe o mouse sobre os links do menu e observe o resultado.

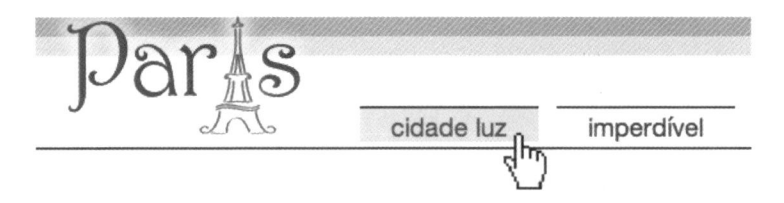

7. Desça um pouco a visualização da página e observe que o link de e-mail não sofreu nenhuma alteração, pois os estilos foram criados especificamente para os links dentro do elemento *nav*.

8. Salve o seu documento.

Acabamento

1. No painel *CSS Designer*, clique em *<style>*, em seguida, na área *Seletores*, clique no botão + (*Adicionar seletor*). Na caixa que se abre, digite *header* e pressione *Enter* duas vezes.

2. Com o seletor selecionado, na área *Propriedades*, altere:

   - grupo *Layout*:
     - *margin*: *esquerda*: *15 px*;
     - *padding*: *direita*: *15 px*.

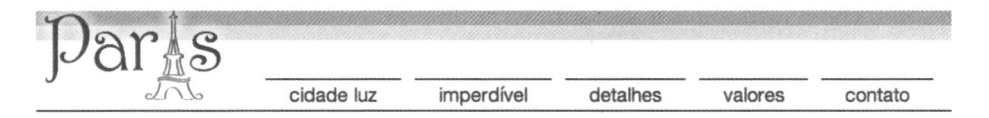

Dessa forma, você dá um acabamento ao conjunto de títulos fazendo com que ambos estejam a uma distância de 15 px das laterais, acompanhando o conteúdo e o menu, sem alterar cada um dos estilos individualmente.

3. Salve o seu documento.
4. Feche o programa ou continue na próxima atividade.

Atividade 5 – Criando e utilizando estilos externos

Objetivos:
- Criar um estilo externo.
- Utilizar esse estilo em várias páginas.

Tarefas:
- Abrir uma página existente.
- Mover regras de estilo para criar um estilo externo.
- Conhecer outras opções de criação de estilo externo.
- Utilizar o estilo externo em várias páginas.

Caso você esteja continuando da atividade anterior, vá direto ao passo 1 do tópico "Criando estilo externo com base em um estilo interno".

1. Abra o Dreamweaver no mapeamento *Paris*.
2. No painel *Arquivos*, clique duas vezes no arquivo *index.html*.

Criando estilo externo com base em um estilo interno

1. No painel *CSS Designer*, na área *Origens*, clique no sinal +, em seguida clique *Criar um arquivo CSS*.

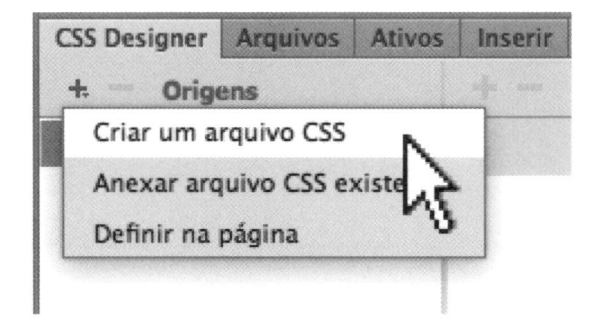

2. Na janela *Criar um arquivo CSS*, digite o nome *estilo-paris.css* e clique em *OK*.

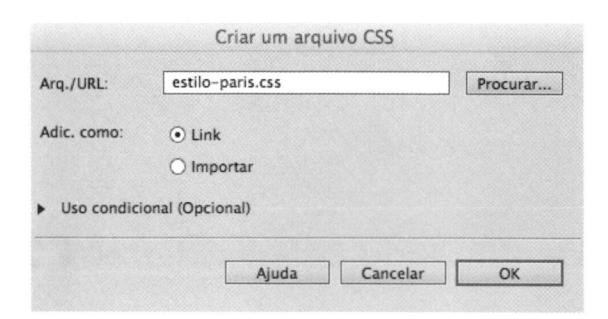

> O estilo será criado na pasta principal do seu mapeamento.

3. No painel *CSS Designer*, clique em *<style>*, em seguida clique no primeiro seletor (*body,td,ht*), pressione e mantenha pressionada a tecla *Shift* e clique no último seletor (*header*); em seguida, libere a tecla *Shift*.

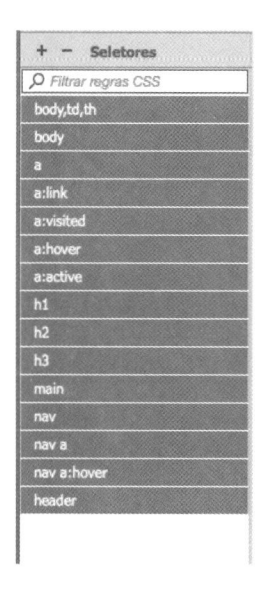

Esse procedimento seleciona todos os seletores criados.

4. Clique e arraste todo o bloco selecionado até o nome *estilo-paris.css* na área *Origens*. Os estilos serão movidos para o arquivo externo, portanto, *<style>* fica vazio. Clique em *estilo-paris.css* e veja os seletores.

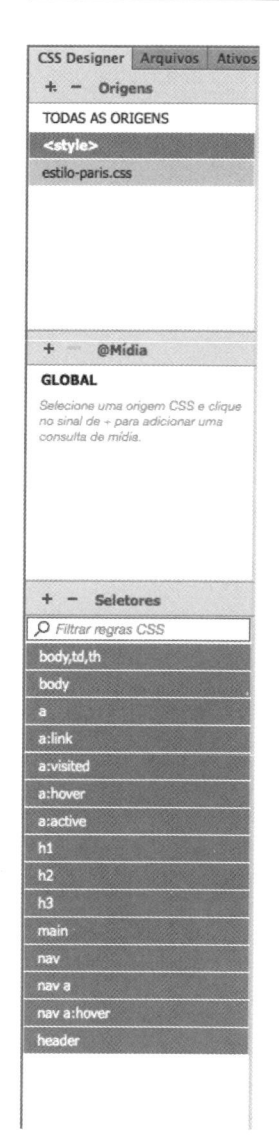

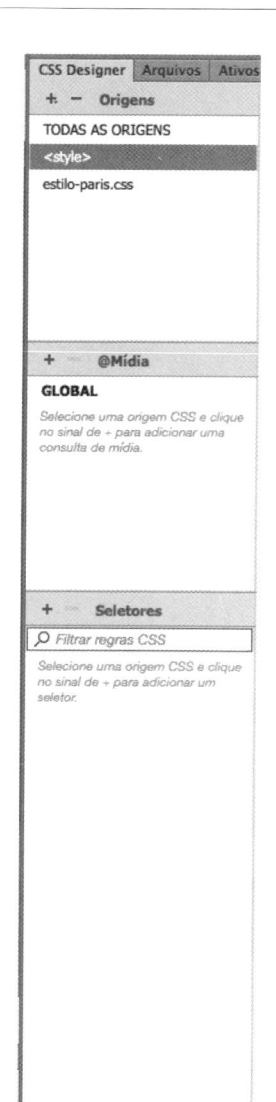

Observe a indicação do arquivo de estilo externo abaixo da aba do nome do documento:

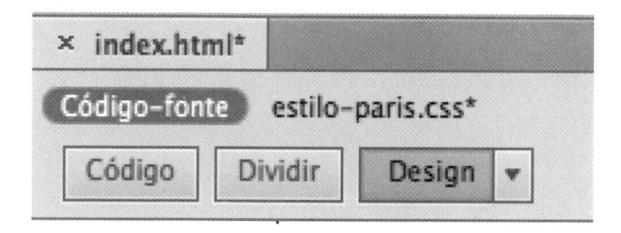

5. No painel *CSS Designer*, clique em *<style>* e pressione *Delete*.
6. Salve o seu documento.

Você pode criar a sua folha de estilo externa antes de criar os estilos. Para isso, no painel *CSS Designer*, clique no sinal +, depois na opção *Criar um arquivo CSS*, dê um nome ao arquivo e clique em *OK*. A partir desse momento, antes de criar um seletor, clique no nome do arquivo.

7. Clique no nome do arquivo de estilo externo *estilo-paris.css* abaixo da aba do nome do documento.

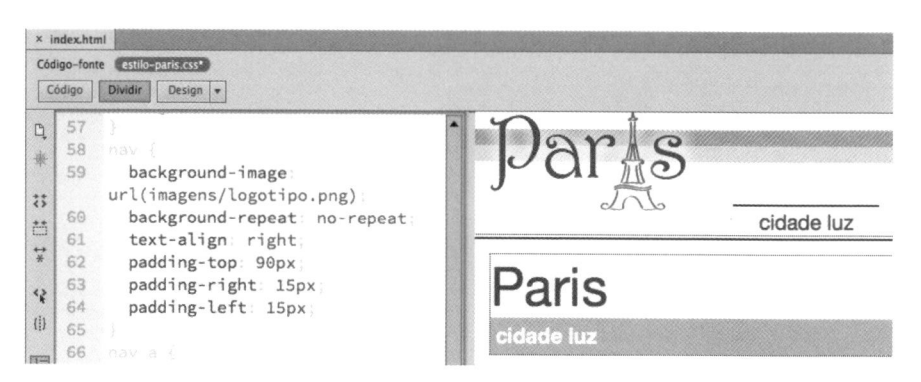

O programa abre o modo *Dividir* e você pode visualizar todo o código CSS criado com base na interface do programa.

8. Salve o documento *estilo-paris.css*.

O procedimento é o mesmo de salvar o arquivo HTML, por meio do menu *Arquivo*, opção *Salvar*, ou por meio das teclas de atalho *Ctrl* + *S* (*Cmd* + *S*).

9. Clique no botão *Design* para voltar a esse modo de visualização.

Folha de estilos externa aplicada em várias páginas

1. No painel *Arquivos*, clique duas vezes sobre o nome do arquivo *imperdivel.html*.
2. No painel *CSS Designer*, na área *Origens*, clique no botão + e depois em *Anexar arquivo CSS existente*.

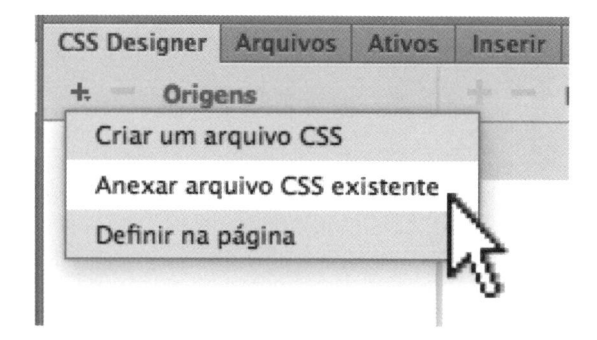

3. Na janela *Anexar arquivo CSS existente*, clique no botão *Procurar* e clique duas vezes na folha de estilos *estilo-paris.css*, que está na pasta *paris*.

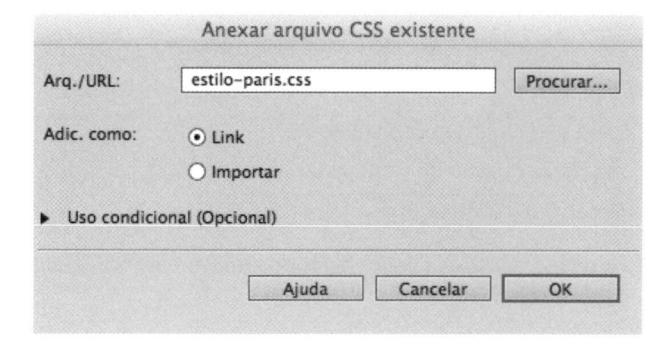

```
                    Anexar arquivo CSS existente
Arq./URL:    estilo-paris.css                    [ Procurar... ]

Adic. como:    ⦿ Link
               ○ Importar

▶ Uso condicional (Opcional)

                       [ Ajuda ]  [ Cancelar ]  [   OK   ]
```

Observe, ao retornar para a janela *Anexar arquivo CSS existente*, que o nome do estilo aparece na caixa correspondente. Confira também se a opção *Link* está selecionada.

4. Clique no botão *OK*.

Ao clicar no botão *OK*, a folha é vinculada e já aparecem todos os estilos definidos em elementos que estão sendo utilizados.

> Ao marcar a opção *Link*, você está adicionando a folha de estilos de forma que ela fique vinculada externamente ao documento. Assim, qualquer transformação feita nessa folha externa será transmitida de modo automático para esse documento.

5. Salve o documento.
6. Repita os procedimentos de 1 a 5 para os arquivos *detalhes.html*, *valores.html* e *contato.html*.
7. Pressione a tecla *F12* para visualizar o resultado no navegador. Clique nos links do menu e observe que as páginas abrem rapidamente e que todas possuem o mesmo aspecto.
8. Feche a janela do navegador e retorne ao programa.
9. Feche todas as janelas dos documentos.
10. Feche o programa ou continue na próxima atividade.

Atividade 6 – Trabalhando com diferentes seletores e propriedades

Objetivo: • Manipular combinações diferentes de seletores e propriedades.

Tarefas: • Abrir uma página existente.
- Mover regras de estilo para criar um estilo externo.
- Conhecer outras opções de criação de estilo externo.
- Utilizar o estilo externo em várias páginas.

Caso você esteja continuando da atividade anterior, clique na aba do arquivo *imperdivel.html* e continue no passo 1 do tópico "Estilo em imagens".

1. Abra o Dreamweaver no mapeamento *Paris*.
2. No painel *Arquivos*, clique duas vezes no arquivo *imperdivel.html*.

Estilo em imagens

1. Clique em qualquer uma das imagens do conteúdo.
2. No painel *CSS Designer*, clique em *estilo-paris.css*, em seguida, na área *Seletores*, clique no botão +. Verifique se o nome do seletor é *main p img* e pressione *Enter*.
3. Na área *Propriedades*, altere:
   - grupo *Layout*:
     - *padding*: clique duas vezes no texto cinza do lado direito e digite *10 px*;
     - *margin – direita*: *7 px*; *inferior*: *14 px*.
   - grupo *Borda*:
     - *todos os lados – width*: *1 px*; *style*: *solid*; *color*: *#990000*.

O resultado são bordas em todas as imagens, pois o estilo foi aplicado no elemento *img*.

Torre Eiffel

4. Clique com o botão direito do mouse na aba com o nome do arquivo *imperdivel.html* e escolha a opção *Salvar tudo*.

Esse procedimento salva todos os documentos abertos. Isso significa que o documento da folha de estilo externo será salvo também.

5. No painel *Arquivos*, clique duas vezes no arquivo *detalhes.html*.

Observe que as imagens do documento já aparecem com as bordas, porque foi aplicado um estilo no elemento HTML <img>, responsável por apresentar as imagens, e está sendo utilizada uma folha de estilos externa. Ao salvar a alteração promovida na folha de estilos *estilo-paris.css* com a implementação do estilo para o elemento *img*, todas as páginas que utilizam essa folha e exibem imagens são alteradas automaticamente.

Reaproveitando um mesmo grupo de propriedades

1. No painel *Arquivos*, clique duas vezes no arquivo *contato.html*.
2. No painel *CSS Designer*, clique em *estilo-paris.css*, em seguida, na área *Seletores*, clique no botão +. Digite *.contato-destaque* e pressione *Enter*.

Quando você digita um nome de seletor começando com ".", você está criando um seletor do tipo Classe. Esse tipo de seletor permite sua utilização várias vezes em uma mesma página, tanto para elementos de bloco quanto para elementos de linha. Ao longo desta atividade, você conhecerá mais a respeito da diferença entre esses dois tipos de elementos.

3. Ainda no painel *CSS Designer*, com o seletor anteriormente criado selecionado, na área *Propriedades*, altere:
   - grupo *Layout*:
     - *padding – inferior*: 7 px.
   - grupo *Borda*:
     - *borda inferior – width*: 1 px; *style*: *solid*; *color*: #900.

Nos próximos passos, você verá como aplicar a classe criada de duas formas distintas: por meio da *barra seletora de elementos* e do painel *Propriedades*.

4. Clique no parágrafo dos telefones; em seguida, na barra seletora de elementos, clique com o botão direito do mouse no elemento <p>, em seguida na opção *Definir classe* e depois em *contato-destaque*.

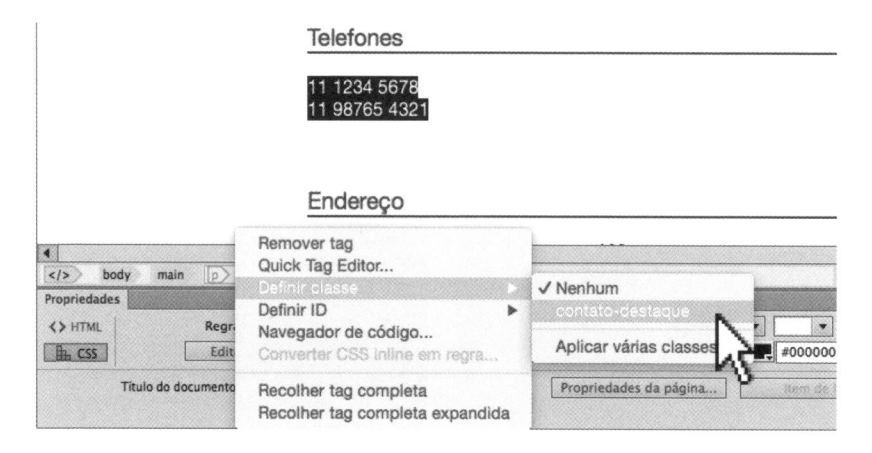

5. Clique no segundo parágrafo dos endereços, em seguida, no painel *Propriedades*:

    - se estiver na área *CSS*: clique em *regra-alvo* e escolha a opção *contato-destaque*.

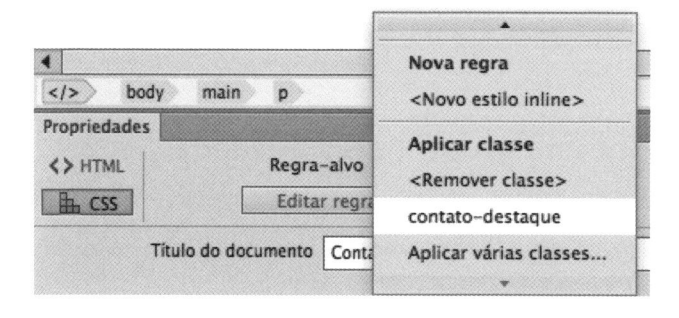

ou

    - se estiver na área *HTML*: na caixa *Classe*, escolha a opção *contato-destaque*.

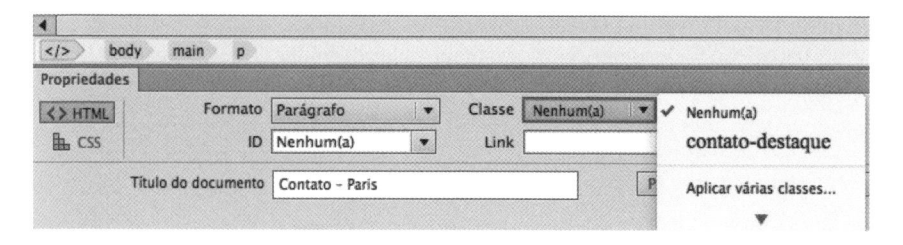

Os estilos do tipo Classe são utilizados para alterações pontuais no layout. Dessa forma, as alterações influenciam apenas os elementos indicados com o estilo *contato-destaque*; nenhum outro texto do documento é afetado. Observe que esses seletores precisam de duas etapas: a primeira é a criação do estilo, e a segunda é a sua implementação no código HTML. Nesses casos, a visualização do resultado final não é automática, justamente porque depende da execução dos dois passos (criação e implementação).

6. Clique com o botão direito do mouse sobre o nome do arquivo *contato.html*; em seguida, clique na opção *Salvar tudo* para salvar todos os arquivos abertos.

Estilos em tabelas

1. No painel *Arquivos*, clique duas vezes no arquivo *valores.html*.
2. Clique no botão *Dividir* e observe no código os elementos HTML que compõem a tabela:

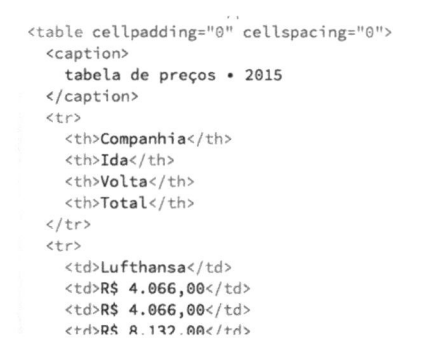

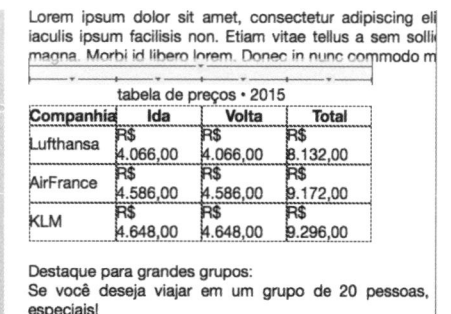

```
<table cellpadding="0" cellspacing="0">
  <caption>
    tabela de preços • 2015
  </caption>
  <tr>
    <th>Companhia</th>
    <th>Ida</th>
    <th>Volta</th>
    <th>Total</th>
  </tr>
  <tr>
    <td>Lufthansa</td>
    <td>R$ 4.066,00</td>
    <td>R$ 4.066,00</td>
    <td>R$ 8.132,00</td>
```

- \<table\>: cria a tabela;
- \<caption\>: cria o título da tabela;
- \<tr\>: linha da tabela;
- \<th\>: célula de título;
- \<td\>: célula comum.

3. Clique no botão *Design*.
4. No painel *CSS Designer*, clique em *estilo-paris.css*, em seguida, na área *Seletores*, clique no botão +. Digite *table* e pressione *Enter*. Na área *Propriedades*, altere:
   - grupo *Layout*:
     - *width*: 600 px;
     - *margin – superior*: 40 px; *inferior*: 40 px.

Lorem ipsum dolor sit amet, consectetur adipiscing elit. Quisque porttitor sodales turpis, sed iaculis ipsum facilisis non. Etiam vitae tellus a sem sollicitudin pellentesque. Nam tempor quam magna. Morbi id libero lorem. Donec in nunc commodo metus ultrices tincidunt sit amet id lectus.

tabela de preços • 2015

Companhia	Ida	Volta	Total
Lufthansa	R$ 4.066,00	R$ 4.066,00	R$ 8.132,00
AirFrance	R$ 4.586,00	R$ 4.586,00	R$ 9.172,00
KLM	R$ 4.648,00	R$ 4.648,00	R$ 9.296,00

Destaque para grandes grupos:
Se você deseja viajar em um grupo de 20 pessoas, algumas companhias oferecem preços especiais!

5. No painel *CSS Designer*, clique em *estilo-paris.css*, em seguida, na área *Seletores*, clique no botão +. Digite *caption* e pressione *Enter*. Na área *Propriedades*, altere:

   - grupo *Layout*:
     - *padding* – botão da corrente ativado: *7 px*.

Ao ativar o ícone central da corrente, você pode digitar em qualquer um dos lados que o valor será o mesmo. É a mesma coisa que clicar duas vezes do lado direito da propriedade e digitar um único valor.

padding   :   7px

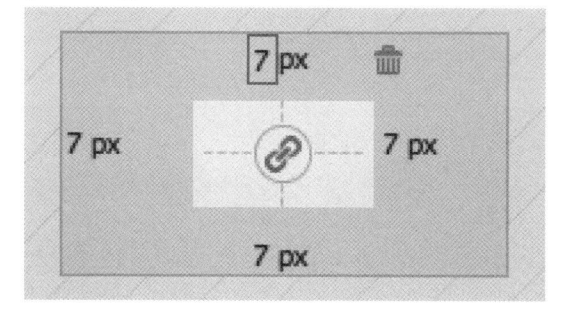

```
            7 px
    7 px    🔗    7 px
            7 px
```

   - grupo *Texto*:
     - *color*: *#FFF*; *font-weight*: *bolder*.
   - grupo *Fundo*:
     - *background Color*: *#14316B*.

tabela de preços • 2015			
Companhia	Ida	Volta	Total
Lufthansa	R$ 4.066,00	R$ 4.066,00	R$ 8.132,00
AirFrance	R$ 4.586,00	R$ 4.586,00	R$ 9.172,00
KLM	R$ 4.648,00	R$ 4.648,00	R$ 9.296,00

6. No painel *CSS Designer*, clique em *estilo-paris.css*, em seguida, na área *Seletores*, clique no botão +. Digite *th* e pressione *Enter*. Na área *Propriedades*, altere:

    - grupo *Layout*:
        - *padding*: ícone corrente ativado: *5 px*.
    - grupo *Texto*:
        - *color*: *#FFF*, *text-align*: *left*.
    - grupo *Fundo*:
        - *background Color*: *#990000*.

tabela de preços • 2015			
Companhia	**Ida**	**Volta**	**Total**
Lufthansa	R$ 4.066,00	R$ 4.066,00	R$ 8.132,00
AirFrance	R$ 4.586,00	R$ 4.586,00	R$ 9.172,00
KLM	R$ 4.648,00	R$ 4.648,00	R$ 9.296,00

7. No painel *CSS Designer*, clique em *estilo-paris.css*, em seguida, na área *Seletores*, clique no botão +. Digite *td* e pressione *Enter*. Na área *Propriedades*, altere:

    - grupo *Layout*:
        - *padding*: ícone corrente ativado: *5 px*.
    - grupo *Borda*:
        - *inferior*: *1 px*; *solid*: *#990000*.
    - grupo *Fundo*:
        - *background Color*: *#9EB6E2*.

tabela de preços • 2015			
Companhia	**Ida**	**Volta**	**Total**
Lufthansa	R$ 4.066,00	R$ 4.066,00	R$ 8.132,00
AirFrance	R$ 4.586,00	R$ 4.586,00	R$ 9.172,00
KLM	R$ 4.648,00	R$ 4.648,00	R$ 9.296,00

8. Salve todos os arquivos abertos.
9. Pressione a tecla *F12* (*Opt* + *F12*) e visualize o resultado da tabela no navegador.
10. Feche a janela do navegador e retorne ao Dreamweaver.

Trabalhando com elementos *div* e *span*

Os elementos *div* e *span* são elementos de agrupamento de conteúdo. A diferença entre eles é que o primeiro é uma marcação de elemento de bloco, portanto, pode agrupar elementos de bloco e de linha, e o segundo é uma marcação de elemento de linha, ou seja, pode agrupar apenas elementos de linha. Tanto um quanto o outro podem receber marcações de estilo dos tipos *ID* e *Classe*.

1. No painel *CSS Designer*, clique em *estilo-paris.css*, em seguida, na área *Seletores*, clique no botão +. Digite *#box* e pressione *Enter*. Na área *Propriedades*, altere:

    - grupo *Layout*:
        - *width*: *480 px*; *padding – superior*: *30 px*; *direita*: *60 px*; *inferior*: *30 px*; *esquerda*: *60 px*.
    - grupo *Texto*:
        - *color*: *#14316B*; *font-weight*: *bolder*; *font-size*: *16 px*; *line-height*: *25 px*.
    - grupo *Borda*:
        - todos os lados: *thin, dashed, #14316B*.
    - grupo *Fundo*:
        - *background Color*: *#9EB6E2*; *background-image;* url: *imagens/back-box.gif*.

Quando você digita um nome de seletor começando com "#", você está criando um seletor do tipo ID (identificador). Esse tipo de seletor permite sua utilização uma única vez em uma mesma página, e pode ser usado para especificar elementos de bloco ou elementos de linha.

2. Selecione o último parágrafo do documento, em seguida, no painel *Propriedades*, área *HTML*, caixa *ID*, escolha a opção *box*.

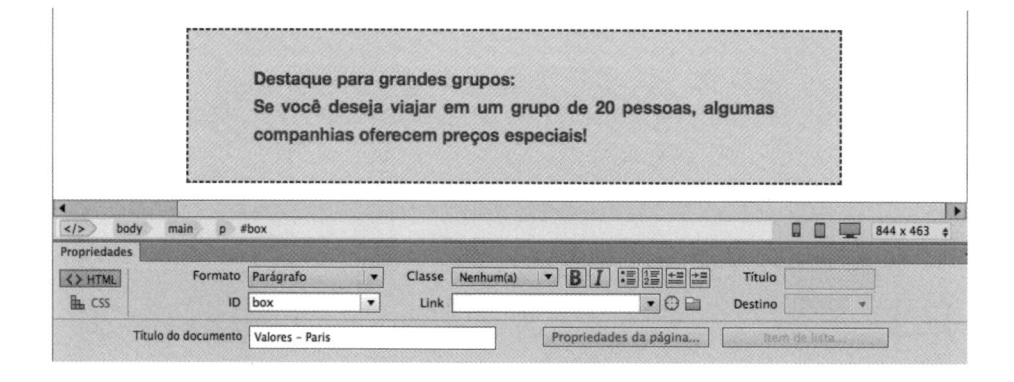

3. No painel *CSS Designer*, clique em *estilo-paris.css*, em seguida, na área *Seletores*, clique no botão +. Digite *.valor-destaque* e pressione *Enter*. Na área *Propriedades*, altere:

    - grupo *Layout*:
        - *padding*: botão corrente ativado: *3 px*.
    - grupo *Texto*:
        - *color*: *#990000*; *font-size*: *14 px*.
    - grupo *Fundo*:
        - *background Color*: *#ffffff*.

4. Dentro do boxe, selecione o texto *20 pessoas*; em seguida, no painel *Propriedades*, na área *HTML* e na caixa *Classe*, escolha a opção *valor-destaque*.

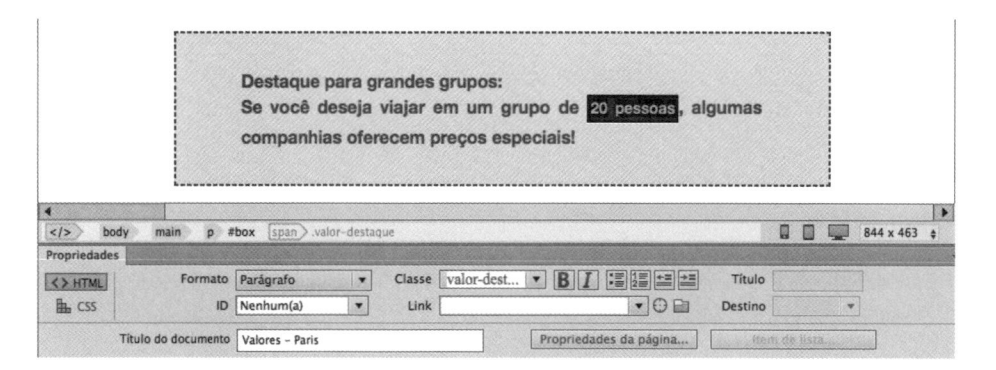

Observe que o texto selecionado está no meio do parágrafo. Para que ele pudesse receber a instrução do estilo, foi criado o elemento *<span>*.

O elemento *span* tem a função de selecionar uma parte do conteúdo para que seja atribuído um estilo, seja ele do tipo *ID*, seja do tipo *Classe*.

5. Repita o procedimento anterior, selecionando dentro do boxe o texto *preços especiais*.

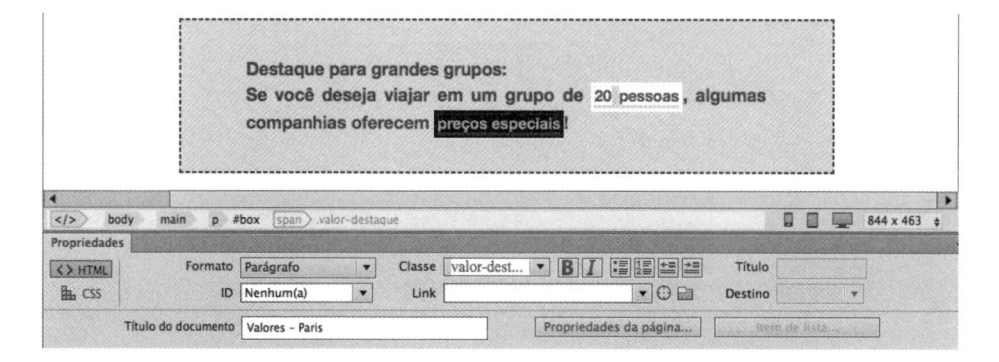

6. Salve todos os arquivos.

Estilo de lista

1. No painel *Arquivos*, clique duas vezes no arquivo *index.html*.
2. No painel *CSS Designer*, clique em *estilo-paris.css*, em seguida, na área *Seletores*, clique no botão +. Digite *main ul li* e pressione *Enter*. Na área *Propriedades*, altere:
   - grupo *Layout*:
     - padding – *inferior*: *10 px*.
   - grupo *Texto*:
     - *list-style-image*, url: *imagens/lista-losango.gif*.

Imperdível

- Torre Eiffel
- Arco do Triunfo
- Museu do Louvre

Observe que esse estilo altera o marcador do elemento de lista, que assume agora a imagem indicada.

3. No painel *CSS Designer*, clique em *estilo-paris.css*, em seguida, na área *Seletores*, clique no botão +. Digite *main ul* e pressione *Enter*. Na área *Propriedades*, altere:
   - grupo *Layout*:
     - *padding – esquerda*: *25 px*.

Imperdível

- Torre Eiffel
- Arco do Triunfo
- Museu do Louvre

Observe que o grupo de itens ficou mais alinhado ao cabeçalho.

4. Clique no menu *Arquivo*, depois na opção *Salvar tudo*.
5. Pressione a tecla *F12* (*Opt + F12*) e navegue por todas as páginas do seu projeto, observando todas as alterações de layout.
6. Feche a janela do navegador e retorne ao programa.
7. Feche o programa ou continue na próxima atividade.

Estilos especiais

Após ter colocado todos esses estilos, você já pode perceber que o CSS deixa suas páginas mais bonitas. Mas ele vai além disso, ele deixa todo o seu projeto mais leve e inteligente, principalmente quando usado em uma folha de estilo externa. Sempre em conjunto com uma estrutura bem-feita, o CSS permite a consistência do layout, tornando os websites mais fáceis de usar.

Mas toda linguagem segue seu percurso natural de evolução, e o CSS está hoje na versão 3, a caminho da 4. Nos próximos procedimentos você verá como usar os novos estilos por meio da interface do programa.

1. No painel *Arquivos*, clique duas vezes no arquivo *landing-page.html*.
2. Ative o modo *Dinâmica*.
3. No painel *CSS Designer*, clique em *<style>*, em seguida, na área *Seletores*, clique em *article*. Na área *Propriedades*, altere:
   - grupo *Borda*:
     - *border-radius* – ative o botão de corrente: *30 px*.
   - grupo *Fundo*:
     - *background Color*: rgba (255,255,255,0.5).

Esse procedimento cria uma borda de cantos arredondados e faz a cor de fundo ficar 50% transparente. O último valor representa a transparência: 0 = transparente e 1 = opaco.

4. No painel *CSS Designer*, clique em *<style>*, em seguida, na área *Seletores*, clique em *h1*. Na área *Propriedades*, altere:
   - grupo *Texto*:
     - *text-shadow*;
     - *h-shadow*: *3 px*; *v-shadow*: *3 px*; *blur*: *7 px*; *color*: *#000*.

Esse procedimento cria uma sombra para o texto do cabeçalho. Valores negativos em "h" direcionam a sombra para a esquerda, e valores negativos em "v" direcionam a sombra para cima.

5. No painel *CSS Designer*, clique em *<style>*, em seguida, na área *Seletores*, clique em *.botao*. Na área *Propriedades*, altere:
   - grupo *Borda*:
     - *border-radius* – ative o botão de corrente: 50%.
   - grupo *Fundo*:
     - *box-shadow*;
     - *h-shadow*: *3 px*; *v-shadow*: *3 px*; *blur*: *9 px*; *spread*: *3 px*.

Esse procedimento cria um formato de elipse para o botão além de criar uma sombra para a caixa. Valores negativos em "h" direcionam a sombra para a esquerda, e valores negativos em "v" direcionam a sombra para cima.

6. Clique no menu *Arquivo*, depois na opção *Salvar tudo*.
7. Feche todos os arquivos.
8. Feche o programa ou continue com os exercícios propostos.

Resumo do capítulo

Para	Procedimento	Botão/teclas de atalho
Inserir/editar estilos CSS	Utilize o painel *CSS Designer*.	
Alterar as propriedades da página	Modo *Design*, no painel *Propriedades*, clique no botão *Propriedades da página*.	Propriedades da página...
Simular um navegador	Ative o modo *Dinâmica*.	Dinâmica
Inspecionar estilos CSS	Ative o modo *Dinâmica*, em seguida clique no botão *Inspecionar*.	Dinâmica
Visualizar em navegadores	Clique no botão *Visualizar/depurar no navegador*.	
Visualizar no navegador principal		*F12 (Opt + F12)*
Visualizar no navegador secundário		*Ctrl + F12 (Cmd + F12)*
Criar uma folha de estilos	No painel *CSS Designer*, na área *Origens*, clique em +.	+ — Origens
Escolher uma folha de estilos	No painel *CSS Designer*, clique no estilo desejado na área *Origens*.	
Anexar folha de estilo existente	No painel *CSS Designer*, na área *Origens*, clique no botão + e escolha *Anexar arquivo CSS existente*.	
Adicionar novo estilo	No painel *CSS Designer*, clique na folha de estilo, em seguida, na área *Seletores*, clique no botão +.	+ — Seletores
Editar um estilo	No painel *CSS Designer*, clique na folha de estilo, em seguida, na área *Seletores*, clique no estilo desejado.	

Exercícios propostos

1. Crie um mapeamento para os exercícios propostos deste capítulo (pasta *cap3_propostos*).
2. Crie uma folha de estilos externa para o arquivo *estilos_modelo1.html*, seguindo o modelo do arquivo *estilos_modelo1.png*. As imagens necessárias estão na pasta.
3. Crie uma folha de estilos externa para o arquivo *estilos_modelo2.html*, seguindo o modelo do arquivo *estilos_modelo2.png*. As imagens necessárias estão na pasta.

Na pasta *finalizados*, você tem as soluções (arquivos dos estilos). Divirta-se fazendo de modo diferente.

Anotações

4
Inserindo elementos de interatividade com o usuário

OBJETIVOS

- Compreender o conceito de interatividade com o usuário
- Manipular comportamentos
- Criar formulários
- Usar componentes da *jQuery effects*

O usuário sempre está interagindo com o seu website.

Essa frase faz sentido para você? O que ela de fato quer dizer? Interagir implica troca, ação entre duas partes. Um falando e outro ouvindo. Um link é um clique para um novo universo, mas nunca será só isso. A web evolui e continuará evoluindo, expandindo as possibilidades de interação com o usuário.

O Dreamweaver disponibiliza, por meio de uma interface bastante amigável, várias ferramentas de interação, proporcionando novas ações e novas reações da interface.

Neste capítulo, você criará um pequeno projeto utilizando essas opções. Além disso, terá duas atividades específicas para o entendimento e a manipulação de recursos de formulário e utilização de componentes da *jQuery UI*, uma das mais poderosas bibliotecas de componentes de interface do usuário.

Projeto "Quiz"

Resumo:

- Página com perguntas e respostas sobre comportamentos no Dreamweaver, sem armazenamento ou consulta a banco de dados, e acesso a um formulário.

Objetivo:

- Fixar as ideias principais sobre o tema sem ser uma prova.

Estrutura:

- Página única com as perguntas (e as respostas) e acesso às páginas *Como funciona* e *Formulário*.

Atividade 1 – Inserindo comportamentos simples

Objetivo: • Inserir comportamentos simples.

Tarefas: • Criar um novo mapeamento.
- Utilizar estruturas prontas.
- Inserir comportamentos simples.
- Manipular a interface da janela de comportamentos.

Mapeamento

1. Abra o programa.
2. Na janela de abertura, clique no botão *Config. Site*.
3. Na janela *Configuração do site*, na caixa *Nome do site*, digite o nome do projeto: *Quiz*.
4. Na opção *Pasta do site local*, clique na pasta ao lado da caixa de entrada de texto.

5. Na janela *Escolher pasta raiz*, clique no botão *Desktop/Área de Trabalho*; em seguida, clique duas vezes na pasta *dream-cc* e duas vezes novamente na pasta *quiz*. Finalize com um clique no botão *Escolher/Selecionar pasta*.

6. Ao retornar para a janela *Configuração do site*, clique no botão *Salvar*.

Link falso ou vazio

1. No painel *Arquivos*, clique duas vezes no arquivo *quiz.html*.

2. Selecione a frase *Como funciona o teste?*, em seguida, no painel *Propriedades*, na caixa *Link*, digite o sinal cerquilha (#) e pressione *Enter*.

Esse sinal é uma forma de criar um link falso ou vazio; ele não remete a lugar nenhum, apenas marca o texto com o formato de link e possibilita a inserção do comportamento.

Painel *Comportamentos*

1. Clique no menu *Janela* e, em seguida, na opção *Comportamentos*; ou use as teclas de atalho *Shift + F4*.

Esse procedimento abre o painel *Comportamentos*.

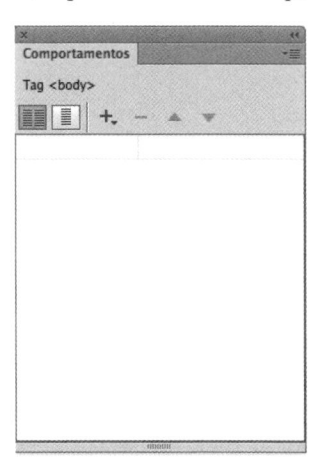

Comportamentos – Abrir janela do navegador

1. Ainda com o texto selecionado, clique no sinal + do painel *Inspetor de tags*, da opção *Comportamentos*. Em seguida, dê um clique na opção *Abrir janela do navegador*.

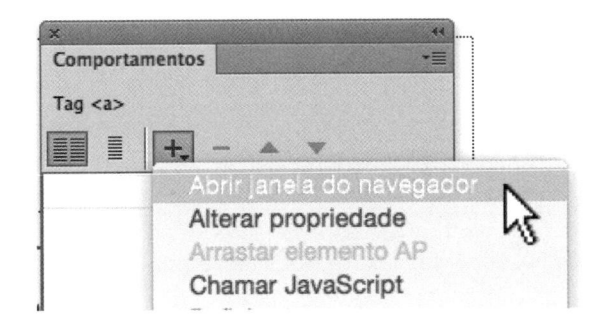

2. Na janela *Abrir janela do navegador*, preencha conforme a figura. Em seguida, clique no botão *OK*.

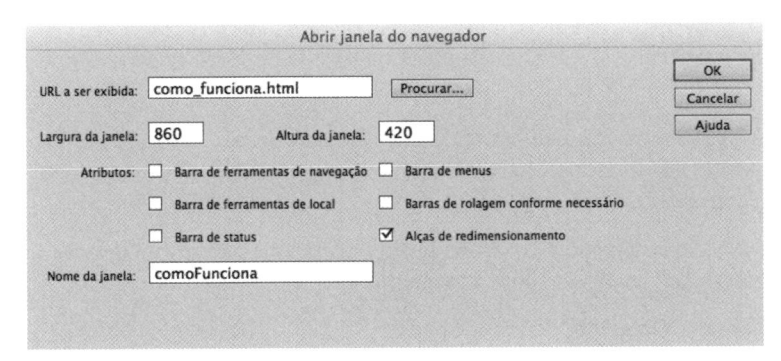

Esse procedimento abrirá o arquivo *como_funciona.html* em uma nova janela de navegador de 860 px de largura por 420 px de altura. Essa janela de navegador terá apenas o atributo *Alças de redimensionamento*. O nome da janela determinado para uso do JavaScript é *comoFunciona*.

- Você pode digitar o nome do arquivo manualmente ou clicar no botão *Procurar* e localizar por meio de uma interface amigável.
- Caso queira indicar um arquivo fora do seu site, use o endereço absoluto, que começa normalmente com *http://*.

3. Clique na imagem do botão *Formulário*.

4. No painel *Comportamentos*, clique no sinal + e, em seguida, clique na opção *Abrir janela do navegador*.

5. Na janela *Abrir janela do navegador*, preencha conforme a figura; em seguida, clique no botão *OK*.

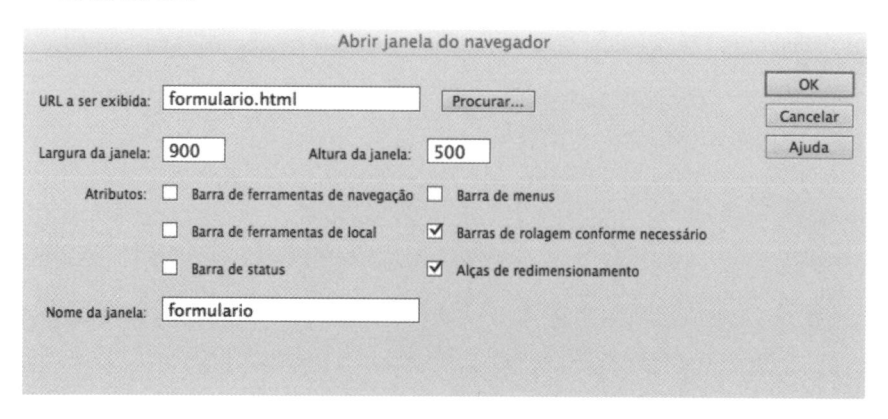

Da mesma forma que anteriormente, o procedimento abrirá uma nova janela de navegador, porém com o arquivo *formulario.html*, agora com 900 px de largura por 500 px de altura. Essa janela de navegador terá os atributos *Barras de rolagem conforme necessário* e *Alças de redimensionamento*. O nome da janela determinado para uso do JavaScript é *formulario*.

Observe que, nesse procedimento, não foi necessário utilizar o link falso (#) na imagem. As imagens podem receber comportamentos diretamente sem esse recurso; no geral, basta que estejam identificadas.

É necessário apenas tomar o cuidado de criar um estilo para fazer o mouse do visitante se transformar em "mãozinha" ao passar sobre a imagem.

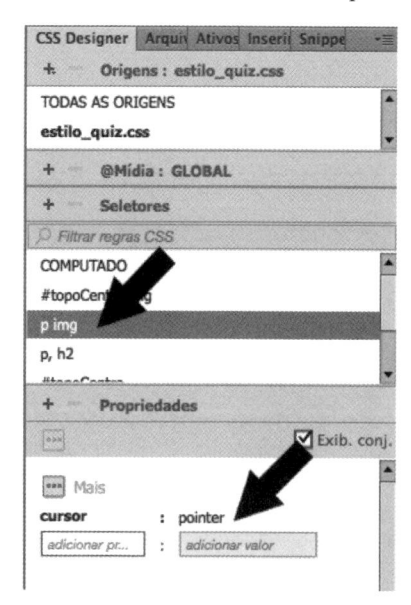

6. Salve esse documento.

Comportamentos – Chamar JavaScript

1. No painel *Arquivos*, clique duas vezes no nome do arquivo *como_funciona.html*.
2. Clique na imagem do botão *Fechar*.
3. No painel *Comportamentos*, clique no sinal + e, em seguida, clique na opção *Chamar JavaScript*.

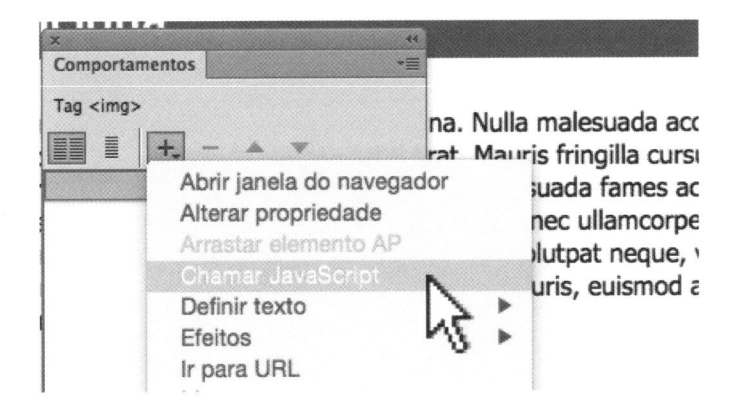

4. Na janela *Chamar JavaScript*, digite na caixa *JavaScript*: *window.close();*. Em seguida, clique no botão *OK*.

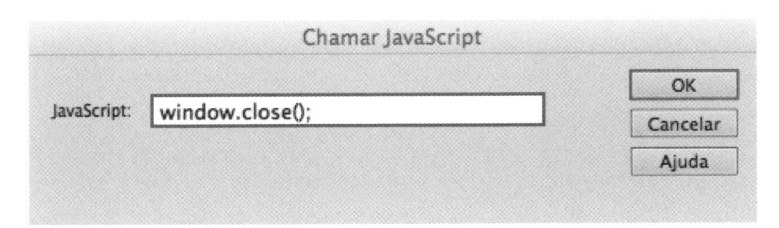

5. Salve e feche o documento.

De volta ao arquivo *quiz.html*:

6. Pressione *F12* (*Opt* + *F12*) para verificar o resultado no navegador. Clique no link *Como funciona o teste?* e verifique a abertura da nova janela. Clique na imagem do botão *Fechar* do documento aberto e observe que a janela será fechada. Clique no botão *Formulário* e veja a abertura da nova janela. Nesse caso, use o *X* da janela do navegador para fechá-la. Você vai completar essa janela nas próximas atividades.

> Pode ser necessário desbloquear o conteúdo na janela do navegador para visualizar os comportamentos em ação.

7. Feche a janela do navegador e retorne ao programa.

Comportamentos – Trocar imagem

1. Clique na imagem do botão *Quero mais*. Observe no painel *Propriedades* que essa imagem está identificada com o nome *mais*.

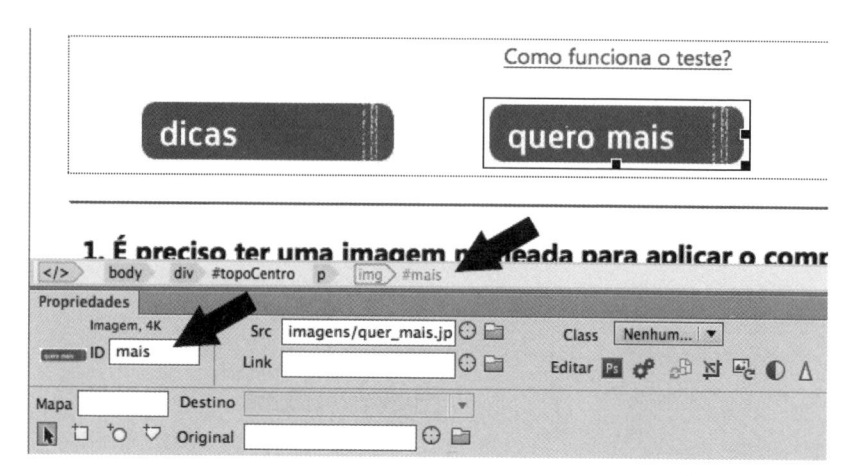

2. No painel *Comportamentos*, clique no sinal + e, em seguida, clique na opção *Trocar imagem*.

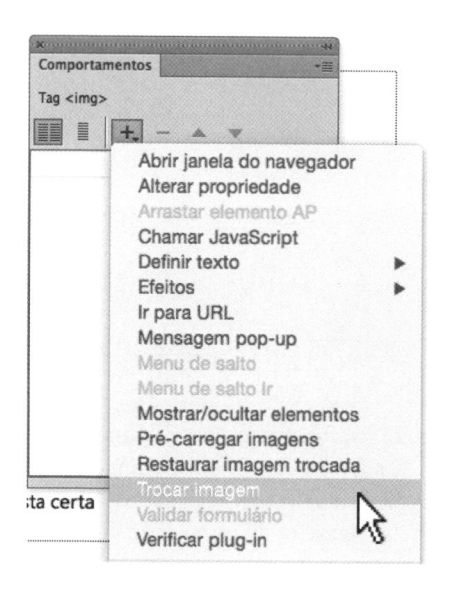

3. Na janela *Trocar imagem*, a imagem a ser alterada já vem selecionada ("*mais*"). Na caixa *Definir origem como*, digite *imagens/quer_mais_over.jpg*; em seguida, clique no botão *OK*.

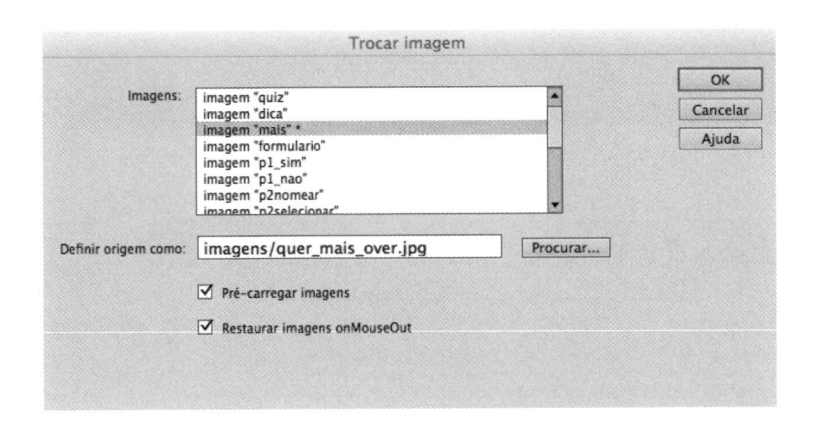

Esse procedimento faz a imagem selecionada (arquivo *quer_mais.jpg*) ser substituída pela imagem *quer_mais_over.jpg*. Para que essa seleção seja feita facilmente, é importante dar nome às imagens.

As duas caixas ativas fazem o pré-carregamento das imagens e a restauração da imagem anterior quando se tira o mouse de cima da original, respectivamente.

Observe o painel *Comportamentos*. Ele indica a tríade de todo comportamento JavaScript: o elemento acionador (1), o tipo de evento que efetuará o disparo (2) e o comportamento propriamente dito (3).

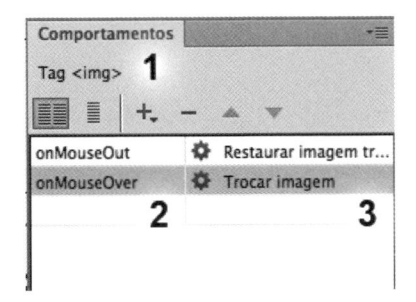

Nesse exemplo, acontecerão dois eventos (troca de imagem e restauração da imagem trocada) disparados por duas ações diferentes (quando o mouse passar por cima e quando o mouse sair de cima) aplicados ao mesmo elemento (imagem).

4. Salve o seu documento.
5. Ative a opção *Dinâmica* e teste o comportamento de troca de imagens passando o mouse sobre a imagem *quero mais*.

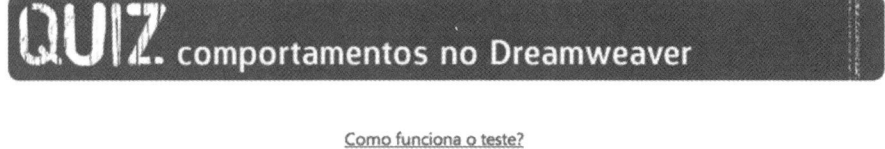

Alguns comportamentos podem ser testados utilizando a opção *Dinâmica*. Mas em outros casos é necessário visualizar no navegador.

6. Ative a opção *Design* e continue a edição da página.

Comportamentos – Ir para URL

1. Clique na imagem do botão *Quero mais*.

2. No painel *Comportamentos*, clique no sinal + e, em seguida, clique na opção *Ir para URL*.

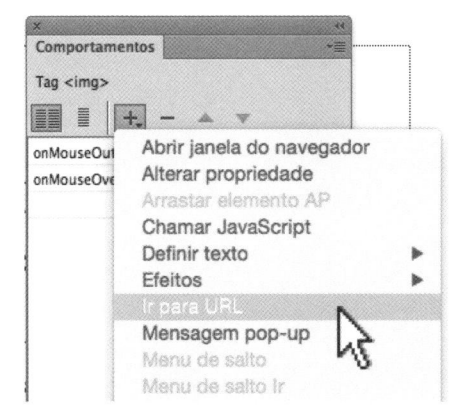

3. Na janela *Ir para URL*, na caixa *URL*, digite *http://www.sp.senac.br* e, em seguida, clique no botão *OK*.

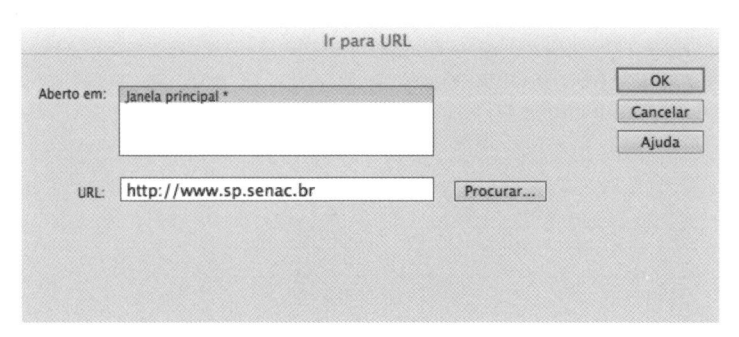

Esse procedimento abrirá na janela principal do navegador a página indicada na caixa *URL*, nesse caso um endereço absoluto.

> Sempre que precisar voltar à janela dos parâmetros de um comportamento para alterar alguma das opções, no painel *Comportamentos*, clique duas vezes sobre o nome do comportamento que deseja alterar.

4. Salve seu documento e pressione *F12* (*Opt* + *F12*) para verificar o resultado no navegador. Teste o comportamento.

> Pode ser que o programa identifique um *Erro de sintaxe*. Não será necessária nenhuma ação, mas, se você preferir arrumar essa questão, na área de código, vá até a linha indicada, pressione a tecla *Backspace* e depois a tecla *Enter*.
>
> Pode ser necessário desbloquear o conteúdo na janela do navegador para visualizar os comportamentos em ação.

5. Feche a janela do navegador e retorne ao programa.

Comportamentos – Mensagem pop-up

1. Clique na imagem do botão *Dicas*.
2. No painel *Comportamentos*, clique no sinal + e, em seguida, clique na opção *Mensagem pop-up*.

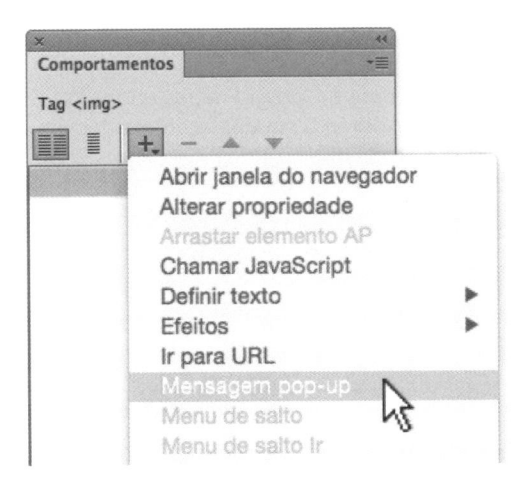

3. Na janela *Mensagem pop-up*, na caixa *Mensagem*, digite: *Dica: Para recomeçar o Quiz, pressione a tecla F5*. Em seguida, clique no botão *OK*.

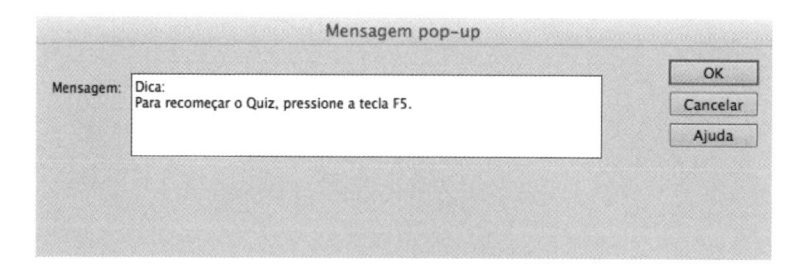

4. Salve o seu documento e pressione *F12* (*Opt + F12*) para verificar o resultado no navegador. Teste o comportamento.

> Pode ser necessário desbloquear o conteúdo na janela do navegador para visualizar os comportamentos em ação.

> No navegador Firefox versão 37, e possivelmente em versões anteriores, a mensagem não apresenta a quebra de linha.
>
> Dica: Para recomeçar o Quiz, pressione a tecla F5.
>
> Caso você queira arrumar essa questão, retorne ao programa, selecione o botão *dicas* e, na área de código, troque o \r por \n. Essa alteração mantém a quebra de linha nos outros navegadores também.
>
> ```
> <p> <img src="imagens/dica.jpg" alt="dica" id="dica" onClick="MM_po
> pupMsg('Dica: \rPara recomeçar o Quiz, pressione a tecla F5.')">
> ```
>
> ```
> <p> <img src="imagens/dica.jpg" alt="dica" id="dica" onClick="MM_po
> pupMsg('Dica: \rPara recomeçar o Quiz, pressione a tecla F5.')">
> ```

5. Feche a janela do navegador e retorne ao programa.
6. Feche o documento e o programa ou continue na próxima atividade.

Atividade 2 – Inserindo comportamentos complexos

Objetivo: • Inserir comportamentos complexos.

Tarefas: • Utilizar estruturas prontas.
 • Inserir comportamentos complexos.
 • Manipular a interface da janela de comportamentos.

Caso você esteja continuando da atividade anterior, vá direto ao passo 1 de "Comportamentos – Alterar propriedade e bakgroundColor".

1. Abra o Dreamweaver no mapeamento *Quiz*.
2. No painel *Arquivos*, clique duas vezes no nome do arquivo *quiz.html*.

Comportamentos – Alterar propriedade e backgroundColor

1. Clique na *div* abaixo da primeira pergunta do Quiz e observe, no painel *Propriedades*, o identificador desse elemento: *resp1*.

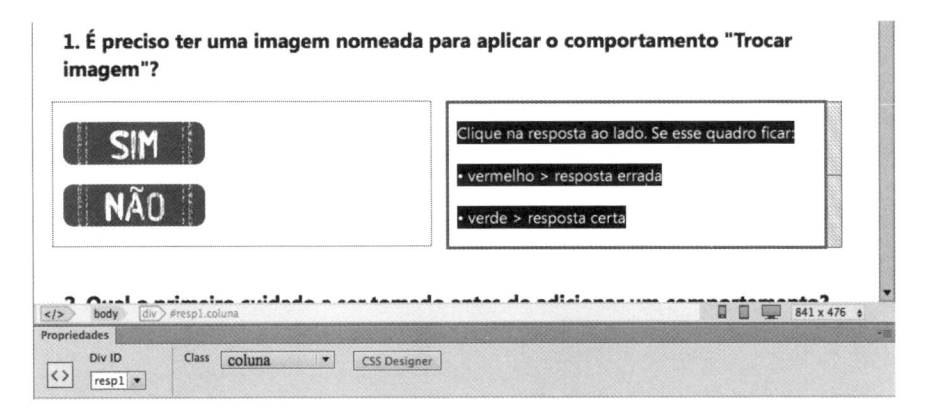

Para adicionar comportamentos, é necessário que os elementos estejam nomeados. Nesse caso, será utilizado o identificador do elemento *div*.

2. Clique na imagem do botão *Sim*.
3. No painel *Comportamentos*, clique no sinal + e, em seguida, clique na opção *Alterar propriedade*.

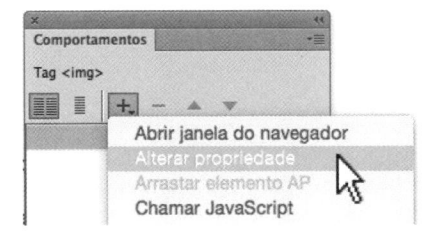

4. Na janela *Alterar propriedade*:

    - na opção *Tipo de elemento*, verifique se a opção *DIV* está ativa;
    - na opção *ID do elemento*, verifique se a opção *div "resp1"* está ativa;
    - na opção *Propriedade*, ative a opção *Selecione* e verifique se a opção *backgroundColor* está ativa;
    - na opção *Novo valor*, digite: *#B9FF73*;
    - clique no botão *OK*.

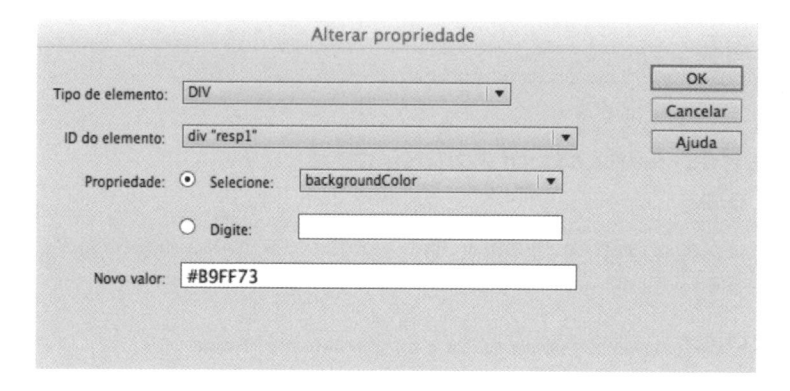

5. No painel *Comportamentos*, clique na opção *onClick*, depois na seta para baixo e, em seguida, clique na opção *onMouseOver*.

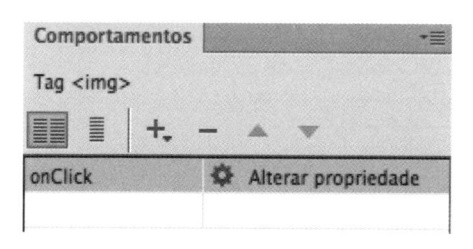

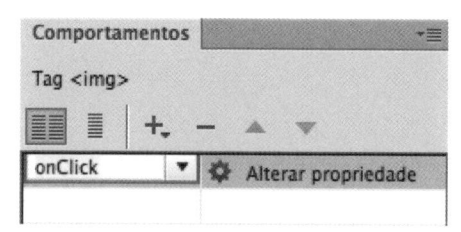

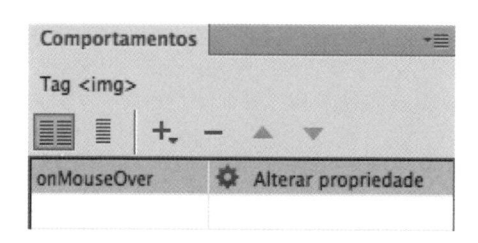

6. Salve esse documento.
7. Ative o modo *Dinâmica* e passe o mouse sobre a imagem para testar o comportamento.
8. Ative o modo *Design* para voltar ao modo de edição.
9. Clique na imagem do botão *Não*.
10. No painel *Comportamentos*, clique no sinal + e, em seguida, clique na opção *Alterar propriedade*.
11. Na janela *Alterar propriedade*:
    - na opção *Tipo de elemento*, verifique se a opção *DIV* está ativa;
    - na opção *ID do elemento*, verifique se a opção *div "resp1"* está ativa;
    - na opção *Propriedade*, ative a opção *Selecione*, verifique se a opção *backgroundColor* está ativa;
    - na opção *Novo valor*, digite: *#FF4D4D*;
    - clique no botão *OK*.

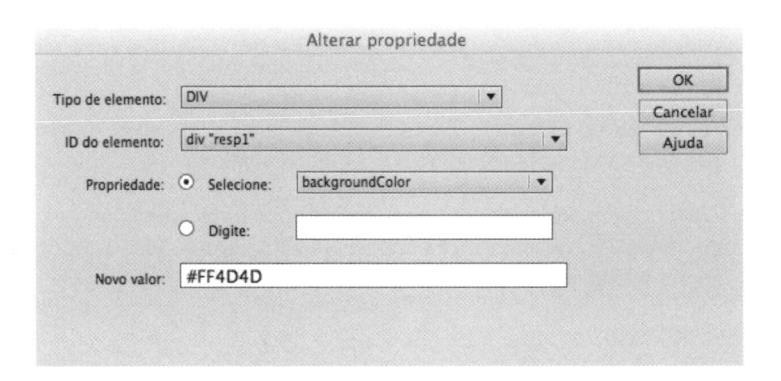

12. No painel *Comportamentos*, clique na opção *onClick*, depois na seta para baixo e, em seguida, clique na opção *onMouseOver*.
13. Salve esse documento.
14. Ative a opção *Dinâmica* e passe o mouse sobre a imagem para testar o comportamento.
15. Ative a opção *Design* para voltar ao modo de edição.

Comportamentos – Alterar propriedade e visibility

1. Clique na imagem do botão *Nomear os elementos*.
2. No painel *Comportamentos*, clique no sinal + e, em seguida, clique na opção *Alterar propriedade*.

3. Na janela *Alterar propriedade*:
   - na opção *Tipo de elemento*, verifique se a opção *P* está ativa;
   - na opção *ID do elemento*, verifique se a opção *p "resp2s"* está ativa;
   - na opção *Propriedade*, ative a opção *Selecione*, clique na caixa ao lado e escolha a opção *color*;
   - na opção *Novo valor*, digite: *#000*;
   - clique no botão *OK*.

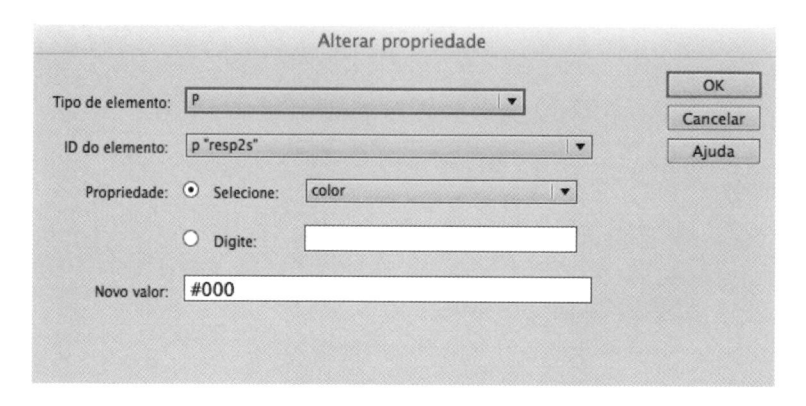

Esse comportamento altera a cor do elemento. Para tornar o elemento "invisível", você criará agora um estilo que deixe sua cor branca, como é o fundo da página.

4. No painel *CSS Designer*, clique em *estilo_quiz.css*. Na área *Seletores*, clique em + e nomeie o seletor como *#resp2s*. Na área *Propriedades*, clique no grupo *Mais* e digite *color* na primeira caixa e *#fff* na segunda.

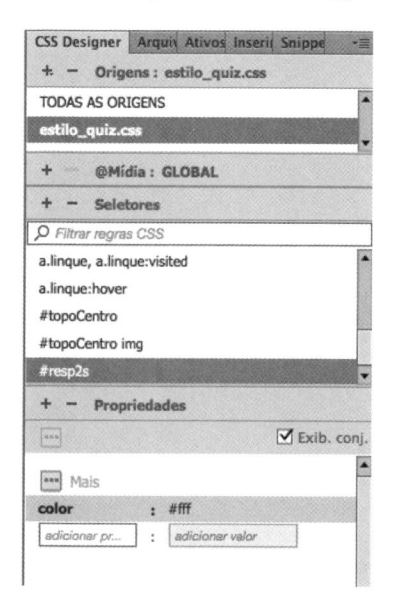

> Essa é uma outra forma de adicionar propriedades e valores, usando o grupo *Mais*.

5. Clique na imagem do botão *Selecionar o elemento*.
6. No painel *Comportamentos*, clique no sinal + e, em seguida, clique na opção *Alterar propriedade*.
7. Na janela *Alterar propriedade*:
   - na opção *Tipo de elemento*, verifique se a opção *P* está ativa;
   - na opção *ID do elemento*, verifique se a opção *p "resp2n"* está ativa;
   - na opção *Propriedade*, ative a opção *Selecione*, clique na caixa ao lado e escolha a opção *color*;
   - na opção *Novo valor*, digite: *#000*;
   - clique no botão *OK*.

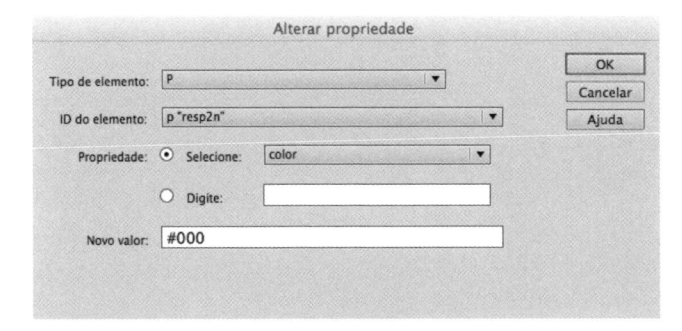

Mais uma vez, o efeito é colorir o texto. Para que o atual fique "descolorido", você mudará sua cor para branco, porém, como é exatamente a mesma característica do elemento *#resp2s*, será necessário fazer apenas uma edição no seletor, conforme a seguir.

8. No painel *CSS Designer*, clique em *estilo_quiz.css*. Na área *Seletores*, clique duas vezes no seletor *#resp2s*, em seguida, acrescente uma *vírgula* e *#resp2n*.

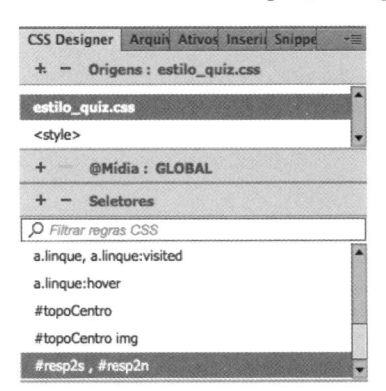

9. Salve esse documento e sua folha de estilos.
10. Ative a opção *Dinâmica* e clique nas imagens para testar o comportamento.
11. Ative a opção *Design* para voltar ao modo de edição.

Comportamentos – Efeitos e Scale

1. Clique na imagem do botão *Java*.
2. No painel *Comportamentos*, clique no sinal +, em seguida, clique na opção *Efeitos* e depois em *Scale*.

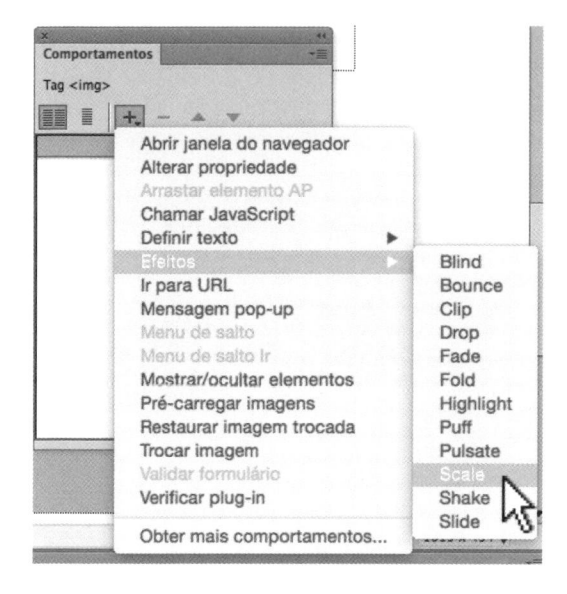

3. Na janela *Scale*, na caixa *Elemento de destino*, verifique se a opção <Seleção atual> está ativa. Em seguida, altere os valores conforme a seguir e clique no botão *OK*.

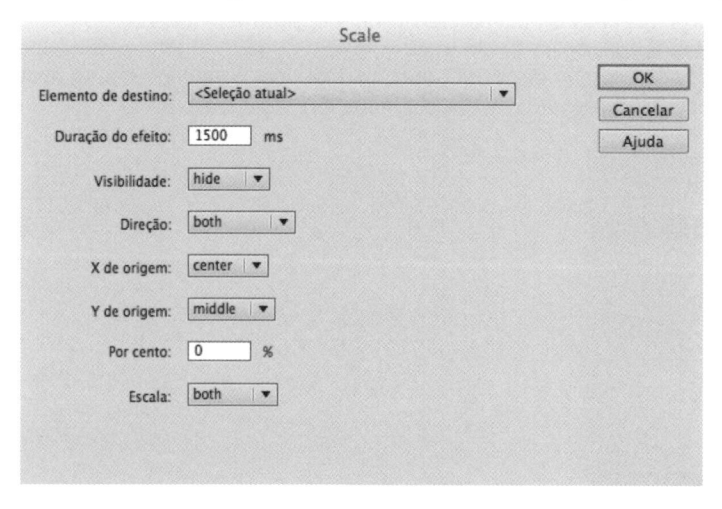

Esse procedimento faz a imagem selecionada diminuir ao ser clicada, de acordo com os parâmetros: período de 1500 ms (1,5 s), visibilidade final escondida, partindo das duas direções (horizontal e vertical), iniciando pelo centro do eixo X e Y, até o tamanho final de 0% (por isso a imagem diminui), tanto a caixa quanto o conteúdo (*both*).

Comportamentos – Efeitos e Shake

1. Clique na imagem do botão *JavaScript*.
2. No painel *Comportamentos*, clique no sinal +, em seguida, clique na opção *Efeitos* e depois em *Shake*.

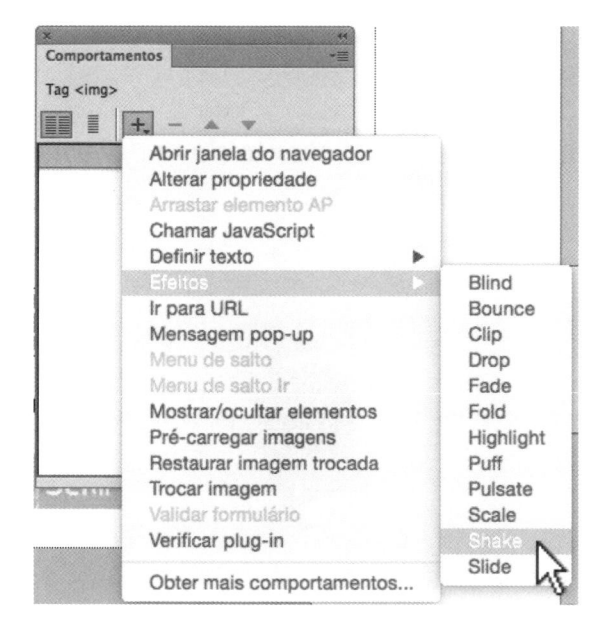

3. Na janela *Shake*, na caixa *Elemento de destino*, verifique se a opção <Seleção atual> está ativa, em seguida, altere os valores conforme a seguir e clique no botão *OK*.

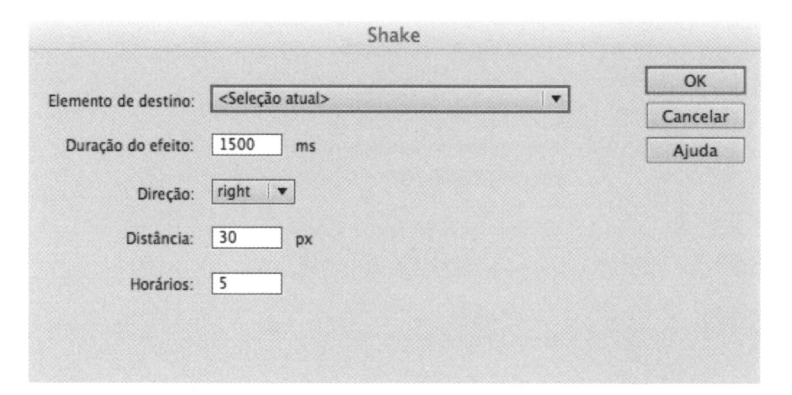

Esse procedimento faz com que a imagem, ao ser clicada, balance por um período de 1500 ms (1,5 s), começando pela direita, a uma distância de 30 px e por 5 vezes.

4. Salve seu trabalho. Na janela *Copiar arquivos dependentes*, clique no botão *OK*.

Essa ação é necessária, pois o comportamento *Efeitos* é executado com os códigos JavaScript e jQuery, que ficam na página e em arquivos externos de extensão .js, criados automaticamente e armazenados na pasta indicada *jQueryAssets*. No momento da publicação, essa pasta também deve ir para o ar.

5. Ative a opção *Dinâmica*. Clique na imagem do botão *Java* e observe a imagem diminuir até desaparecer. Clique na imagem do botão *JavaScript* e observe a imagem balançar.

6. Ative a opção *Design* para voltar ao modo de edição.

Comportamentos – Definir texto e Definir texto do recipiente

1. Clique no elemento *div* contendo o texto *confira...* conforme a seguir e observe, no painel *Propriedades*, seu identificador: *resp4*.

2. Clique na imagem do botão *Atributo*.

3. No painel *Comportamentos*, clique no sinal +; em seguida, clique na opção *Definir texto* e *Definir texto do recipiente*.

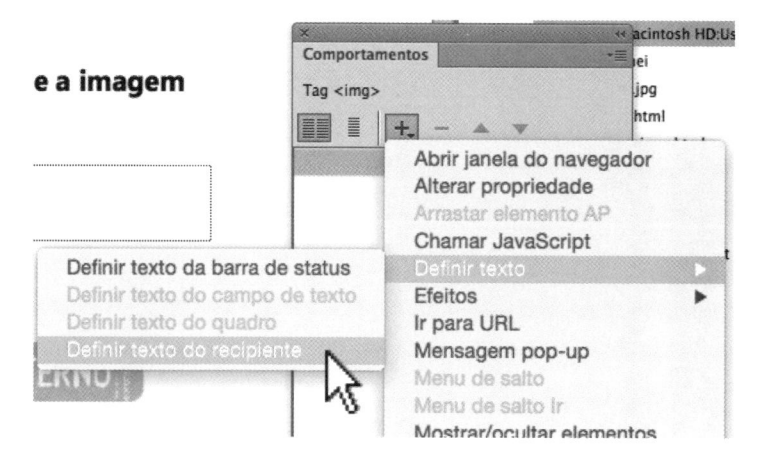

4. Na janela *Definir texto do recipiente*:
   - na opção *Recipiente*, escolha a opção *div "resp4"*;
   - na opção *Novo HTML*, digite: *Os atributos de comportamento são adicionados aos elementos, como onclick ou onmouseout*;
   - clique no botão *OK*.

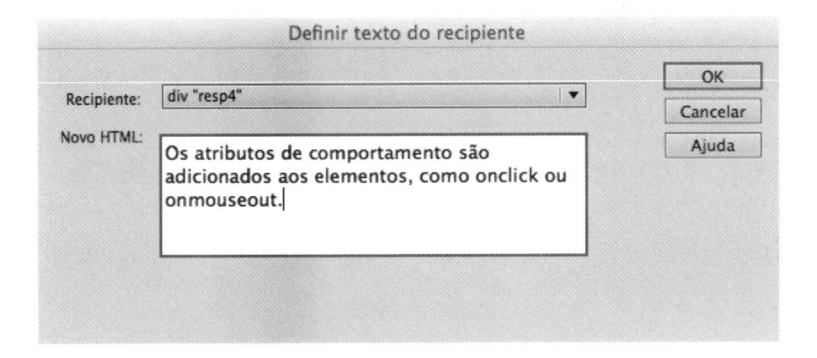

5. Clique na imagem do botão *Script Interno*.
6. No painel *Comportamentos*, clique no sinal +; em seguida, clique na opção *Definir texto* e *Definir texto do recipiente*.
7. Na janela *Definir texto do recipiente*:
   - na opção *Recipiente*, escolha a opção *div "resp4"*;
   - na opção *Novo HTML*, digite: *O script interno fica na área do cabeçalho da página, entre os elementos script*;
   - clique no botão *OK*.

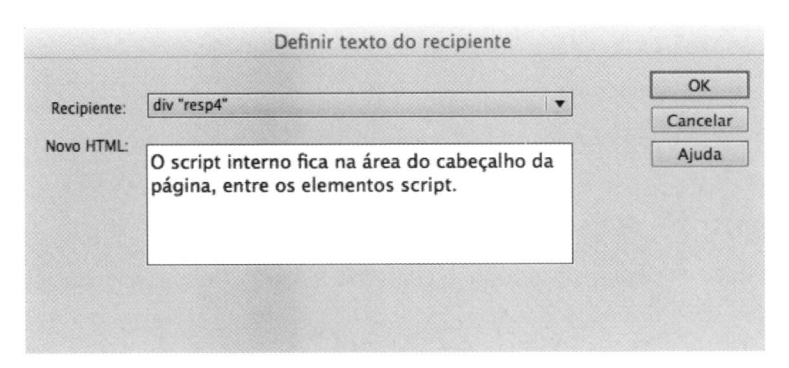

8. Clique na imagem do botão *Script Externo*.
9. No painel *Comportamentos*, clique no sinal +; em seguida, clique na opção *Definir texto* e *Definir texto do recipiente*.

10. Na janela *Definir texto do recipiente*:
    - na opção *Recipiente*: escolha a opção *div "resp4"*;
    - na opção *Novo HTML*, digite: *A chamada para o script externo fica na área do cabeçalho e é feita através do atributo src*;
    - clique no botão *OK*.

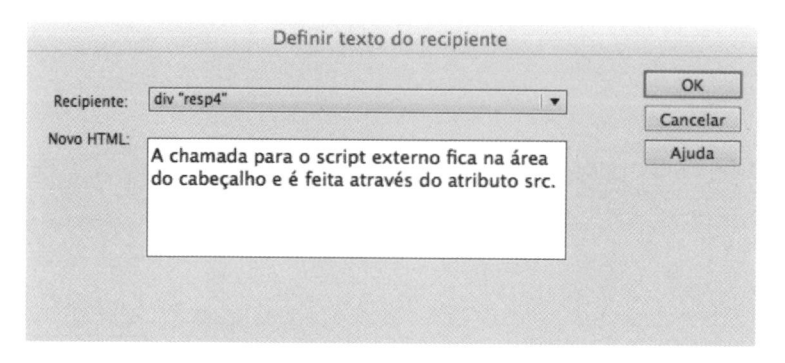

11. Salve o documento.
12. Ative a opção *Dinâmica*. Clique em cada uma das imagens e observe o novo texto na caixa a cada clique.

4. Como essa linguagem é adicionada ao conteúdo das páginas?

ATRIBUTO | SCRIPT INTERNO | SCRIPT EXTERNO

O script interno fica na área do cabeçalho da página, entre os elementos script.

13. Ative a opção *Design* para voltar ao modo de edição.
14. Clique novamente no botão *Dinâmica* para voltar ao modo de edição.

Comportamentos – Mostrar/ocultar elementos

1. Clique no elemento *div* abaixo da questão 5, conforme a seguir, e observe no painel *Propriedades* seu identificador.

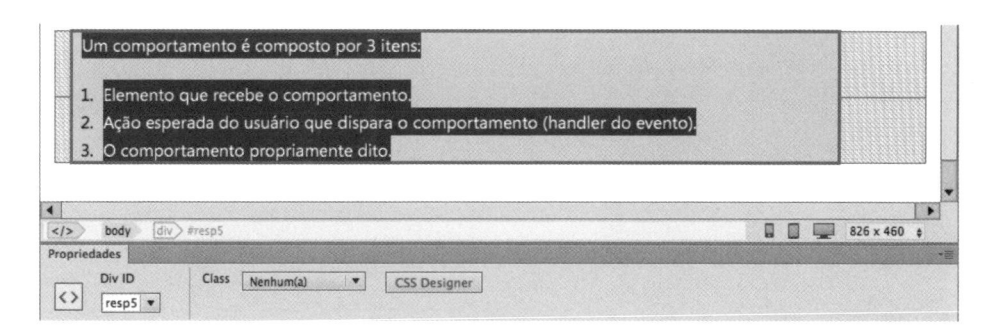

2. Com o elemento selecionado, no painel *Propriedades*, clique no botão *CSS Designer*. O painel é aberto já com o seletor *#resp5* selecionado.

3. Na área *Propriedades*, grupo *Layout*, na propriedade *visibility*, escolha o valor *hidden*.

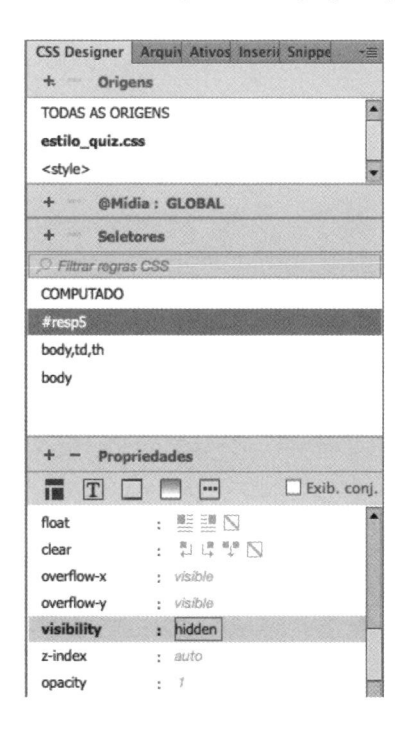

Esse procedimento fará com que o elemento *#resp5* comece escondido.

4. Clique na imagem do botão 1, abaixo da 5ª pergunta.

5. No painel *Comportamentos*, clique no sinal +; em seguida, clique na opção *Mostrar/ocultar elementos*.

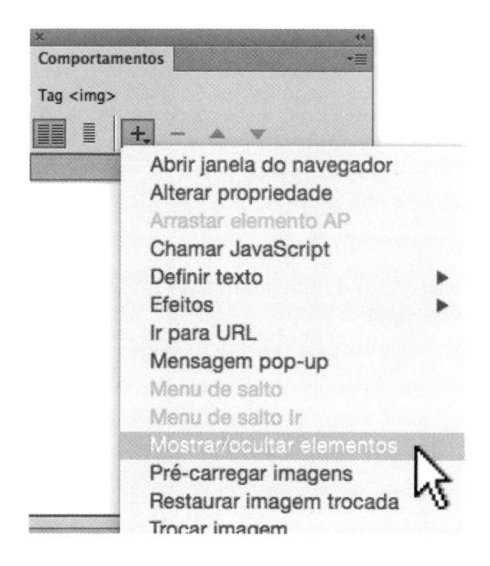

6. Na janela *Mostrar/ocultar elementos*, na caixa *Elementos*, clique no elemento *div "resp5"*, clique no botão *Ocultar* e, em seguida, clique no botão *OK*.

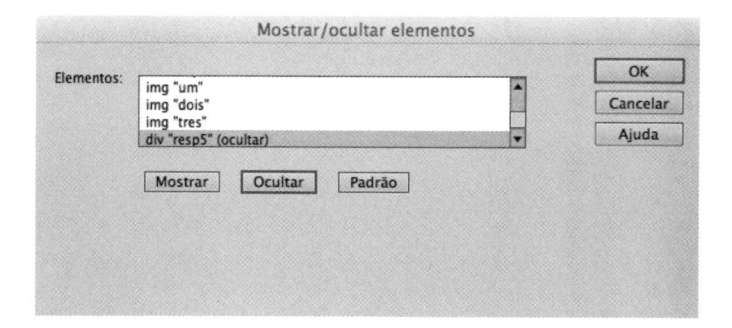

> Antes de apertar o botão *Ocultar*, não aparece nada ao lado de *div "resp5"*.

7. Clique na imagem do botão 2 e repita os dois procedimentos anteriores.
8. Clique na imagem do botão 3.
9. No painel *Comportamentos*, clique no sinal +; em seguida, clique na opção *Mostrar/ocultar elementos*.

10. Na janela *Mostrar/ocultar elementos*, na caixa *Elementos*, clique no elemento *div* "*resp5*", depois clique no botão *Mostrar* e, em seguida, clique no botão *OK*.

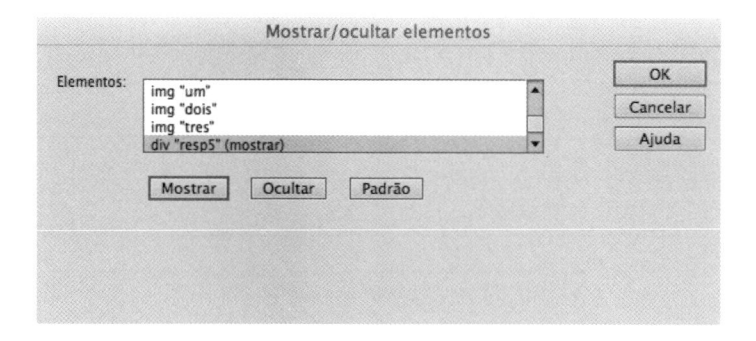

11. Salve esse documento e sua folha de estilos.
12. Ative o modo *Dinâmica*. Clique em cada uma das imagens e observe o comportamento. A caixa de resposta aparece apenas quando a imagem 3 é clicada.

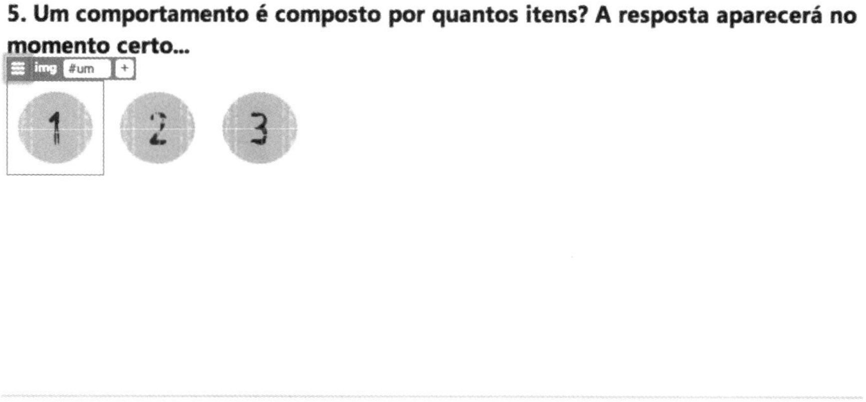

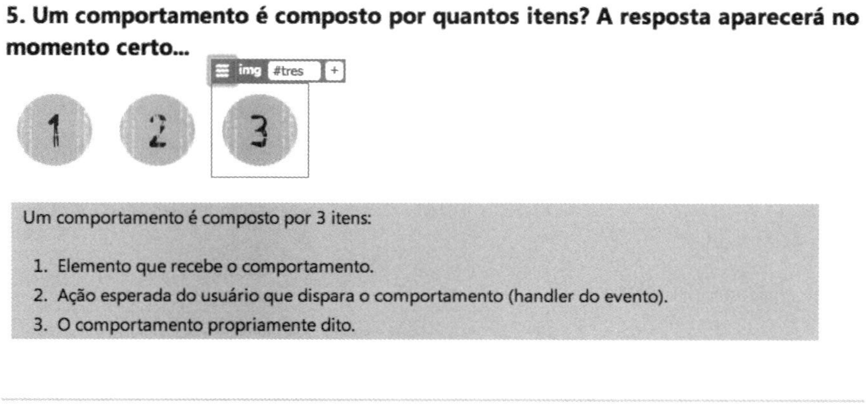

13. Ative o modo *Design* para voltar ao modo de edição.
14. Pressione a tecla *F12* (*Opt* + *F12*) para observar o resultado de todos os comportamentos no navegador. Clique em cada um dos itens, desde o topo da página, onde foram inseridos os comportamentos simples, até os últimos inseridos nesta atividade.

> Pode ser necessário desbloquear o conteúdo na janela do navegador para visualizar os comportamentos em ação.

15. Feche a janela do navegador e retorne ao programa.
16. Feche o arquivo.
17. Feche o programa ou continue na próxima atividade.

Atividade 3 – Formulário *Achei!*

Objetivo: • Entender o funcionamento de um formulário.

Tarefas: • Observar o conteúdo pronto do formulário de busca do site *Achei!*.
• Verificar e entender seu funcionamento.

Esta primeira atividade relacionada ao uso de formulários vai mostrar a você qual o funcionamento básico desse tipo de conteúdo, principalmente com relação ao envio. Observe o modelo pronto para, nas próximas atividades, criar seus próprios formulários.

Caso você esteja continuando da atividade anterior, vá direto ao passo 2.

1. Abra o Dreamweaver no mapeamento *Quiz*.
2. No painel *Arquivos*, clique no sinal + ao lado da pasta *busca_achei* e, em seguida, clique duas vezes no nome do arquivo *achei.html*.

Esse é um modelo de formulário.

Um formulário recebe os dados inseridos pelo visitante e os envia para o processamento. Tal envio pode ser feito por uma página HTML simples ou que utilize linguagem de servidor, tipo .NET ou PHP, mas o processamento acontece somente por meio da linguagem de servidor ou com pacotes de scripts prontos, como os CGI. No formulário *Achei!*, é usado um script CGI.

3. Clique na linha vermelha.

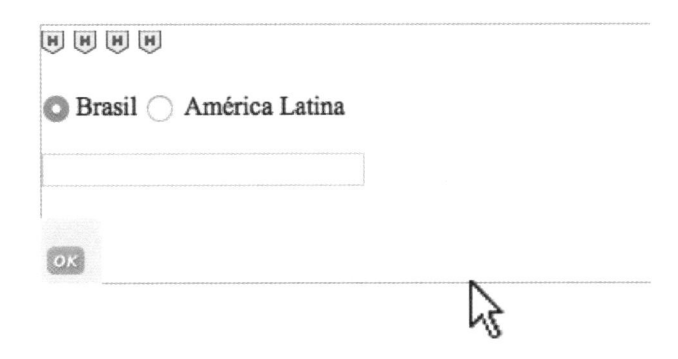

O resultado é a seleção de todos os elementos do formulário, incluindo o próprio elemento de formulário *form*.

4. Observe o painel *Propriedades* dessa seleção. Clique na caixa *Action* e pressione a tecla *End* para ler até o fim.

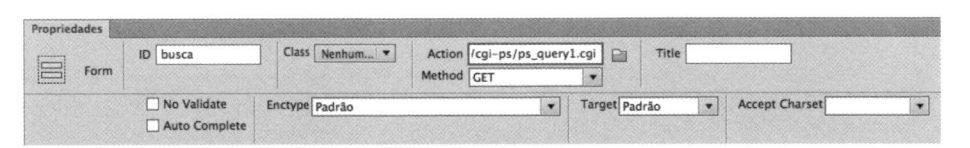

A caixa *Action* indica qual arquivo deverá ser chamado quando o visitante clicar no botão de envio do formulário. Nesse exemplo, é um arquivo localizado no servidor e de extensão *.cgi* que receberá e processará os dados enviados pelo formulário e devolverá uma resposta ao navegador do visitante.

O identificador desse formulário é *busca*, que pode ser utilizado tanto para a linguagem de programação quanto para a aplicação de estilos.

O método de envio (*method*) é GET, ou seja, as informações serão enviadas pela barra de endereço do navegador, conforme você verá nos próximos passos.

5. Pressione a tecla *F12 (Opt + F12)* para visualizar o código no navegador.

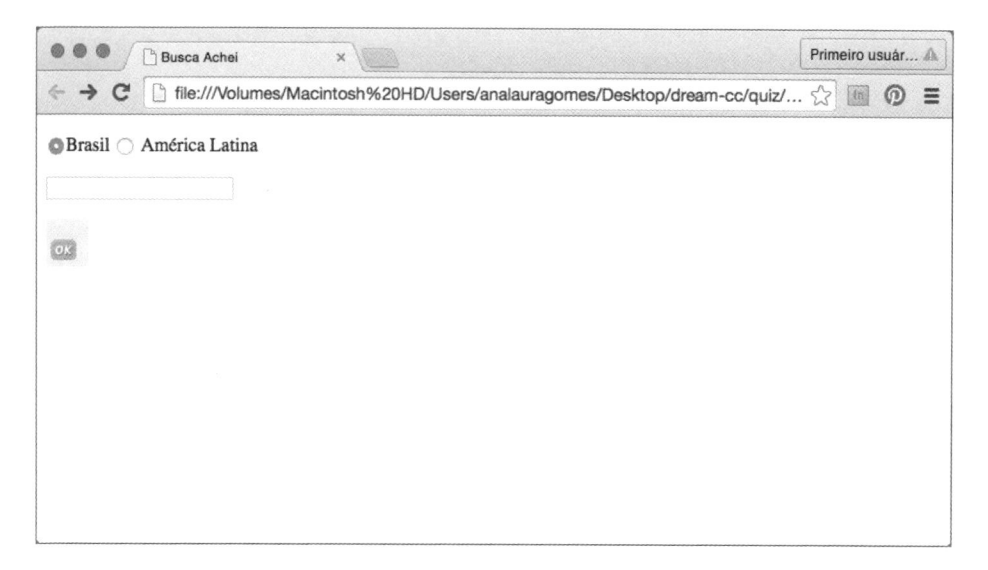

Pode ser necessário desbloquear o conteúdo na janela do navegador para que o formulário funcione corretamente.

Para poder observar o resultado da pesquisa no próximo passo, você deve estar conectado à internet.

6. Clique na caixa de entrada de texto e digite uma palavra para busca, por exemplo, *tv 4k*. Em seguida, clique no botão *OK*.

Aguarde enquanto a busca é feita, retornando em uma nova página, conforme a seguir.

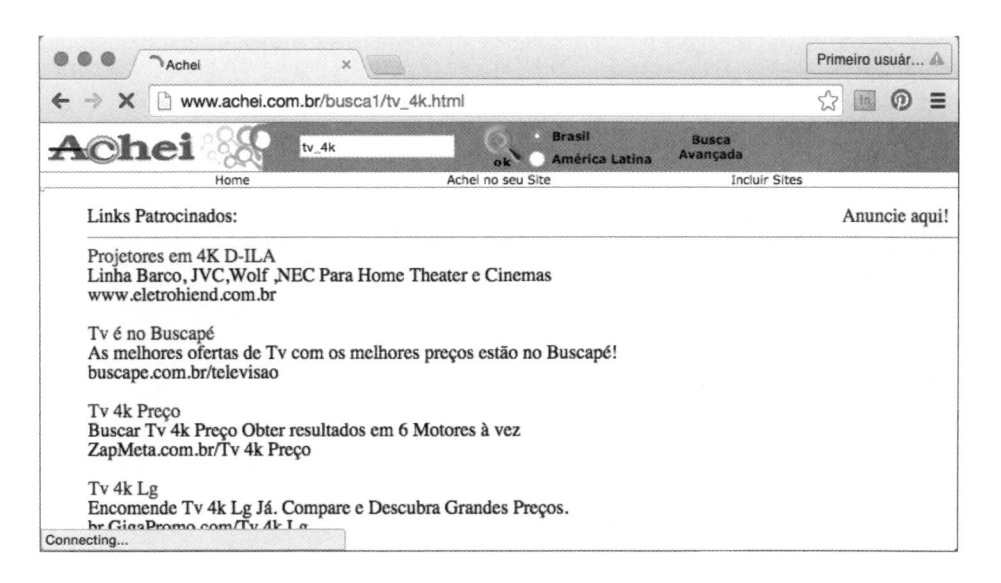

Observe que os dados digitados na caixa de busca estão na barra de endereço do navegador, isso porque o formulário foi enviado por meio do método GET.

A página que está sendo exibida é resultado do que está programado no arquivo *http://www.achei.com.br/cgi-ps/ps_query1.cgi*, que é o arquivo que o formulário pede para executar.

Este livro não aborda os aspectos de execução do formulário, apenas os itens relacionados à sua criação.

7. Feche a janela do navegador e retorne ao programa.
8. Feche o seu arquivo.
9. Feche o programa ou continue na próxima atividade.

Atividade 4 – Criando formulários simples

Objetivo: • Criar formulário utilizando apenas caixas de entrada de texto.

Tarefas: • Criar um formulário simples.
• Inserir estilos no formulário.

Caso você esteja continuando da atividade anterior, vá direto ao passo 2.

1. Abra o Dreamweaver no mapeamento *Quiz*.
2. Clique no botão *HTML* da janela de abertura para criar uma nova página.

3. Altere o título da página para *Formulário Simples* e salve o documento com o nome *formulario_simples.html*.

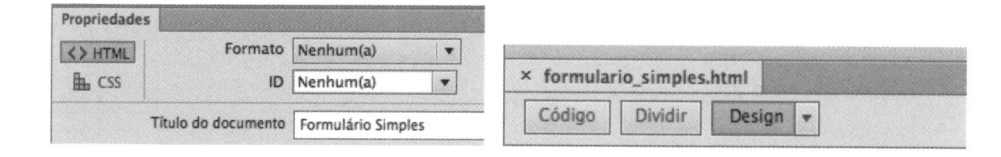

Botão *Formulário*

1. No painel *Inserir*, clique na seta para baixo e escolha a opção *Formulário*.

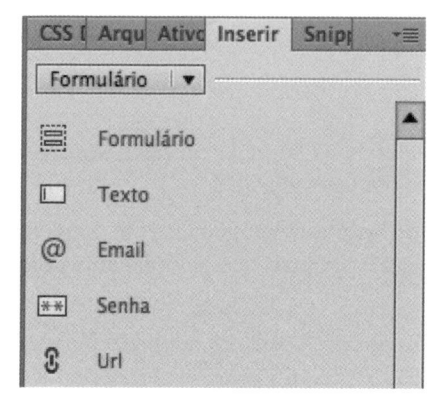

2. Clique no botão *Formulário*.

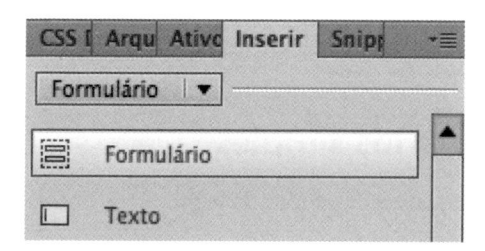

Esse procedimento cria a linha vermelha que representa o elemento *form*. Mantenha o elemento selecionado e execute o próximo passo.

Botão *Texto*

1. Clique no botão *Texto*.

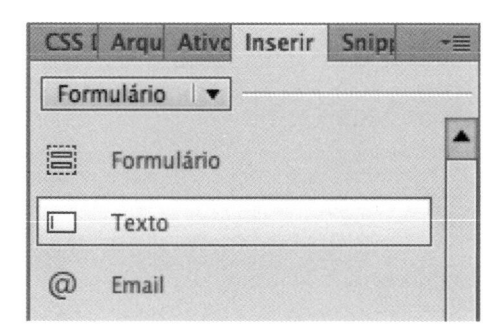

2. Na janela do documento, substitua *Text Field* por *Nome*.

3. Clique na caixa de entrada de texto e no painel *Propriedades*; na caixa *Name*, digite *nome*.

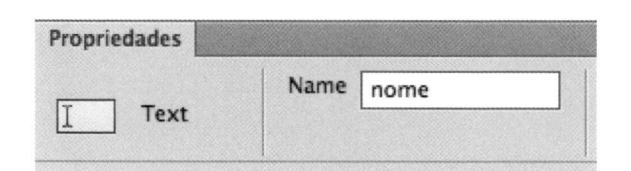

Os três procedimentos anteriores criaram:

- a etiqueta (*Label*) que é visualizada pelo usuário, de valor *Nome:*;
- o elemento de caixa de entrada de texto (*input text*) com um nome (*name*) e um identificador único (*ID*) de valor *nome*.

A caixa fica vinculada à etiqueta por meio do atributo *for*, sendo o resultado dessa associação o fato de o usuário clicar no *Nome:* e automaticamente o cursor do mouse ficar piscando dentro da caixa de entrada.

4. Clique no fim da caixa de texto.

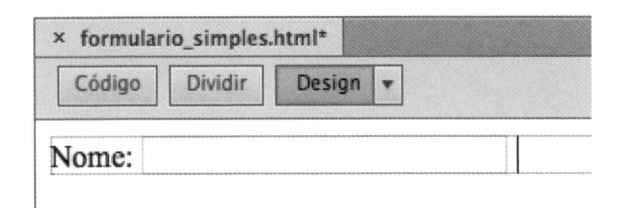

> Nome:

5. Pressione a tecla *Enter* para criar um novo parágrafo.

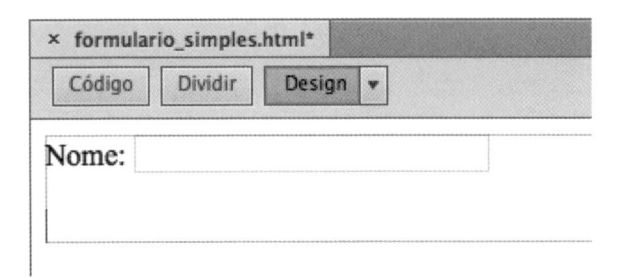

> Nome:

6. No painel *Inserir*, opção *Formulário*, clique no botão *Email*.
7. Na janela do documento, substitua *Email* por *E-mail*.
8. Clique na caixa de entrada de e-mail e, no painel *Propriedades*, observe o valor da caixa *Name: email*.

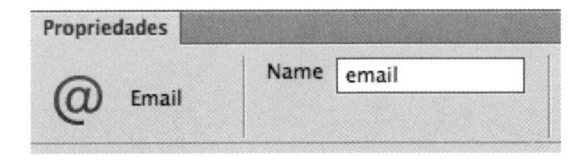

> Propriedades
> @ Email   Name [email]

9. Dê um clique no fim da caixa de texto.
10. Pressione a tecla *Enter* para criar um novo parágrafo.

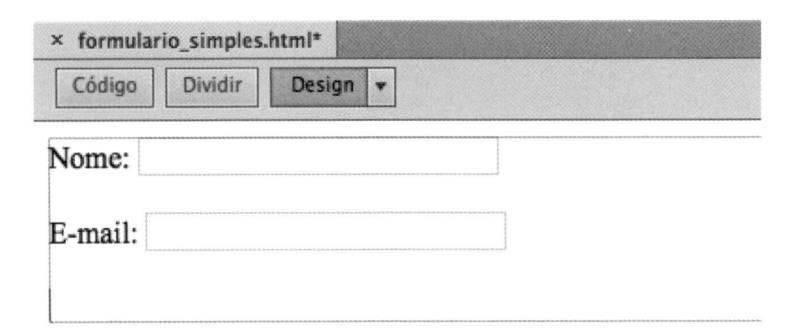

> Nome:
>
> E-mail:

Botão de envio

1. Com o cursor piscando nesse novo parágrafo, no painel *Inserir*, na opção *Formulários*, clique em *Submit Button* (*Botão Enviar*).

2. Com o botão selecionado, no painel *Propriedades*, altere a propriedade *Value* (*Valor*) para *Enviar formulário*, conforme a seguir.

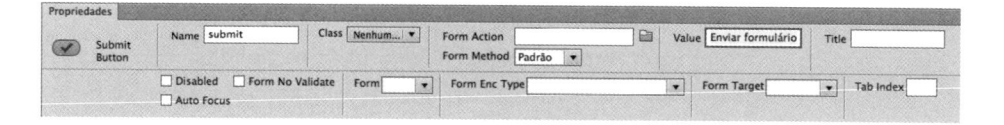

Ação do formulário

1. Com o botão selecionado, ou com o cursor piscando em qualquer lugar dentro da linha vermelha do formulário, na barra seletora de elementos, clique no elemento *form*.

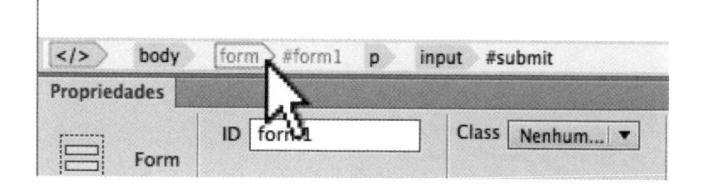

> Essa ação equivale a clicar na linha vermelha do formulário.

2. No painel *Propriedades*, preencha a caixa *Action* com o nome do arquivo a ser exibido: *obrigado.html*.

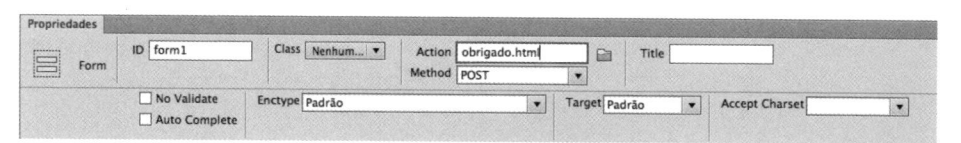

Na caixa *Action*, você deve indicar o nome do arquivo que vai executar as informações recebidas pelo formulário, que pode até ser a própria página que contém o formulário. Isso, porém, depende da programação a ser utilizada, que não é nosso foco. Nesse exemplo, apenas para que você tenha a sensação do que vai ocorrer com seu formulário, ele vai abrir outra página HTML, mas nada será processado.

3. Salve o documento.

4. Pressione a tecla *F12* (*Opt + F12*) para visualizar a página no navegador.

5. Teste o formulário, principalmente dando um clique no *label* (*nome* e *email*) e observando o cursor aparecer piscando na caixa de texto. Em seguida, teste o botão de envio que abre a página *obrigado.html*.

Observe que, conforme o navegador que você está usando, não será possível passar para a próxima página sem preencher o e-mail corretamente. Isso porque o elemento *input type email* exige um certo padrão de preenchimento.

> A página *obrigado.html* é apenas uma imitação da realidade. Seu formulário necessita de linguagem de programação do lado do servidor para controlar o que será feito com os dados registrados no formulário.

6. Feche a janela do navegador e retorne ao programa.

Botão *Conjunto de campos*

1. Selecione todos os campos dentro do formulário, tomando o cuidado de não selecionar o elemento *form*.

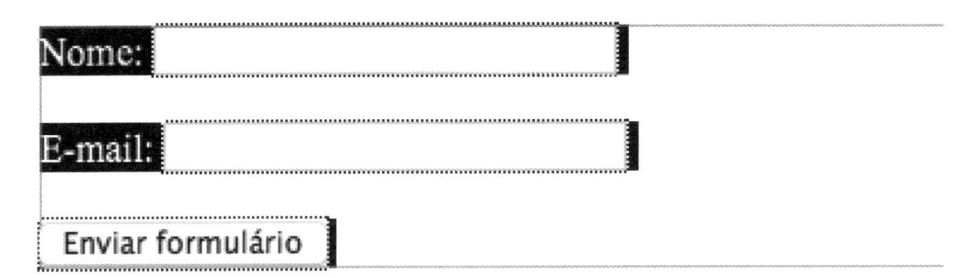

2. No painel *Inserir*, na opção *Formulários*, clique no botão *Conjunto de campos*.
3. Na janela *Conjunto de campos*, digite *Dados pessoais*, em seguida, clique no botão *OK*.

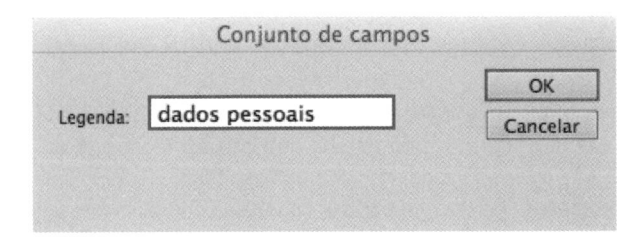

4. Ative o modo *Dinâmica* para observar melhor o resultado: um fio ao redor dos elementos selecionados com uma legenda no canto superior esquerdo.

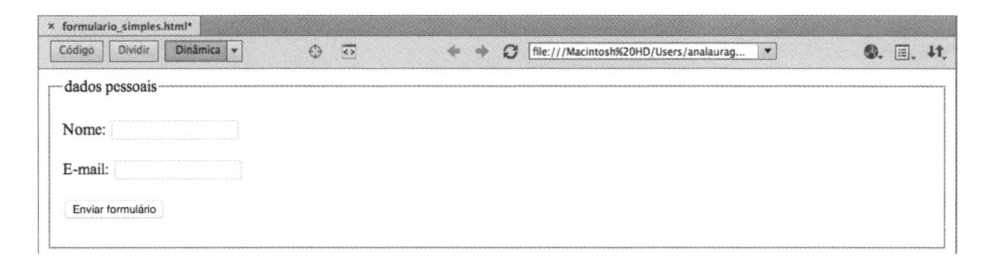

Essa visualização é padrão para a maior parte dos navegadores, mas lembre-se de que pode haver uma pequena variação entre eles.

Você pode usar esse recurso para agrupar seções dentro do seu formulário, como "dados pessoais" e "dados profissionais".

5. Ative o modo *Design* para retornar ao modo de edição.
6. Salve esse documento.

Estilos CSS

1. No painel *CSS Designer*, na área *Origens*, clique em +, em seguida, clique em *Definir na página*.

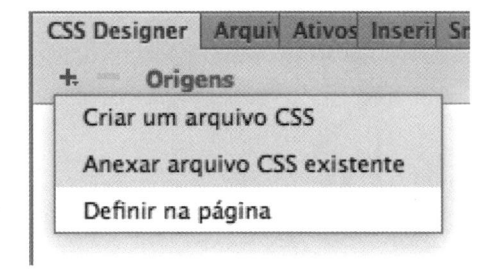

2. Na janela do documento, clique no texto *Nome:*.
3. No painel *CSS Designer*, clique em <style>, em seguida, na área *Seletores*, clique em +. Sem perder a seleção, pressione a seta para cima do teclado até que apenas o elemento *label* esteja indicado e pressione *Enter*.

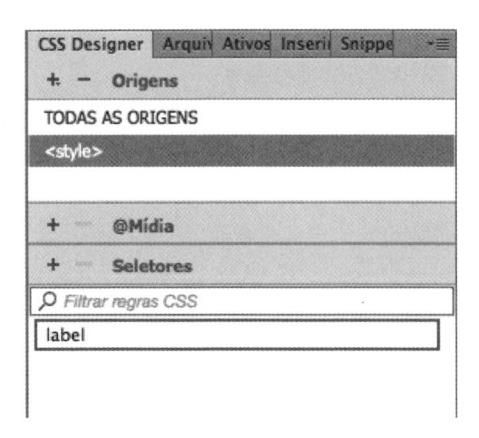

4. Ainda no painel *CSS Designer*, com o seletor *label* selecionado, na área *Propriedades*, preencha conforme a seguir:

    • grupo *Layout*:

        • *width*: 80 px; *display*: block; *float*: left.

    • grupo *Texto*:

        • *color*: #375D81; *font-family*: Segoe, "Segoe UI", "DejaVu Sans", "Trebuchet MS", Verdana, sans-serif; *font-size*: 16 px.

5. Clique na caixa de entrada de texto.

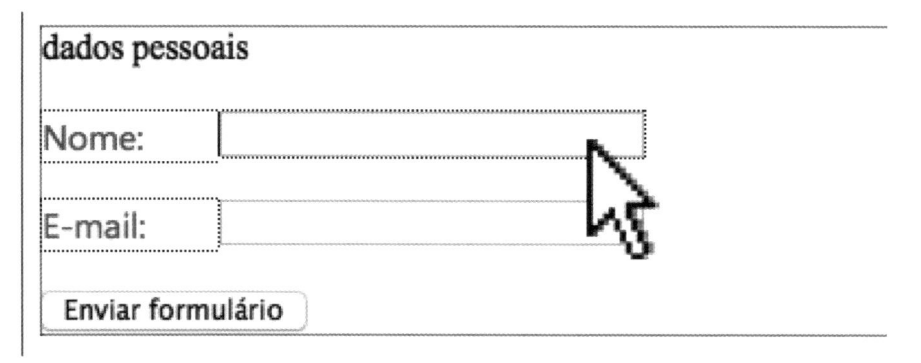

6. No painel *CSS Designer*, clique em *<style>*, em seguida, na área *Seletores*, clique em +, digite *input* e pressione *Enter*. Na área *Propriedades*, preencha os valores conforme a seguir:

    • categoria *Layout*:

        • *width*: 400 px; *padding* – ativar o botão de corrente: 3 px.

    • categoria *Texto*:

        • *color*: #fff; *font-family*: Segoe, "Segoe UI", "DejaVu Sans", "Trebuchet MS", Verdana, sans-serif; *font-weight*: bolder; *font-size*: 18 px.

- categoria *Borda*:
  - todos os lados – *style*: *none*.
- categoria *Fundo*:
  - *background Color*: *#375D81*.

Observe o resultado. O botão também recebeu os estilos criados pois ele também é um elemento *input*.

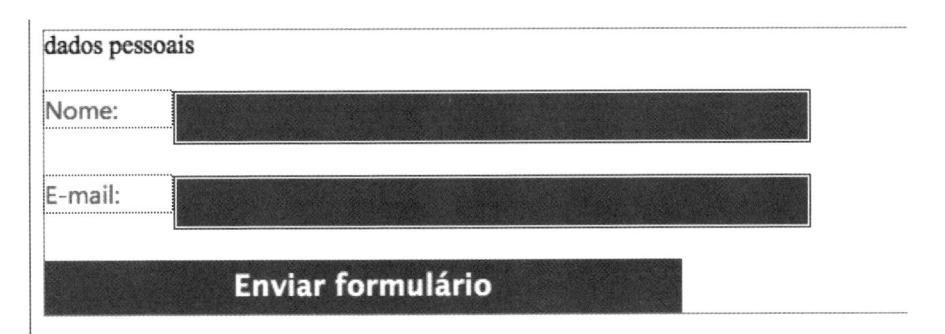

Caso não esteja vendo as alterações, ative o modo *Dinâmica*, depois retorne ao modo *Design* para continuar.

7. Clique no botão *Enviar formulário*.
8. No painel *Propriedades*, caixa *Name*, altere para *botaoEnviar*.

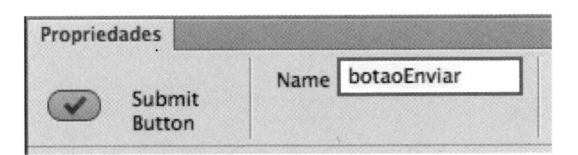

9. Com o botão selecionado, no painel *CSS Designer*, clique em *<style>*, em seguida, na área *Seletores*, clique em +, pressione a seta para cima do teclado até ficar apenas com o identificador *#botaoEnviar* e pressione *Enter*. Na área *Propriedades*, preencha os valores conforme a seguir:
   - grupo *Layout*:
     - *width*: *150 px*; *margin* – esquerda: *80 px*.
   - grupo *Borda*:
     - *border-radius*: *30 px*.
   - grupo *Mais*:
     - *cursor*: *pointer*.

10. Clique em qualquer lugar do texto da legenda *Dados pessoais*.

11. No painel *CSS Designer*, clique em *<style>*, em seguida, na área *Seletores*, clique em +, pressione a seta para cima do teclado até ficar apenas com *fieldset legend* e pressione *Enter*. Na área *Propriedades*, preencha os valores conforme a seguir:

    - grupo *Layout*:
        - *padding* – ativar o botão de corrente: *5 px*.
    - grupo *Texto*:
        - *color*: *#fff*; *font-family*: *Segoe*, *"Segoe UI"*, *"DejaVu Sans"*, *"Trebuchet MS"*, *Verdana*, *sans-serif*; *font-weight*: *bolder*.
    - grupo *Fundo*:
        - *background Color*: *#375D81*.

12. No painel *CSS Designer*, clique em *<style>*, em seguida, na área *Seletores*, clique em +, digite *fieldset* e pressione *Enter*. Na área *Propriedades*, preencha os valores conforme a seguir:

    - grupo *Layout*:
        - *width*: *520 px*; *padding* – ativar o botão de corrente: *5 px*.
    - grupo *Borda*:
        - todos os lados – *width*: *thin*; *style*: *solid*; *color*: *#375D81*.

13. Salve o documento.

14. Ative o modo *Dinâmica* e observe o resultado do formulário. Preencha os campos e verifique o resultado do estilo aplicado à caixa de entrada de texto.

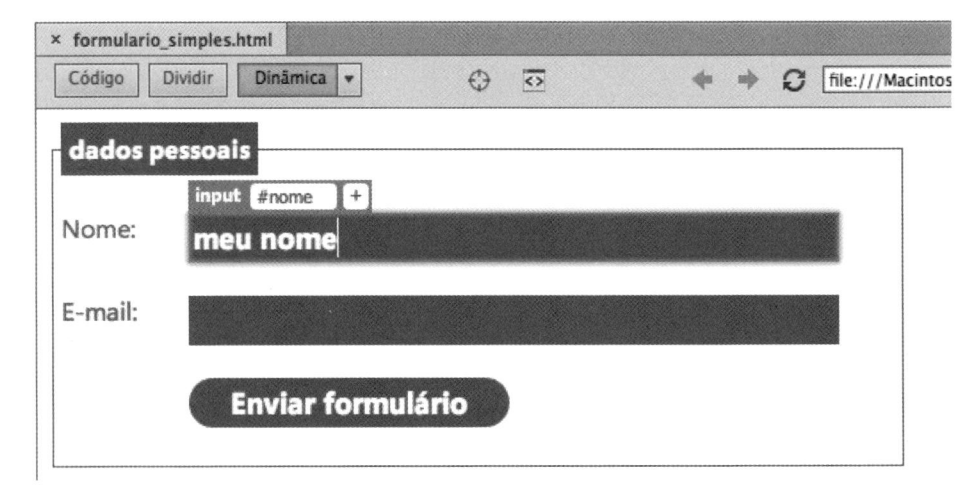

15. Ative o modo *Design* para voltar ao modo de edição.
16. Feche o documento.
17. Feche o programa ou continue na próxima atividade.

Atividade 5 – Criando formulários complexos

Objetivo: • Criar formulários complexos.

Tarefas: • Criar um formulário complexo.
• Aplicar estilo CSS.
• Aplicar comportamento de validação.

Caso você esteja continuando da atividade anterior, vá direto ao passo 2.

1. Abra o Dreamweaver no mapeamento *Quiz*.
2. No painel *Arquivos*, clique duas vezes no arquivo *formulario.html*.
3. No painel *Arquivos*, clique duas vezes no arquivo *formulario_interesse.txt*.
4. Observe os itens do formulário que será criado e veja a relação de itens com suas possíveis formas de entrada:

Itens do formulário	Possíveis formas de entrada
Dados pessoais:	categoria/legenda
Nome:	caixa de entrada de texto
E-mail:	caixa de entrada de e-mail
Celular:	caixa de entrada de telefone
Pessoa física ou Pessoa jurídica:	caixa de escolha única
Opt-in:	categoria/legenda
Desejo receber informações por e-mail:	caixa de escolha múltipla
Desejo receber informações por celular:	caixa de escolha múltipla
Sugestões de interesse:	categoria/legenda
Interesses: tecnologia, educação, política	caixa de escolha múltipla
Sugestões:	caixa de entrada de texto longo

5. Clique na aba do arquivo *formulario_complexo.html*.
6. Clique no parágrafo abaixo da imagem.

Campo de formulário

1. No painel *Inserir*, opção *Formulário*, clique no botão *Formulário*.

Botão *Campo de texto*

1. Mantenha o cursor do mouse piscando dentro da linha vermelha.
2. No painel *Inserir*, opção *Formulário*, clique no botão *Texto*.

3. Na janela do documento, altere o *label* para *Nome*. Clique na caixa de entrada *input* e no painel *Propriedades* e altere seu identificador para *nome*.

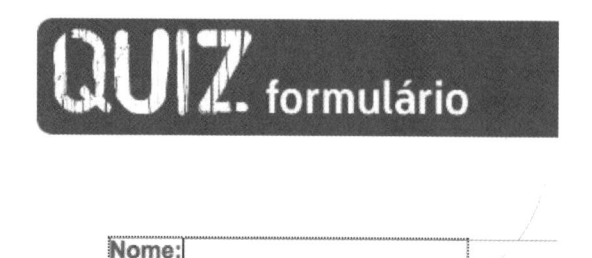

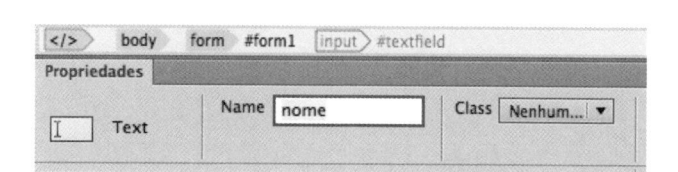

Observe que já existe um estilo aplicado a essa página, portanto, alguns dos elementos de formulário inseridos já possuem um aspecto diferente do padrão.

4. Clique depois dessa caixa de entrada e pressione a tecla *Enter*.
5. No painel *Inserir*, opção *Formulário*, clique no botão *Email*.
6. Clique depois dessa caixa de e-mail e pressione a tecla *Enter*.
7. No painel *Inserir*, opção *Formulário*, clique no botão *Tel*.
8. Na janela do documento, altere o *label* para *Celular*. Clique na caixa de entrada *input* e no painel *Propriedades* e altere seu identificador para *celular*.

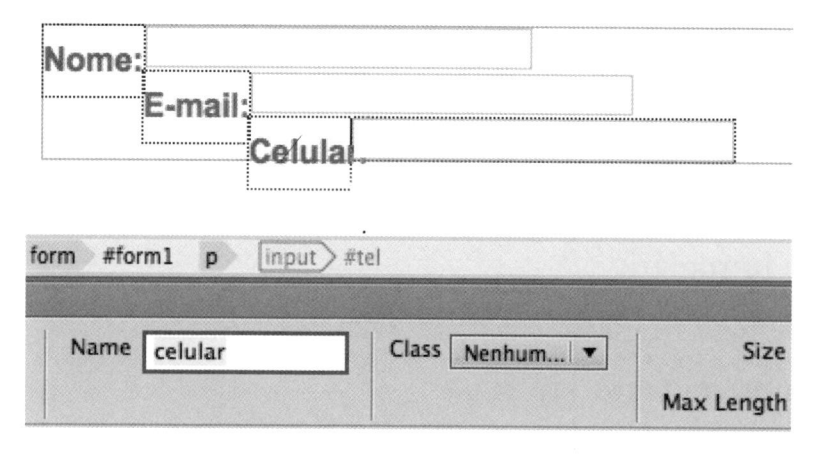

9. Clique depois dessa caixa de entrada e em seguida pressione a tecla *Enter*.

Botão *Grupo de botões de opção*

1. No painel *Inserir*, opção *Formulário*, clique no botão *Grupo de botões de opção*.
2. Na janela *Grupo de botões de opção*, preencha conforme a seguir. Depois, clique no botão *OK*.
   - *Nome*: tipoFiscal.
   - *Rótulo/valor*:
     - *Pessoa física/PF*;
     - *Pessoa jurídica/PJ*.
   - Ative a opção *Quebras de linha*.

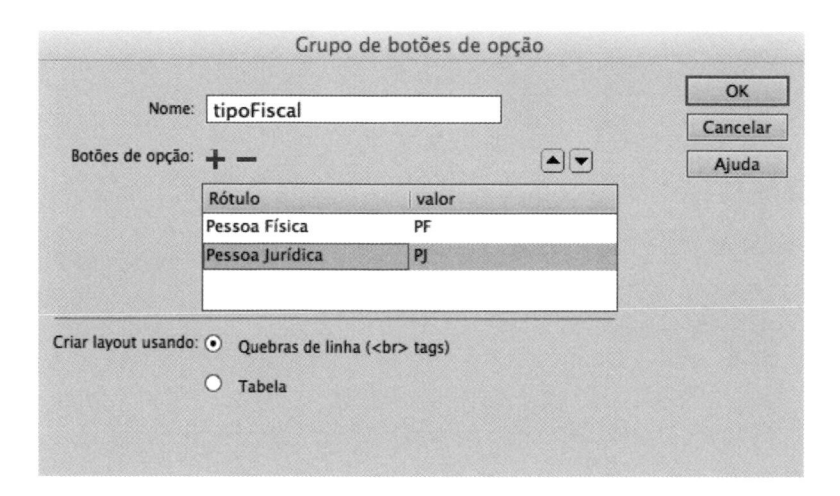

Esse procedimento criará automaticamente os itens no formato *radio button* (que é o formato para escolha única) e seus respectivos valores para a programação.

Lembre-se de que já existe uma folha de estilos vinculada a esse arquivo, porém alguns ajustes serão feitos durante as próximas atividades para que a visualização fique melhor. Neste momento, mantenha o foco na construção de cada item utilizando apenas os elementos HTML adequados a cada caso.

3. Clique após a última entrada e pressione *Enter* para criar um novo parágrafo.

Botão *Grupo de caixas de seleção*

1. No painel *Inserir*, na opção *Formulário*, clique no botão *Grupo de caixas de seleção*.
2. Na janela *Grupo de caixas de seleção*, preencha conforme a seguir. Depois, clique no botão *OK*.
   - *Nome*: informacoes.
   - *Rótulo/valor*:
     - Desejo receber informações por e-mail/infoEmail;
     - Desejo receber informações por celular/infoCelular.
   - Ative a opção *Quebras de linha*.

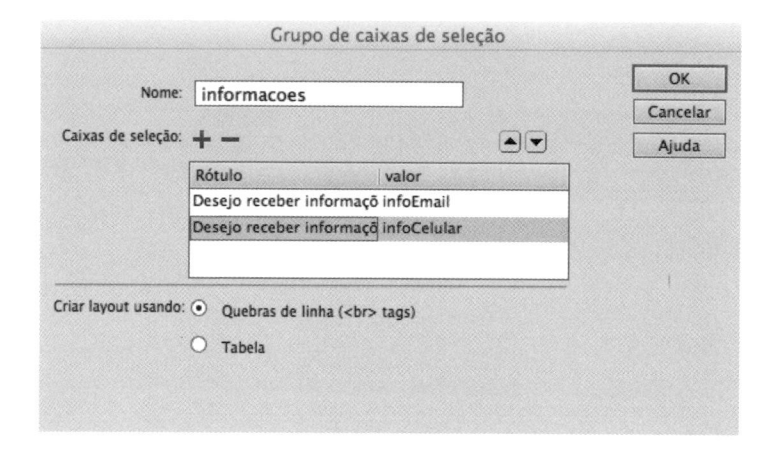

Esse procedimento cria automaticamente os itens no formato *checkbox* (que é o formato para escolhas múltiplas) e seus respectivos valores para a programação.

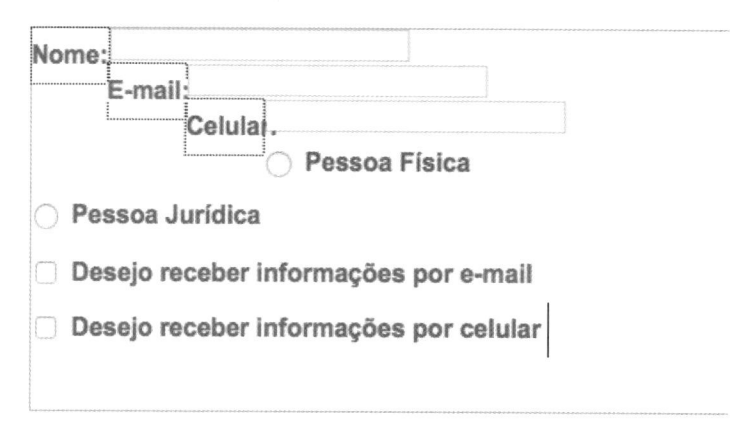

3. Clique no botão *Dividir* para visualizar a área de código e design.

4. Na área de código, apague os dois elementos <br> após o último elemento <label>.

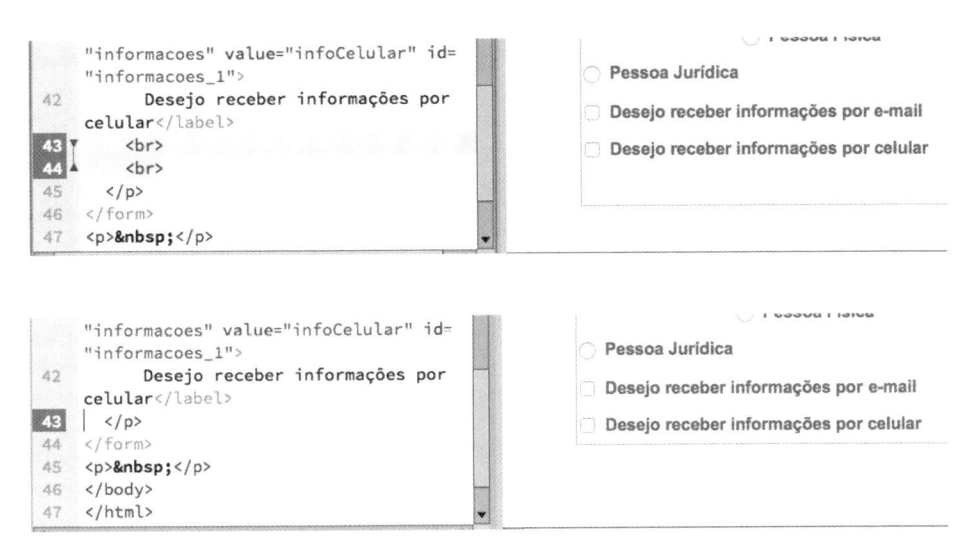

```
       "informacoes" value="infoCelular" id=
       "informacoes_1">
42         Desejo receber informações por
       celular</label>
43         <br>
44         <br>
45     </p>
46  </form>
47  <p> </p>
```

○ Pessoa Jurídica
☐ Desejo receber informações por e-mail
☐ Desejo receber informações por celular

```
       "informacoes" value="infoCelular" id=
       "informacoes_1">
42         Desejo receber informações por
       celular</label>
43     </p>
44  </form>
45  <p> </p>
46  </body>
47  </html>
```

○ Pessoa Jurídica
☐ Desejo receber informações por e-mail
☐ Desejo receber informações por celular

5. Clique após a frase *Desejo receber informações por celular* e pressione *Enter* para criar um novo parágrafo.

6. Clique no botão *Design* para visualizar apenas a área de design.

7. Salve esse documento.

Botão *Selecionar*

1. No painel *Inserir*, na opção *Formulário*, clique no botão *Selecionar*.

2. Na janela do documento, altere o *label* para *Interesses*. Clique na caixa de entrada *select* e, no painel *Propriedades*, clique no botão *Listar valores* para preencher a janela conforme a seguir. Depois, clique no botão *OK*.

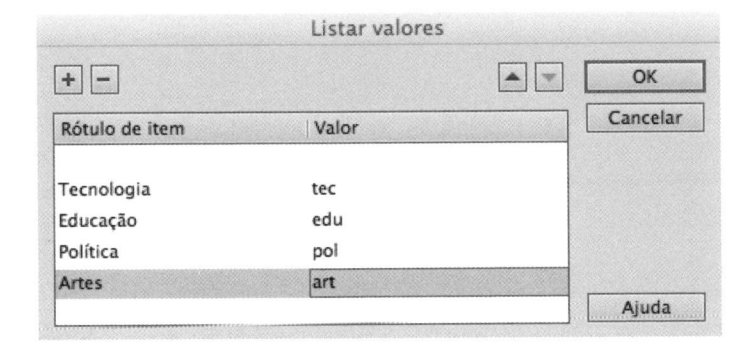

Rótulo de item	Valor
Tecnologia	tec
Educação	edu
Política	pol
Artes	art

> - A linha em branco é feita pressionando a barra de espaço para o rótulo/valor.
> - Para criar novos itens, clique no botão +.
> - Para passar um item para cima ou para baixo, clique no item e use os botões de seta para cima e para baixo dessa janela.

3. Clique após a caixa *select* e pressione *Enter*.

Botão *Área de texto*

1. No painel *Inserir*, opção *Formulário*, clique no botão *Área de texto*.

2. Na janela do documento, altere o *label* para *Sugestões*. Clique na caixa de entrada *textarea* e, no painel *Propriedades*, altere seu identificador para *sugestoes*.

3. Na janela *Atributos de acesso a tag input*, preencha conforme a seguir; depois, clique no botão *OK*.

    - *ID*: *sugestoes*;
    - *Rótulo*: *Sugestões:*;
    - Ative a opção: *Anexar tag label usando o atributo "for"*;
    - Ative a opção: *Antes do item de formulário*.

Esse procedimento insere uma caixa de entrada de texto do tipo *textarea*, semelhante a uma caixa de texto, mas possui uma formatação visual que sugere a inserção de maior quantidade de texto.

4. Clique após a caixa *textarea*; em seguida, pressione a tecla *Enter*.

```
☐ Desejo receber informações por celular
Interesses: [ Tecnologia ▼ ]
Sugestões: [                    ]
```

Botão *imagem*

1. No painel *Inserir*, na opção *Formulário*, clique no botão *Botão imagem*.

Esse procedimento vai inserir uma imagem que fará a função de botão, caso você não tenha inserido um botão *type=submit* com o *Botão* da opção *Formulários*.

2. Na janela *Selecionar origem da imagem*, clique duas vezes na pasta *imagens*, em seguida clique duas vezes no nome do arquivo de imagem *enviar_form*.

Ação do formulário

1. Clique na linha vermelha do formulário para selecionar o elemento *form*, em seguida, no painel *Propriedades*, na caixa *Action*, digite *obrigado.html*.

Lembre-se de que esse procedimento é apenas para você ter a sensação do que vai ocorrer com seu formulário. Ele vai abrir a página *obrigado.html*, mas não haverá nenhum processamento de dados, pois não está sendo usada nenhuma linguagem de programação ou script de servidor, visto que não são focos deste livro.

2. Salve o documento.
3. Pressione a tecla *F12* (*Opt* + *F12*) para visualizar a página no navegador.

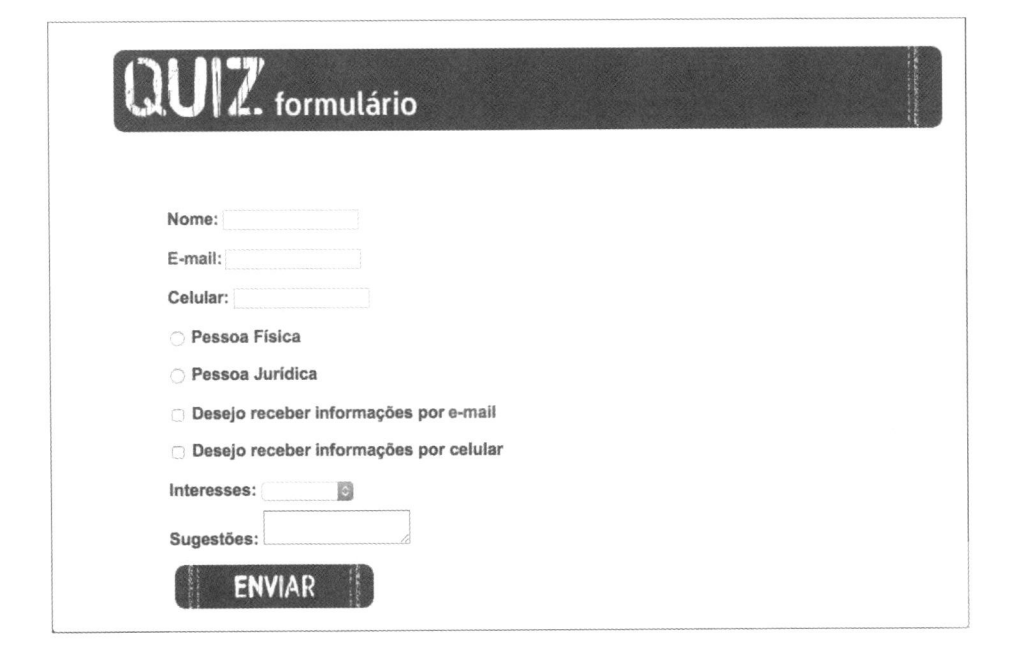

> Apenas alguns estilos estão aplicados no formulário. Lembre-se de que essa visualização no navegador é diferente daquela obtida no Dreamweaver no modo *Design*.

4. Teste o formulário, principalmente clicando no *label* (*nome*, *e-mail* e *celular*) e observando o cursor aparecer piscando na caixa de texto. Em seguida, teste o botão *Enviar*, que abre a página *obrigado.html*.
5. Feche a janela do navegador e retorne ao programa.

Organizando o conteúdo: *Conjunto de campos*

1. Selecione os primeiros itens do formulário conforme a seguir.

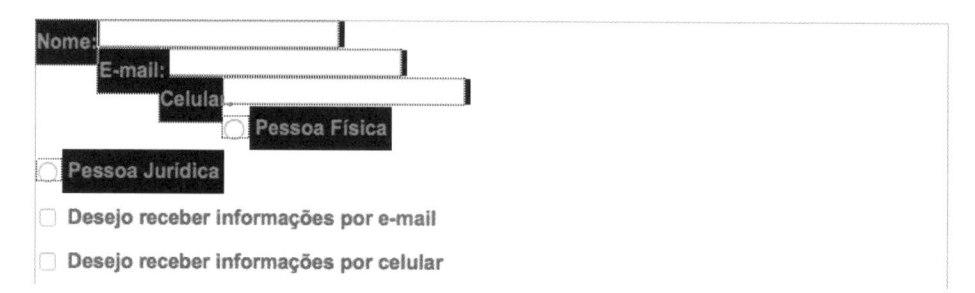

2. No painel *Inserir*, na opção *Formulário*, clique no botão *Conjunto de campos*.
3. Na janela *Conjunto de campos*, digite *Dados pessoais,* em seguida, clique no botão *OK*.
4. Selecione os itens conforme a seguir.

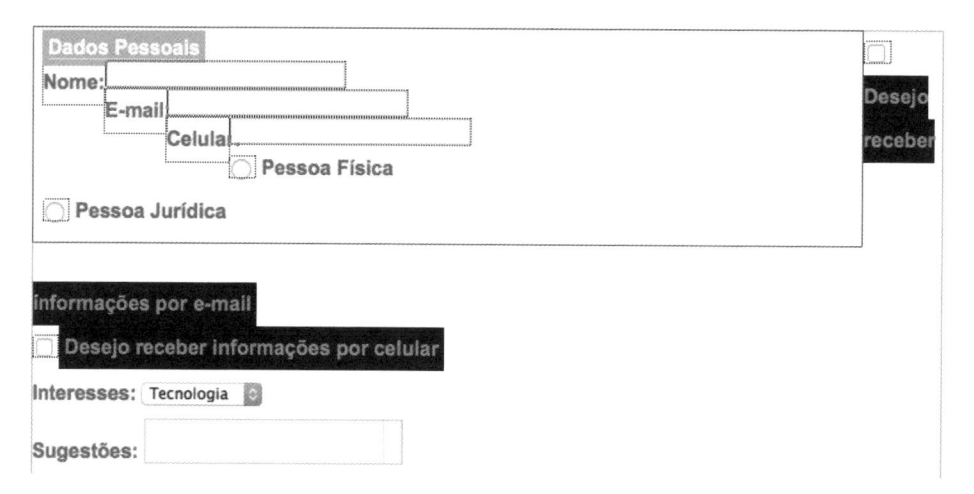

5. No painel *Inserir*, na opção *Formulários*, clique no botão *Conjunto de campos*.
6. Na janela *Conjunto de campos*, digite *Opt-in*, em seguida, clique no botão *OK*.
7. Selecione os itens conforme a seguir.

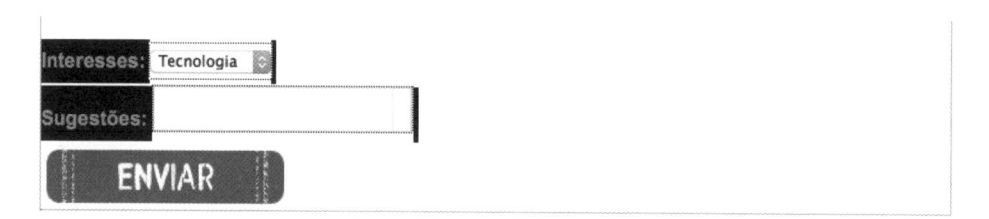

8. No painel *Inserir*, na opção *Formulário*, clique no botão *Conjunto de campos*.
9. Na janela *Conjunto de campos*, digite *Sugestões de interesse*, em seguida, clique no botão *OK*.
10. Salve o documento.

Painel *Estilos CSS*

Observe no painel *CSS Designer* que existe uma folha de estilo específica para os itens do formulário: *estilo_form.css*. Por essa razão, você tem inserido os elementos e eles já apresentam um aspecto diferente do padrão. Observe os seletores utilizados nessa folha de estilos. A grande maioria está baseada nos próprios elementos HTML e nos seus atributos, com exceção dos estilos do tipo classe *linha* e *botao*, que serão implementados nos próximos passos.

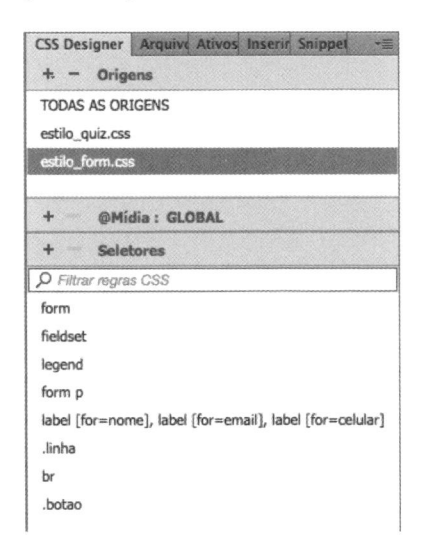

1. Clique na caixa de entrada de texto referente ao *nome*; em seguida, no painel *Propriedades*, na caixa *Classe*, escolha a opção *linha*.

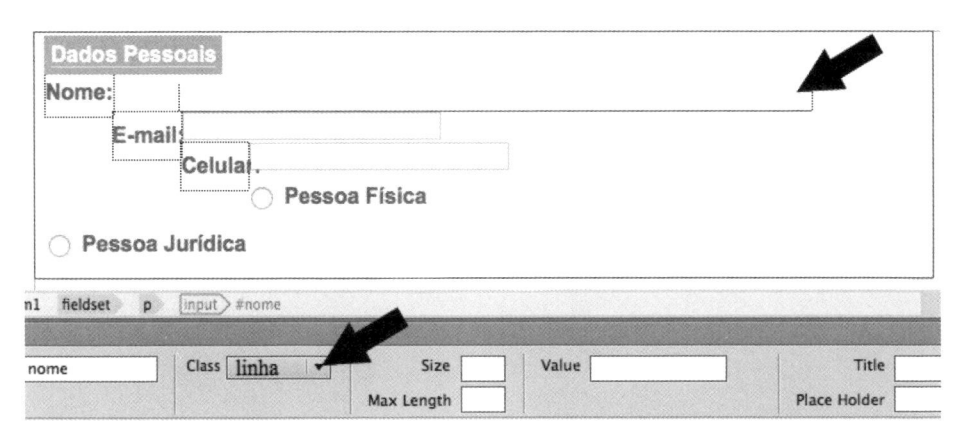

2. Repita o procedimento anterior com as caixas de entrada de texto relativas aos itens *e-mail* e *celular*.

3. Clique na imagem do botão *Enviar*; em seguida, no painel *Propriedades*, na caixa *Classe*, escolha a opção *botao*.

4. Salve o documento.

5. Ative o modo *Dinâmica* para observar o resultado final dos estilos.

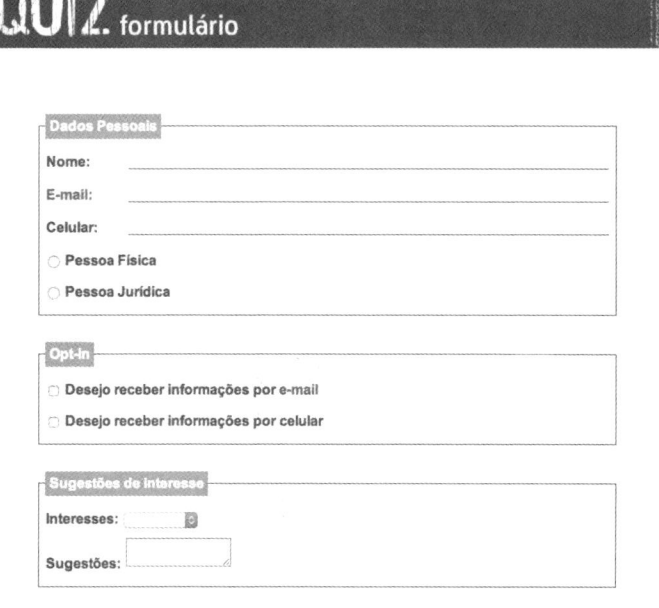

QUIZ formulário

Dados Pessoais
- Nome:
- E-mail:
- Celular:
- ○ Pessoa Física
- ○ Pessoa Jurídica

Opt-In
- ☐ Desejo receber informações por e-mail
- ☐ Desejo receber informações por celular

Sugestões de interesse
- Interesses:
- Sugestões:

ENVIAR

6. Ative o modo *Design* para voltar ao modo de edição.

Validando o formulário

1. Clique na imagem do botão *Enviar*.

2. Abra o painel *Comportamentos* (*Shift* + *F4*).

3. Clique no sinal + do painel e, em seguida, clique na opção *Validar formulário*.

4. Na janela *Validar formulário*, clique em cada um dos campos e ative a caixa *Necessário*. Em seguida, clique no botão *OK*.

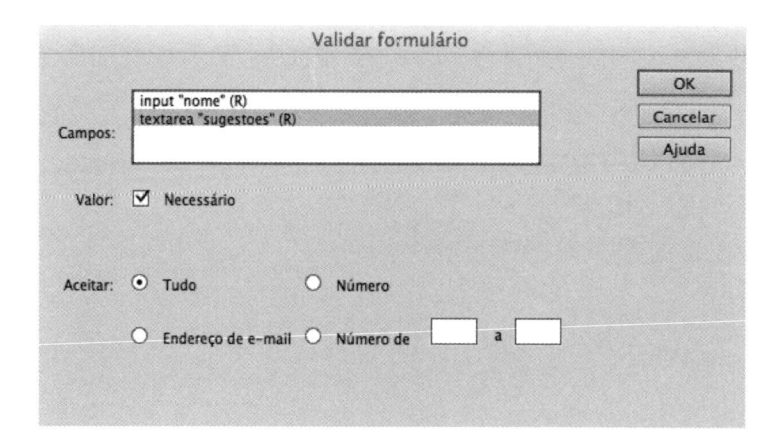

5. Clique no botão *Código* para visualizar a área de código da página e alterar as mensagens de erro para o português.

6. Na área de código, altere as frases indicadas conforme a seguir, ou utilize suas próprias frases:

```javascript
 8   <script type="text/javascript">
 9   function MM_validateForm() { //v4.0
10     if (document.getElementById){
11       var i,p,q,nm,test,num,min,max,errors='',args=MM_validateForm.arguments;
12       for (i=0; i<(args.length-2); i+=3) { test=args[i+2]; val=document.getElementById(args[i]);
13         if (val) { nm=val.name; if ((val=val.value)!="") {
14           if (test.indexOf('isEmail')!=-1) { p=val.indexOf('@');
15             if (p<1 || p==(val.length-1)) errors+='- '+nm+' must contain an e-mail address.\n';
16           } else if (test!='R') { num = parseFloat(val);
17             if (isNaN(val)) errors+='- '+nm+' must contain a number.\n';
18             if (test.indexOf('inRange') != -1) { p=test.indexOf(':');
19               min=test.substring(8,p); max=test.substring(p+1);
20               if (num<min || max<num) errors+='- '+nm+' must contain a number between '+min+' and '+max+'.\n';
21         } } } else if (test.charAt(0) == 'R') errors += '- '+nm+' is required.\n'; }
22       } if (errors) alert('The following error(s) occurred:\n'+errors);
23       document.MM_returnValue = (errors == '');
24   } }
25   </script>
26   </head>
```

- linha 15: *precisa conter um endereço válido de e-mail;*
- linha 17: *precisa conter um número;*
- linha 20: *precisa conter um número entre mín e máx;*
- linha 21: *é obrigatório;*
- linha 22: *ocorreram os seguintes erros:.*

A numeração das linhas do código pode variar. Observe a marcação na imagem e faça a correspondência de acordo com sua numeração.

7. Ative o modo *Design*.
8. Salve esse documento.
9. Pressione a tecla *F12 (Opt + F12)* para visualizar a página no navegador. Teste a validação clicando no botão *Enviar* sem ter preenchido nada do formulário e observe a mensagem de alerta do navegador. Clique no botão *OK*.
10. Feche a janela do navegador para retornar ao programa.
11. Feche o seu arquivo.
12. Feche o programa.

Resumo do capítulo

Para	Procedimento	Botão/teclas de atalho
Inserir um link falso	No painel *Propriedades*, clique na caixa *Link* e digite #.	Link #
Abrir o painel *Comportamentos*	Clique no menu *Janela/Comportamentos*.	*Shift + F4*
Inserir um comportamento	Selecione o elemento; no painel *Comportamentos*, clique no sinal +.	Comportamentos Tag <a>
Inserir um elemento de formulário	Utilize o painel *Inserir/Formulários*.	CSS Des Arquivo Ativos Inserir Snippets Formulário

Exercícios propostos

1. Crie um mapeamento para os exercícios propostos deste capítulo (pasta *cap4_propostos*).
2. Na página *comportamentos/comportamentos_01.html*, implemente os comportamentos conforme a seguir:
   - abrir janela do navegador no texto.
     Parâmetros – arquivo: *nova_janela.html*; largura: *320*; altura: *430*; apenas *Alças de redimensionamento*; nome da janela: *janela1*;
   - abrir janela do navegador na imagem.
     Parâmetros – arquivo: *nova_janela.html*; largura: *320*; altura: *430*; apenas *Alças de redimensionamento*; nome da janela: *janela2*;
   - trocar imagem: substituir *imagem botao1.jpg* por *botao1_hover.jpg*;

(cont.)

- ir para URL: adicionar comportamento na imagem.
  URL: *http://www.sp.senac.br*;

- mensagem pop-up: adicionar comportamento na imagem.
  Texto: *Mensagem pop-up: Uma janela que se abre com informações para o visitante. Você escolhe o texto!*

Todos os estilos já estão implementados.

3. Na página *nova_janela.html*, implemente o comportamento na imagem do botão *Fechar*:

    - Chamar JavaScript: *window.close()*;

4. Na página *comportamentos/comportamentos_02.html*, implemente nos botões os comportamentos conforme a seguir:

    - alterar propriedade – *backgroundColor*:
        - alterar a propriedade *backgroundColor* da *div trocaBack* – *onMouseOver*: *#9999CC*; *onMouseOut*: *#FFCC99*.
    - definir texto:
        - definir texto do recipiente:
        - *onMouseOver* – recipiente: *alteraTexto*/texto: *Olá! Agora o texto foi alterado!*;
        - *onMouseOut* – recipiente: *alteraTexto*/texto: *Para alterar o texto deste elemento DIV*.
    - mostrar/ocultar elementos:
        - *onMouseOver* – elemento: *comportamento/ocultar*;
        - *onMouseOut* – elemento: *comportamento/mostrar*.

Anotações

5
Aumentando a produtividade

OBJETIVO

- Trabalhar com os recursos de produtividade: layout pronto, modelo, reserva e substituição de imagem, elementos em Flash, áudio, vídeo, arquivo OAM do Edge Animate e elementos *jQuery UI*

É muito fácil trabalhar com a interface gráfica do Dreamweaver para a criação de websites, mas pode ser ainda mais fácil e rápido quando você lança mão das ferramentas de produtividade que facilitam o dia a dia, garantindo um fluxo de trabalho mais rápido e resultando em projetos de fácil manutenção.

Projeto "Brinquedoteca"

Resumo:

* Website de divulgação do projeto "Brinquedoteca".

Objetivo:

* Divulgar formas diferentes de brincar, assim como outros projetos de parceiros com a mesma temática.

Estrutura:

* Website com uma página inicial, três complementares e divulgação de parceiros. Todas as páginas devem ser acessíveis a qualquer momento.

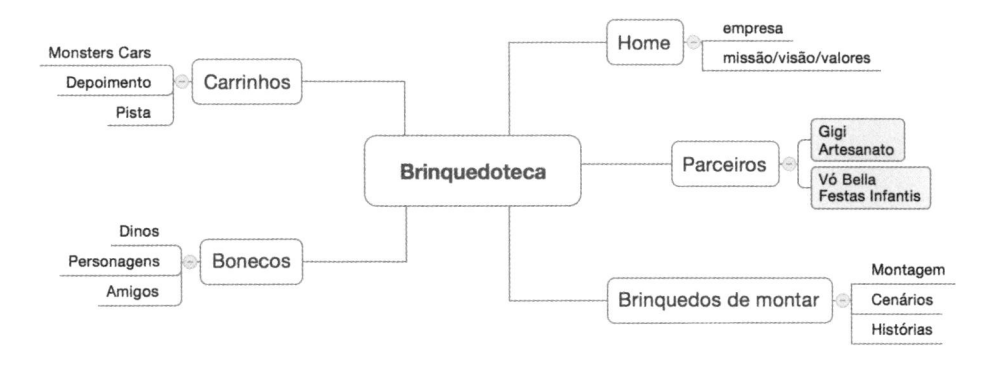

```
Monsters Cars
  Depoimento ─┐
  Pista       ├─ Carrinhos ─┐
                            │                    ┌─ Home ─┬─ empresa
                            │                    │        └─ missão/visão/valores
                            ├─ Brinquedoteca ────┤
                            │                    │                  ┌─ Gigi Artesanato
                            │                    ├─ Parceiros ──────┤
                            │                    │                  └─ Vó Bella Festas Infantis
  Dinos                     │                    │
  Personagens ─┐            │                    │                        ┌─ Montagem
  Amigos       ├─ Bonecos ──┘                    └─ Brinquedos de montar ─┼─ Cenários
                                                                          └─ Histórias
```

Atividade 1 – Criando um modelo com base em um layout pronto

Objetivos:
* Trabalhar com layouts prontos.
* Trabalhar com modelos.

Tarefas:
* Criar um novo mapeamento.
* Criar um HTML com base em um layout pronto.
* Inserir regiões editáveis.
* Salvar o modelo.
* Criar as páginas com base nesse modelo.
* Alterar o modelo depois de todo o projeto pronto.
* Observar os resultados no navegador.

Desde a versão CS5, o Dreamweaver aprimorou o recurso de layouts prontos, utilizando regras de estilo muito mais fáceis de administrar, além do código comentado em português para os usuários que instalaram o programa nesse idioma. Sendo assim, está muito mais fácil começar um projeto já com uma base pronta com aspecto profissional.

Para tornar o processo mais prático, você pode associar o uso da ferramenta *Modelo*, que funciona como um papel de carta dentro do programa, em que parte do conteúdo é fixo e parte é editável. Você começa com o layout, estruturando o aspecto básico das suas páginas; em seguida, seleciona quais serão as áreas de conteúdo editável, ou seja, as áreas que poderão ser alteradas. Imagine uma estrutura simples de cabeçalho, conteúdo e rodapé. Nesse pequeno exemplo, apenas a região central será considerada editável; as outras duas permanecerão as mesmas ao longo de todo o site. Você poderá definir quantas regiões editáveis precisa para seu projeto. A facilidade de trabalhar com *Modelo* dentro do programa é justamente a possibilidade de edições posteriores à conclusão do projeto. Qualquer alteração no modelo será automaticamente transmitida para todas as páginas que o utilizam como referência.

Mapeamento

1. Na janela de abertura, clique no botão *Config. Site*.

2. Na janela *Configuração do site*, na caixa *Nome do site*, digite o nome do projeto: *Brinquedoteca*.

3. Na opção *Pasta do site local*, clique na pasta ao lado da caixa de entrada de texto.

4. Na janela *Escolher pasta raiz*, clique no botão *Desktop/Área de Trabalho*; em seguida, clique duas vezes na pasta *dream-cc* e duas vezes novamente na pasta *brinquedoteca*. Finalize com um clique no botão *Escolher/Selecionar pasta*.

5. Ao retornar para a janela *Configuração do site*, clique no botão *Salvar*.

Layout pronto

1. Na janela de abertura, clique no botão *Mais* da área *Criar novo*.

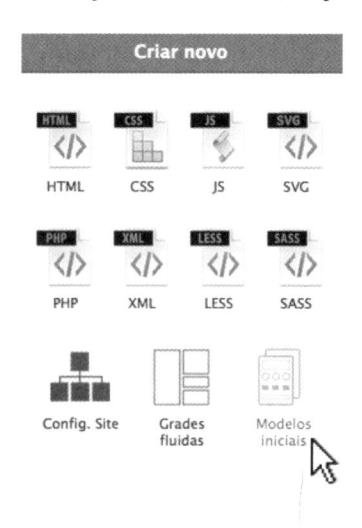

Aumentando a produtividade

2. Na janela *Novo documento*, escolha as opções: *Página em branco*; *Tipo de página*: *HTML*; *Layout*: *2 colunas fixas, barra lateral direita, cabeçalho e rodapé*. Em seguida, clique no botão *Criar*.

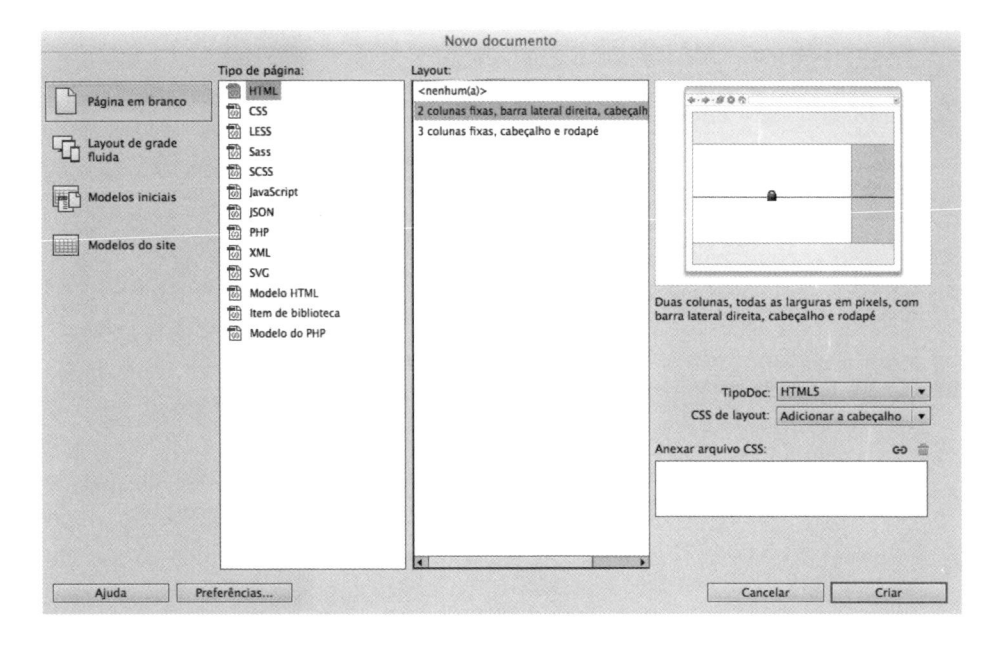

Esse procedimento escolhe um dos layouts prontos oferecidos pelo programa para o início do projeto. Ao clicar no nome do modelo, você pode visualizar o aspecto antes de clicar no botão *Criar*, facilitando o processo de escolha.

> Você também pode chegar a essa janela clicando no menu *Arquivo*, depois na opção *Novo*.

3. O layout pronto será aberto na sua página com um pequeno texto de exemplo, oferecendo algumas dicas sobre os estilos. Utilize a barra de rolagem para visualizar o conteúdo.

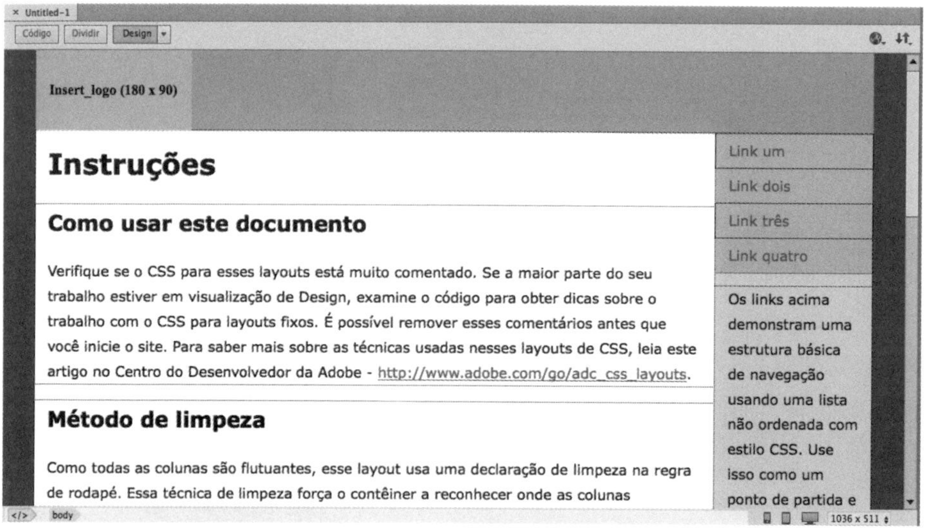
Untitled-1
Código
Dividir
Design
Insert_logo (180 x 90)
Instruções
Como usar este documento
Verifique se o CSS para esses layouts está muito comentado. Se a maior parte do seu trabalho estiver em visualização de Design, examine o código para obter dicas sobre o trabalho com o CSS para layouts fixos. É possível remover esses comentários antes que você inicie o site. Para saber mais sobre as técnicas usadas nesses layouts de CSS, leia este artigo no Centro do Desenvolvedor da Adobe - http://www.adobe.com/go/adc_css_layouts.
Método de limpeza
Como todas as colunas são flutuantes, esse layout usa uma declaração de limpeza na regra de rodapé. Essa técnica de limpeza força o contêiner a reconhecer onde as colunas
Link um
Link dois
Link três
Link quatro
Os links acima demonstram uma estrutura básica de navegação usando uma lista não ordenada com estilo CSS. Use isso como um ponto de partida e
body
1036 x 511

4. Ative o modo *Dinâmica* e passe o mouse sobre os links para observar o estilo aplicado; em seguida, ative o modo *Design* para retornar ao modo de edição.
5. No painel *CSS Designer*, clique em *<style>* para observar os estilos do modelo escolhido.

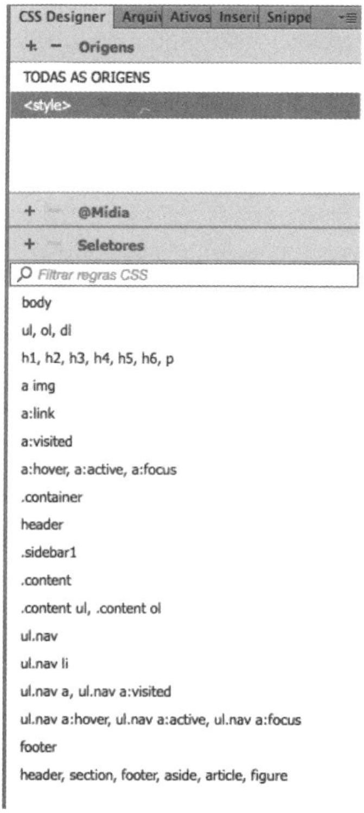
CSS Designer
Origens
TODAS AS ORIGENS
<style>
@Mídia
Seletores
Filtrar regras CSS
body
ul, ol, dl
h1, h2, h3, h4, h5, h6, p
a img
a:link
a:visited
a:hover, a:active, a:focus
.container
header
.sidebar1
.content
.content ul, .content ol
ul.nav
ul.nav li
ul.nav a, ul.nav a:visited
ul.nav a:hover, ul.nav a:active, ul.nav a:focus
footer
header, section, footer, aside, article, figure

Todo o aspecto do layout pronto pode ser alterado por meio desses estilos.

6. No painel *CSS Designer*, clique em <style> e, na área *Seletores*, clique no estilo *header*; em seguida, na área *Propriedades*, altere a cor background para #FFF.

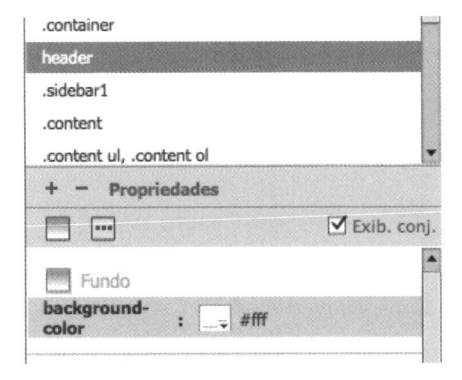

Observe que agora o cabeçalho da página está branco.

Modelo – Inserindo região editável

1. Clique na primeira linha do conteúdo, onde está escrito *Instruções*; em seguida, na barra seletora de elementos, clique em *article*.

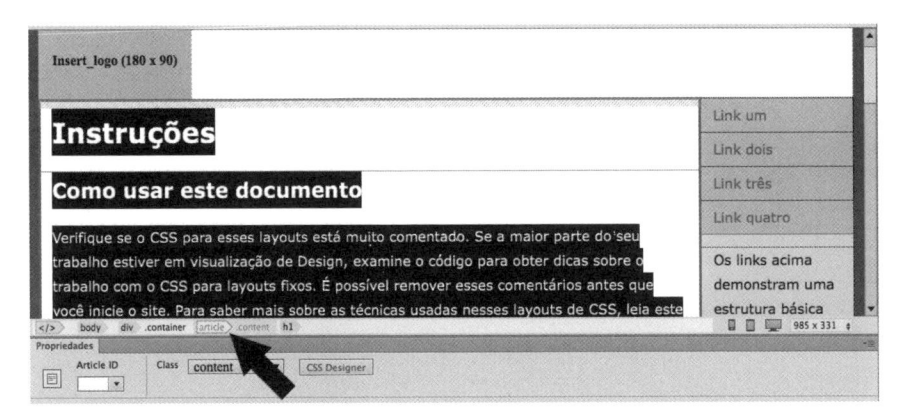

2. No painel *Inserir* e na opção *Modelos*, clique no botão *Região editável*.

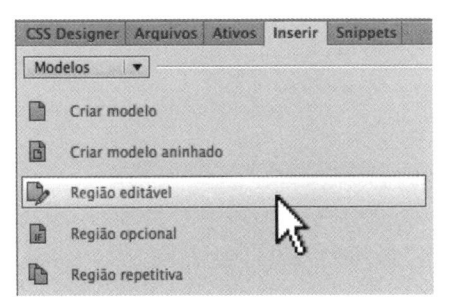

3. O programa vai informar que transformará o documento em um modelo, clique em *OK*.

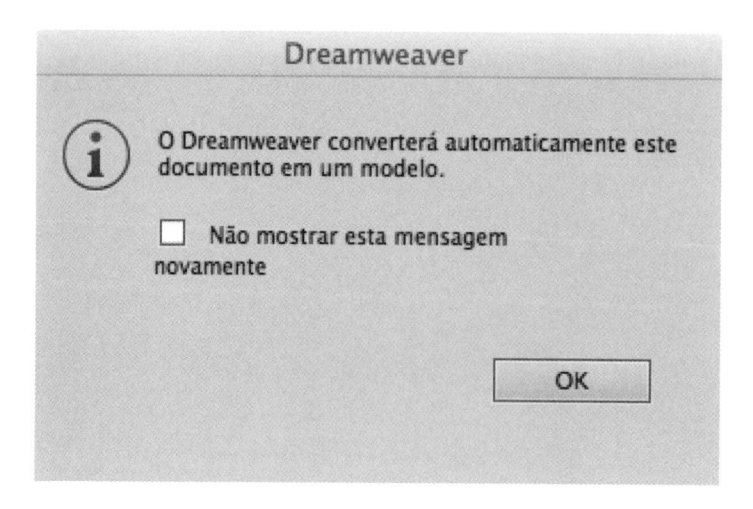

> **Dreamweaver**
>
> O Dreamweaver converterá automaticamente este documento em um modelo.
>
> ☐ Não mostrar esta mensagem novamente
>
> OK

4. Na janela *Nova região editável*, digite *conteudo*, que será o nome da região editável selecionada; em seguida, clique no botão *OK*.

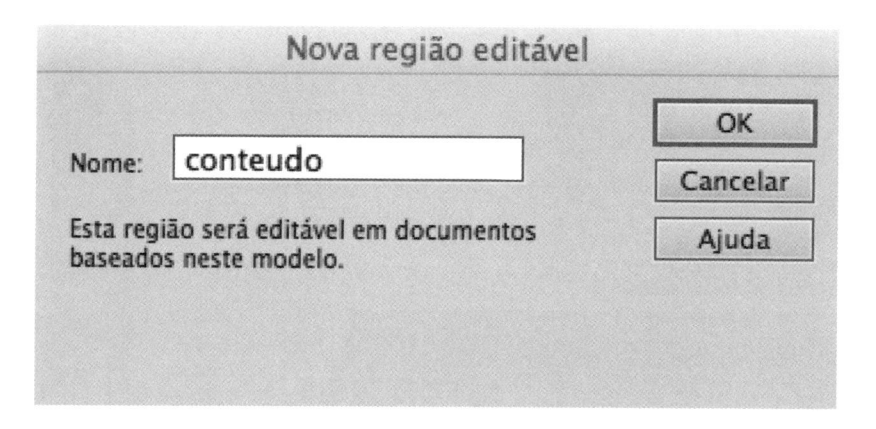

> **Nova região editável**
>
> Nome: conteudo
>
> Esta região será editável em documentos baseados neste modelo.
>
> OK
> Cancelar
> Ajuda

O programa marca a região escolhida com o nome indicado:

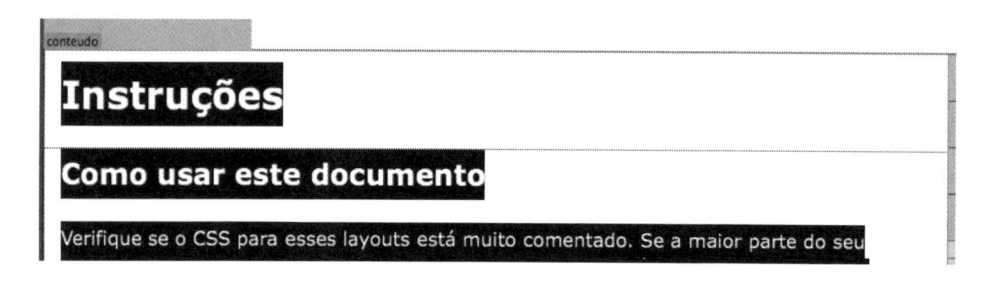

> conteudo
>
> **Instruções**
>
> **Como usar este documento**
>
> Verifique se o CSS para esses layouts está muito comentado. Se a maior parte do seu

5. Clique no menu *Arquivo*, em seguida, clique na opção *Salvar como modelo*.

6. Na janela *Salvar como modelo*, observe que o modelo será salvo no mapeamento *Brinquedoteca*. Na caixa *Salvar como*, digite *base-site*, em seguida, clique no botão *Salvar*.

Observe no painel *Arquivos* que foi criada uma pasta *Templates* dentro da sua pasta mapeada, e que o arquivo *base-site.dwt* foi salvo dentro dela.

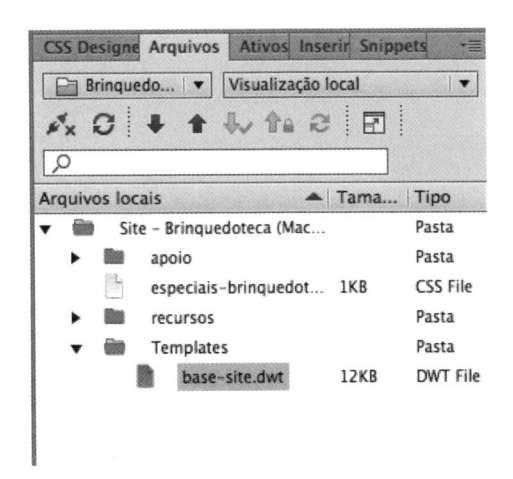

7. Clique no sinal x da aba do nome do arquivo e feche o documento.

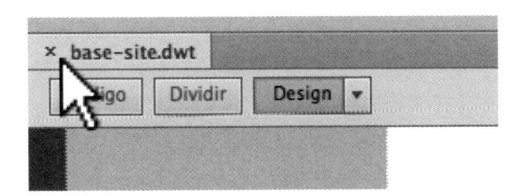

Modelo – Criando páginas por meio de um modelo

1. Na janela de abertura, clique no botão *Modelos iniciais*.
2. Na janela *Novo documento*, clique na opção *Modelos do site*, em seguida, clique na opção *Brinquedoteca* e depois em *base-site*. Verifique se a caixa *Atualizar a página quando o modelo for alterado* está ativa. Finalize com um clique no botão *Criar*.

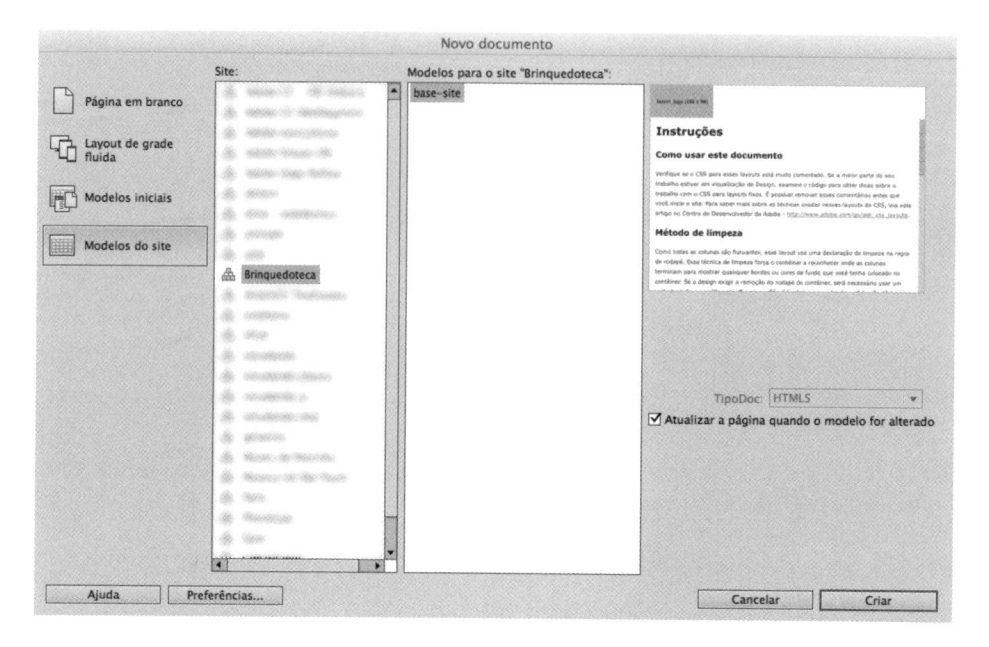

O programa abre o modelo. Observe que, ao passar o mouse sobre a página, apenas a região definida como editável pode receber alterações, estando todo o resto bloqueado para edição:

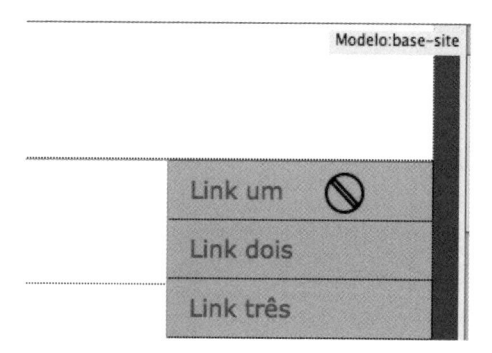

3. Altere o título da página para *Brinquedoteca*, e salve o arquivo como *index.html*. Use a opção *Arquivo*, em seguida *Salvar como*.

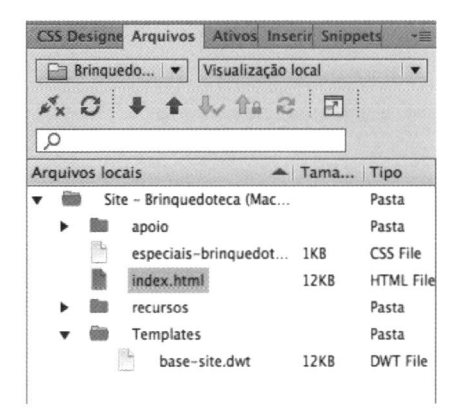

4. No painel *Arquivos*, abra a pasta *apoio* e clique duas vezes sobre o arquivo *home.txt*. Selecione todo o conteúdo e copie.

5. Clique na aba do arquivo *index.html*. Apague o conteúdo da região editável *conteudo* e cole o conteúdo copiado anteriormente.

6. Altere os títulos e os subtítulos conforme a seguir:

    - Brinquedoteca: *Cabeçalho 1*;
    - Missão, Visão, Valores: *Cabeçalho 2*.

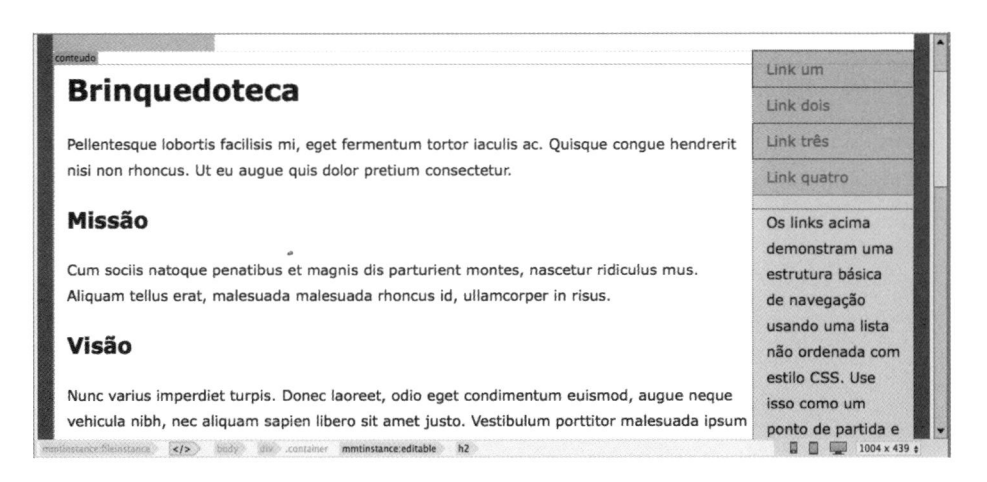

7. Salve e feche esse documento.

8. Feche o arquivo *home.txt*.

9. No painel *Arquivos*, na pasta *apoio*, clique duas vezes sobre o arquivo *parceiros.txt*.

10. Clique no menu *Arquivo* e na opção *Novo*. Na janela *Novo documento*, clique na opção *Modelos do site*, em seguida, clique na opção *Brinquedoteca* e depois em *base-site*. Verifique se a caixa *Atualizar a página quando o modelo for alterado* está ativa. Finalize com um clique no botão *Criar*.

11. Altere o título da página para *Parceiro: Gigi Artesanato* e salve o arquivo como *par-gigi-artesanato.html*. Use a opção *Arquivo*, em seguida *Salvar como*.

12. Clique na aba do arquivo *parceiros.txt*, selecione o primeiro título, os dois parágrafos seguintes e copie-os.

13. Clique na aba do arquivo *par-gigi-artesanato.html*. Apague o conteúdo da região editável *conteudo* e cole o conteúdo copiado anteriormente.

14. Altere conforme a seguir:

    - Gigi Artesanato: *Cabeçalho 1*;
    - [imagem – *recursos/parceiros/artesanato.jpg*]: substitua pelo arquivo da imagem indicada (texto alternativo: *Gigi Artesanato*).

15. Salve e feche essa página.

16. Repita os procedimentos de 10 a 15 para criar mais uma página do projeto, observando as alterações:

    - título: *Vó Bella, Festas infantis*;
    - nome do arquivo: *par-vo-bella-festas.html*;
    - copie o segundo título e os dois parágrafos subsequentes;
    - cole o conteúdo na página *par-vo-bella-festas.html*;
    - Vó Bella, Festas infantis: *Cabeçalho 1*;
    - [imagem – *recursos/parceiros/festas-infantis.jpg*]: substitua pelo arquivo da imagem indicada (texto alternativo: *Vó Bella, Festas infantis*).

Vó Bella, Festas infantis

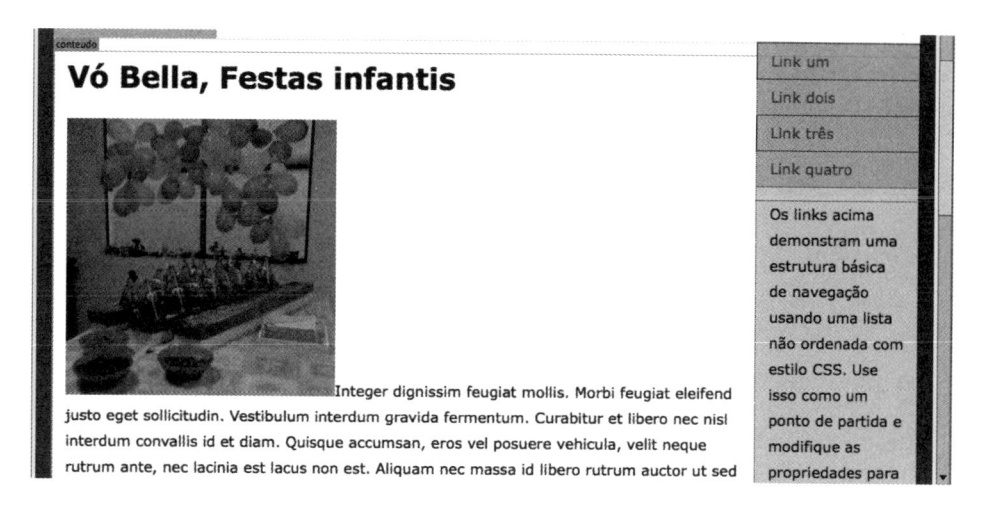

Integer dignissim feugiat mollis. Morbi feugiat eleifend justo eget sollicitudin. Vestibulum interdum gravida fermentum. Curabitur et libero nec nisl interdum convallis id et diam. Quisque accumsan, eros vel posuere vehicula, velit neque rutrum ante, nec lacinia est lacus non est. Aliquam nec massa id libero rutrum auctor ut sed

Link um
Link dois
Link três
Link quatro

Os links acima demonstram uma estrutura básica de navegação usando uma lista não ordenada com estilo CSS. Use isso como um ponto de partida e modifique as propriedades para

17. Feche o arquivo *parceiros.txt*.

Esse procedimento criou páginas utilizando o mesmo modelo. Dessa forma, ao alterar o modelo utilizado, tal alteração será transmitida automaticamente para todas essas páginas.

Modelo – Alterando um modelo existente

1. No painel *Arquivos*, na pasta *Templates*, clique duas vezes no arquivo *base-site.dwt*.
2. Na área de design, clique na imagem reservada para o logotipo.

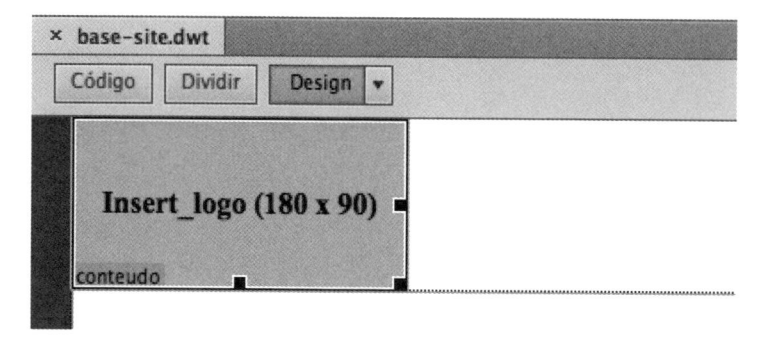

3. No painel *Propriedades*, clique na pasta (*Procurar arquivo*) ao lado da caixa *Orig*.

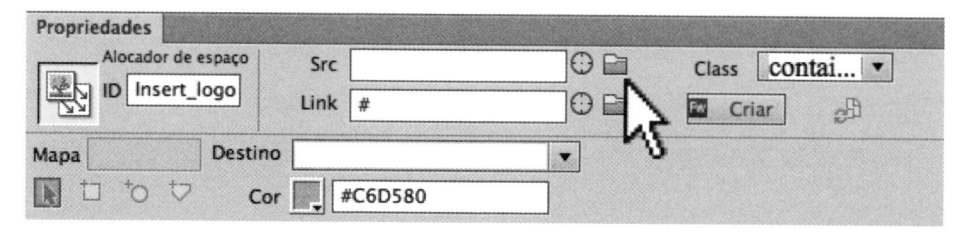

4. Na janela *Selecionar origem da imagem*, localize, na pasta *recursos/base*, o arquivo da imagem *logo.jpg*. Em seguida, clique no botão *OK* (*Abrir*).

5. Ainda com a imagem selecionada, no painel *Propriedades*, clique na caixa *Alt* e digite: *Brinquedoteca*.

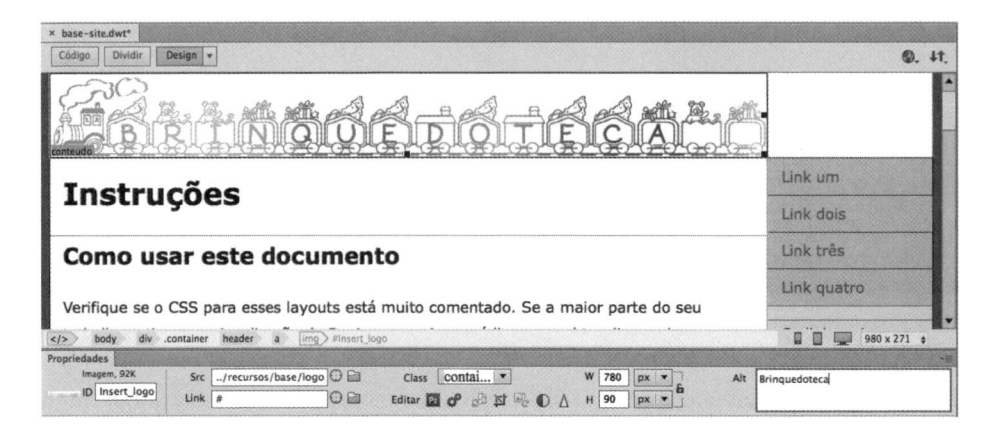

Observe que na caixa *Orig* consta o caminho relativo à página indicada, pois o arquivo do modelo está no mesmo nível da pasta *recursos*, que contém a pasta *base* com a imagem.

6. Ajuste o painel *Arquivos* para exibir o arquivo *index.html*. Não abra o arquivo, apenas ajuste para que ele seja visto.

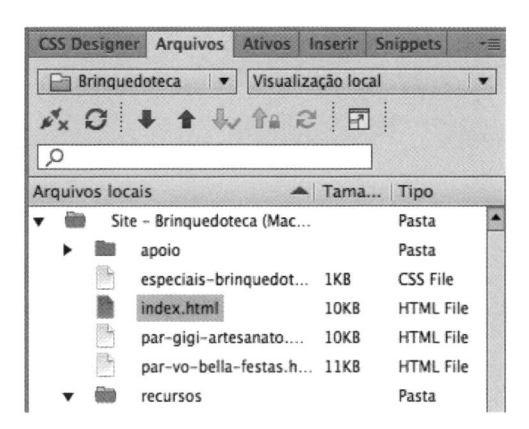

7. Com a imagem selecionada, no painel *Propriedades*, clique na alça de mira da caixa *Link* e arraste-a até o painel *Arquivos*, sobre o arquivo *index.html*.

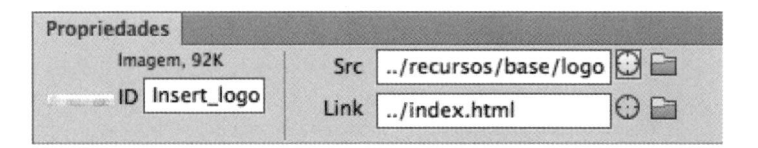

8. No painel *CSS Designer*, clique em *<style>*, em seguida em *header*. Na área *Propriedades*, altere:

   - grupo *Fundo* (a cor branca já foi adicionada alguns passos atrás):
     - *background-image* – url: *recursos/base/back-logo.jpg*;
     - *background-position*: *left bottom*;
     - *background-repeat*: *repeat-x*.

   > O endereço da imagem de fundo deve ser indicado exatamente como está na referência anterior: *recursos/base/back-logo.jpg*, sem a marcação ../. Isso porque o programa não faz o ajuste automático das imagens que estão no arquivo de estilo do template. A imagem não aparecerá nesta visualização, mas será exibida na página que usará o modelo.

9. Na área de design, na lateral direita do modelo, selecione todo o conteúdo que está abaixo dos links; em seguida, apague-o.

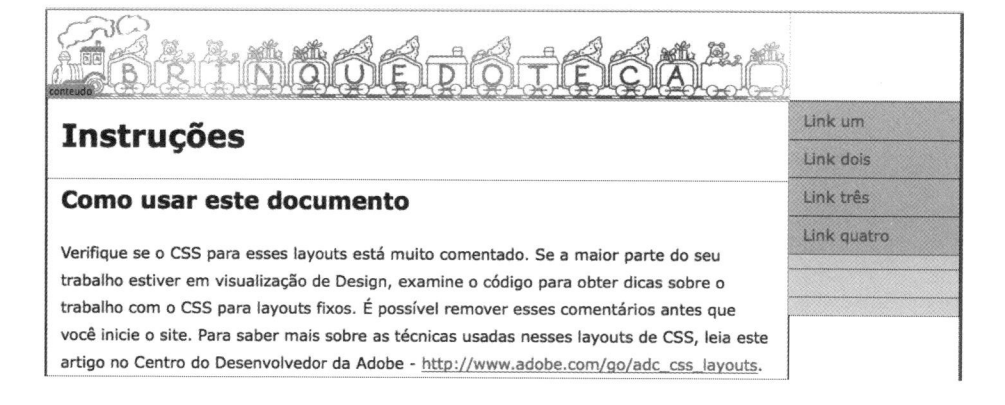

10. Nessa área, digite o texto *Parceiros:* e pressione *Enter* duas vezes. Em cada parágrafo criado, insira as imagens da pasta *recursos/home*: *artesanato.png* (texto alternativo: *Gigi Artesanato*) e *festa-infantil.png* (texto alternativo: *Vó Bella, Festas infantis*).

). Se a maior parte do seu
|o para obter dicas sobre o
:sses comentários antes que
nesses layouts de CSS, leia este
adobe.com/go/adc_css_layouts.

declaração de limpeza na regra
nhecer onde as colunas
que você tenha colocado no
ner, será necessário usar um
m<br class="clearfloat" /> ou

Link quatro

Parceiros:

11. Crie os links para as imagens, conforme a seguir:
    * *artesanato.png*: página *par-gigi-artesanato.html*;
    * *festa-infantil.png*: página *par-vo-bella-festas.html*.
12. Pressione as teclas *Ctrl + S* (*Cmd + S*) para salvar as alterações.
13. Na janela *Atualizar arquivos de modelo*, estão indicados todos os arquivos que necessitam de atualização, pois foram criados com base nesse modelo. Clique no botão *Atualizar* para que a atualização seja feita.

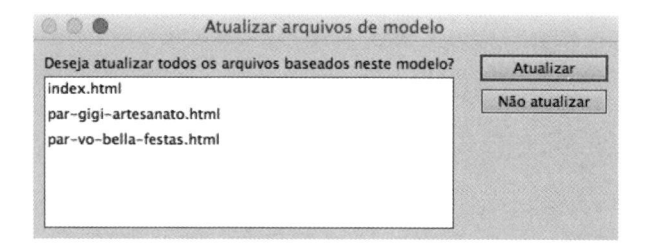

14. Aguarde até que apareça a palavra *Concluído* na janela *Atualizar páginas* (o botão *Concluído* fica desabilitado nesse momento); dê então um clique no botão *Fechar*.

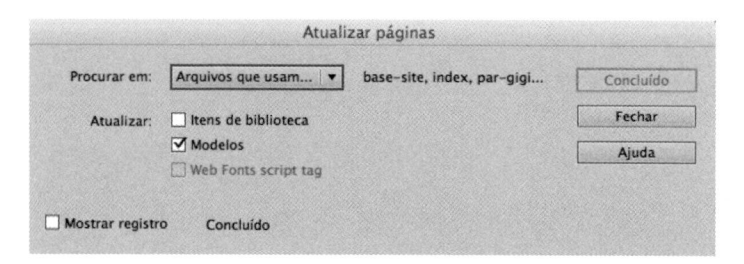

15. Feche o arquivo *base-site.dwt*.

16. No painel *Arquivos*, clique no arquivo *index.html*, em seguida, pressione a tecla *F12 (Opt + F12)* para visualizar o resultado da atualização no navegador.

> Não é necessário abrir o arquivo, basta clicar uma única vez e pressionar as teclas de atalho. É possível também clicar no nome do arquivo com o botão direito, escolher *Visualizar no navegador* e clicar no nome do navegador desejado.

17. Navegue pelos links das imagens dos parceiros e do logo no topo da página. Observe a imagem de fundo (trilhos do trem) no topo da página que não aparecia na visualização do arquivo *dwt* e que é exibida agora.

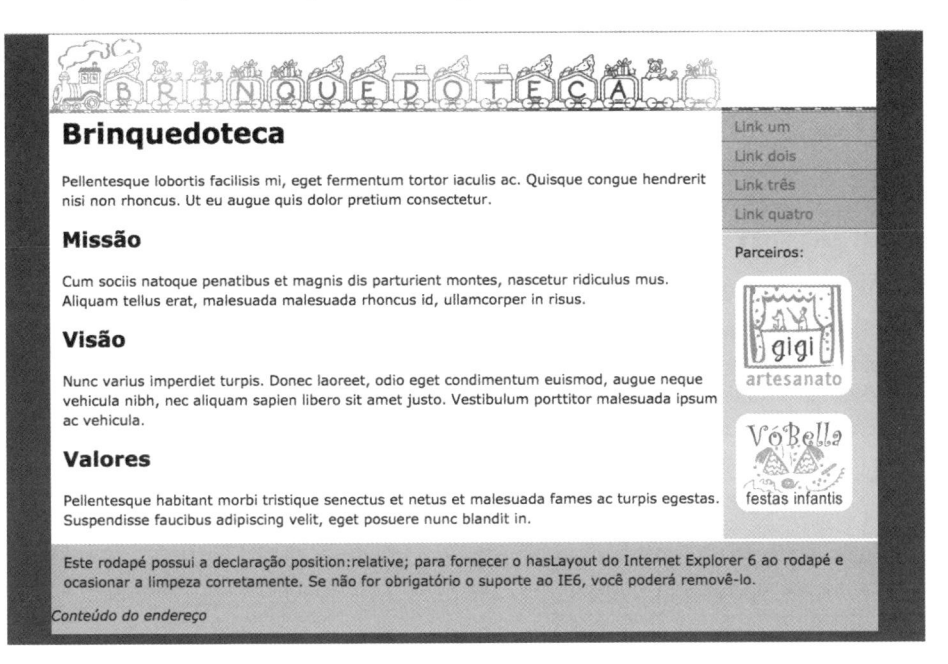

18. Feche a janela do navegador e retorne ao Dreamweaver.
19. Feche o programa ou continue na próxima atividade.

Atividade 2 – Inserindo elementos *jQuery UI*

Objetivo:
- Trabalhar com a inserção de elementos *jQuery UI*.

Tarefas:
- Criar um novo mapeamento.
- Criar novas páginas a partir do modelo.
- Inserir elemento *jQuery UI*: *Painéis sanfonados*.
- Inserir elemento *jQuery UI*: *Painéis com abas*.
- Inserir elemento *jQuery UI*: *Caixa de diálogo*.

Os elementos *jQuery UI* são uma combinação de HTML, CSS e JavaScript usando a biblioteca *jQuery*, tão importante e presente no dia a dia dos desenvolvedores web. Cada um desses elementos possui suas especificidades e um conjunto diferente de configurações possíveis. Os arquivos CSS e JS são criados automaticamente e você utiliza a interface do programa para fazer os ajustes de acordo com as suas preferências, de uma forma bastante amigável. É possível, como você fará em uma das próximas atividades, utilizar temas personalizados no site de temas do próprio site *jQuery UI*: *ThemeRoller* (http://jqueryui.com/themeroller).

Caso você esteja continuando da atividade anterior, vá direto ao passo 2 do item "Criando novas páginas a partir do modelo".

Criando novas páginas a partir do modelo

1. Abra o programa no mapeamento *Brinquedoteca*.

2. Clique no menu *Arquivo*, opção *Novo*. Na janela *Novo documento*, clique na opção *Modelos do site,* em seguida, clique na opção *Brinquedoteca* e depois em *base-site*. Verifique se a caixa *Atualizar a página quando o modelo for alterado* está ativa. Finalize com um clique no botão *Criar*.

3. Altere o título da página para *Carrinhos :: Brinquedoteca*, e salve o arquivo como *carrinhos.html*. Use a opção *Arquivo*, em seguida *Salvar como*.

4. Selecione todo o conteúdo da área *conteudo*, apague-o, digite *Carrinhos* na primeira linha e transforme em *Cabeçalho 1*. Pressione *Enter* para criar um parágrafo após o cabeçalho.

5. Salve o documento e mantenha-o aberto.

6. Repita os quatro procedimentos anteriores para criar mais duas páginas, alterando conforme a seguir:

    - Título: *Bonecos :: Brinquedoteca*;
    - Arquivo: *bonecos.html*;
    - Cabeçalho 1: *Bonecos*.

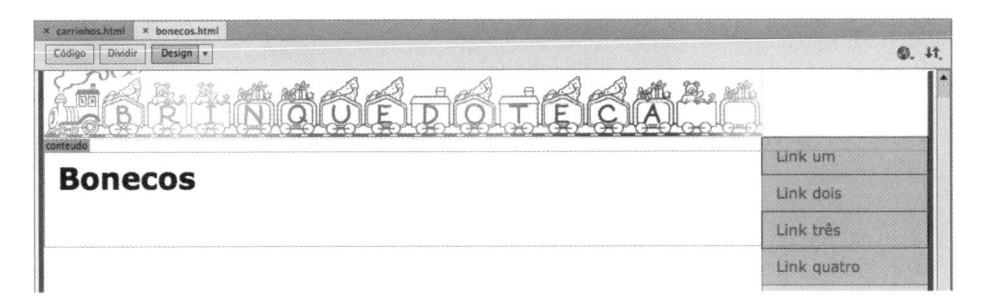

    - Título: *Brinquedos de montar :: Brinquedoteca*;
    - Arquivo: *brinquedos-de-montar.html*;
    - Cabeçalho 1: *Brinquedos de montar*.

Painel sanfonado

Inserir o painel sanfonado

1. Clique na aba do arquivo *brinquedos-de-montar.html* e deixe o cursor piscando no último parágrafo criado.

2. No painel *Inserir*, opção *jQuery UI*, clique no botão *Accordion*.

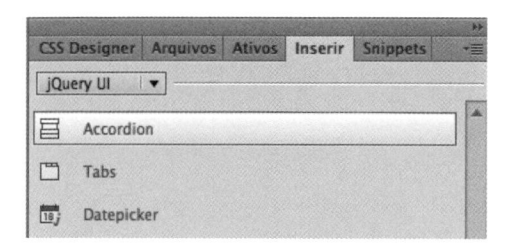

Esse procedimento cria automaticamente um conjunto de painéis e suas respectivas guias do tipo acordeão, prontos para receber qualquer tipo de conteúdo.

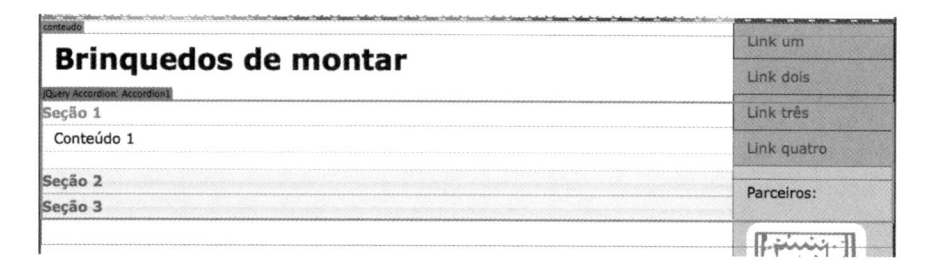

Alimentar o painel sanfonado

1. Selecione todo o texto *Seção 1*; em seguida, digite *Montagem*.
2. Selecione todo o texto *Conteúdo 1*, digite *Montagem* e transforme em *Cabeçalho 2*. Ao final, pressione a tecla *Enter*.
3. Coloque as imagens de *mont-01.jpg* a *mont-04.jpg* (todas na pasta *recursos/de-montar*) abaixo desse título, cada uma em um parágrafo. Para o texto alternativo, use os nomes de *montagem 1* a *montagem 4*. Pressione *Enter* ao final.
4. No painel *Arquivos*, na pasta *apoio*, abra o arquivo *demontar-montagem.txt* e copie seu conteúdo. Em seguida, cole o conteúdo copiado no parágrafo criado no passo anterior.
5. Salve o documento.
6. O programa avisará que o conteúdo necessário para a execução desse componente será criado e copiado na pasta *jQueryAssets*. Clique no botão *OK*.

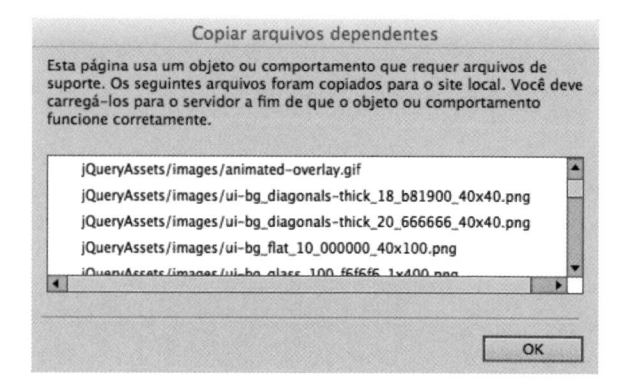

7. Passe o mouse sobre o texto *Seção 2* até que apareça o botão *Olho*. Clique nele para visualizar o conteúdo desse painel.

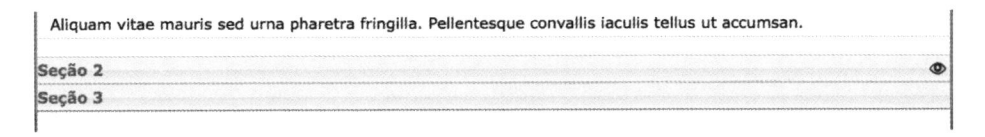

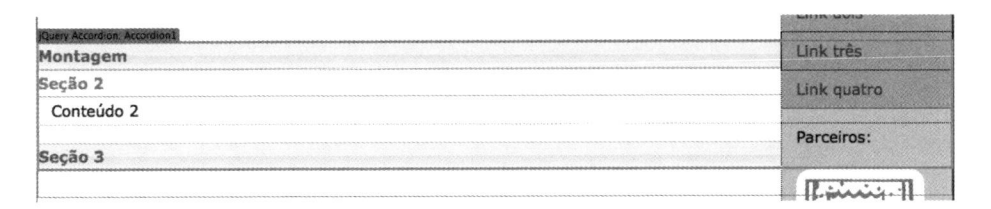

8. Repita os procedimentos 3 a 7, alterando:
   - Texto da seção 2: *Cenários*;
   - Conteúdo 2: transformar *Cenários* em *Cabeçalho 2*;
   - Imagens (pasta *recursos\de-montar*): *cen-sorveteria1.jpg* e *cen-sorveteria2.jpg*; textos alternativos: *sorveteria 1* e *sorveteria 2*;
   - Texto: *apoio\demontar-cenarios.txt*.
9. Repita os procedimentos 3 a 7, alterando:
   - Texto da seção 3: *Histórias*;
   - Conteúdo 3: transformar *Histórias* em *Cabeçalho 2*;
   - Imagens (pasta *recursos\de-montar*): *hist-montagem1.jpg* a *hist-montagem4.jpg*; textos alternativos de *histórias 1* a *histórias 4*;
   - Texto: *apoio\demontar-cenarios.txt*.
10. Feche os arquivos de texto.
11. Salve o seu arquivo.

Configurações gerais do painel sanfonado

Para ter acesso às configurações do painel sanfonado, é necessário clicar na aba azul dele.

1. Clique na aba azul *jQuery Accordion: Accordion1*.

2. No painel *Propriedades*, faça os ajustes conforme a seguir:
   - *ID*: *plBrinquedos*;
   - ativar caixa: *Collapsible*;
   - *Height Style*: *content*;
   - *Icons, Header*: *ui-icon-plus*; *Active Header*: *ui-icon-minus*.

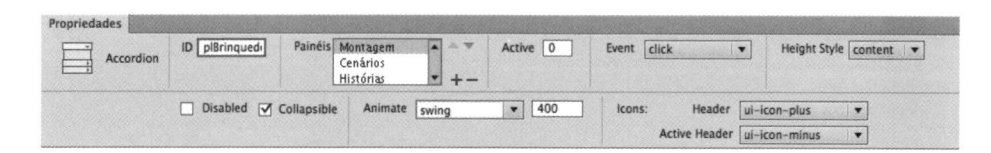

Para adicionar novos painéis no seu conjunto, clique no sinal + ao lado da opção *Painéis*. Para remover um painel, clique no nome do painel a ser removido e clique no sinal −. Para alterar a ordem dos painéis, selecione o painel que deseja mover e use as setas para cima e para baixo dessa área.

Ao lado dessa área, a opção *Active* indica qual painel estará aberto inicialmente, sendo o primeiro indicado por *0*, o segundo por *1* e assim sucessivamente. Se preferir que todos os painéis estejam inicialmente fechados, indique um número de painel que não exista; nesse exemplo, *3* seria suficiente.

3. Salve esse documento.
4. Ative o modo *Dinâmica* para observar o resultado final desse componente e experimentar a interação por meio das barras.
5. Ative o modo *Design* para voltar ao modo de edição da página.

> Os ajustes no layout serão feitos nos próximos passos.

Painel de abas

Inserir o painel de abas

1. Clique na aba do arquivo *bonecos.html* e deixe o cursor piscando no último parágrafo criado.
2. No painel *Inserir*, opção *jQuery UI*, clique no botão *Tabs*.

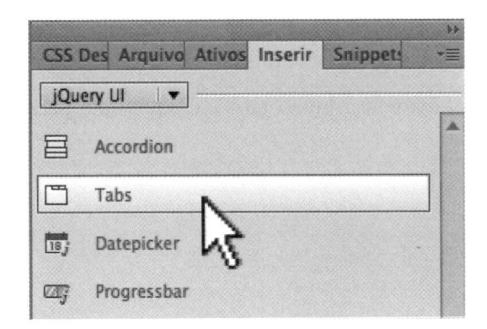

Esse procedimento cria automaticamente um conjunto de painéis e suas respectivas abas, prontas para receber qualquer tipo de conteúdo.

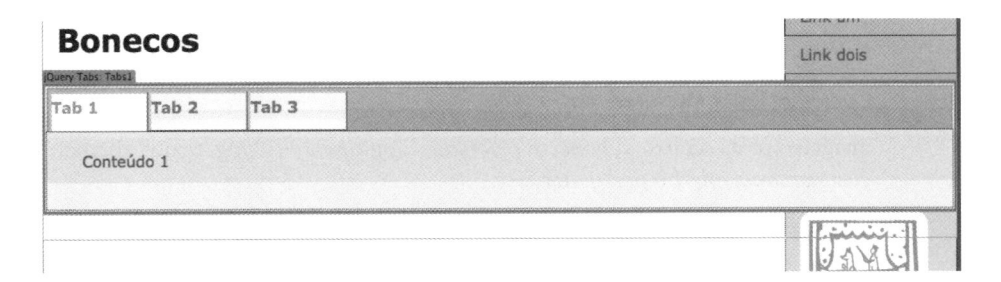

Alimentar as abas

1. Selecione o texto *Tab 1*, pressione a tecla *Delete*, em seguida, digite *Dinos*.

2. Selecione o texto *Conteúdo 1*, pressione a tecla *Delete*, em seguida, digite *Dinos* e transforme em *Cabeçalho 2*. Ao final, pressione a tecla *Enter*.

3. Coloque as imagens *dino-1.jpg* e *dino-2.jpg* (todas na pasta *recursos/\bonecos*) abaixo desse título, cada uma em um parágrafo. Para o texto alternativo, use os nomes de *dinossauros 1* e *dinossauros 2*. Pressione *Enter* ao final.

> Você pode usar o painel *Ativos* e a opção *Imagens* para inserir as imagens: na área de design, mantenha o cursor piscando no parágrafo desejado; no painel *Ativos* e na opção *Imagens*, clique na imagem desejada, em seguida, clique no botão *Inserir*.

4. No painel *Arquivos*, na pasta *apoio*, abra o arquivo *bonecos-dinos.txt* e copie seu conteúdo. Em seguida, cole o conteúdo copiado para o parágrafo criado no passo anterior.

5. Salve o documento.

6. O programa avisará que o conteúdo necessário para a execução desse componente será criado e copiado na pasta *jQueryAssets*. Clique no botão *OK*.
7. Passe o mouse sobre a aba *Tab 2* até que apareça o botão *Olho*. Clique nele para visualizar o conteúdo dessa aba.

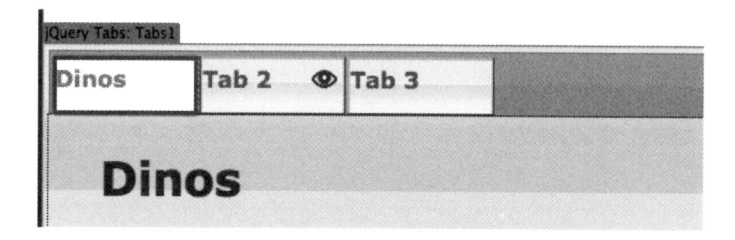

8. Repita os procedimentos de 6 a 10, substituindo:
   - *Tab 2* por *Personagens*;
   - *Conteúdo 2* por *Personagens*;
   - imagens (pasta *recursos\/bonecos*): *person-1.jpg* e *person-2.jpg*; textos alternativos: *personagens 1* e *personagens 2*;
   - texto (pasta *apoio*): *bonecos-personagens.txt*.
9. Passe o mouse sobre a aba *Tab 3* até que apareça o botão *Olho*. Clique nele para visualizar o conteúdo dessa aba.
10. Repita os procedimentos de 6 a 10, substituindo:
    - *Tab 3* por *Amigos*;
    - *Conteúdo 2* por *Amigos*;
    - imagens (pasta *recursos\/bonecos*): *amigos.jpg*; texto alternativo: *amigos*;
    - texto (pasta *apoio*): *bonecos-amigos.txt*.
11. Feche os arquivos de texto.

Configurações gerais do painel de abas

Para ter acesso às configurações do painel sanfonado, é necessário clicar na aba azul dele.

1. Clique na aba azul *jQuery UI: Tabs1*.

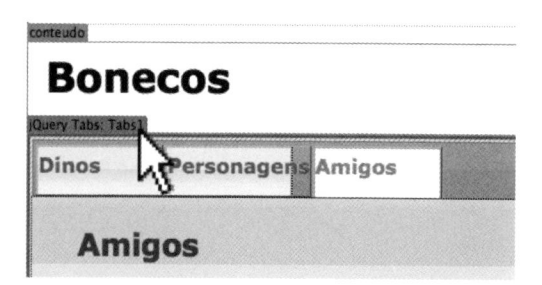

2. No painel *Propriedades*, faça os ajustes conforme a seguir:
   - *ID*: *plBonecos*;
   - *Hide*: *Fade*;
   - *Show*: *Fade*;
   - *Height Style*: *content*.

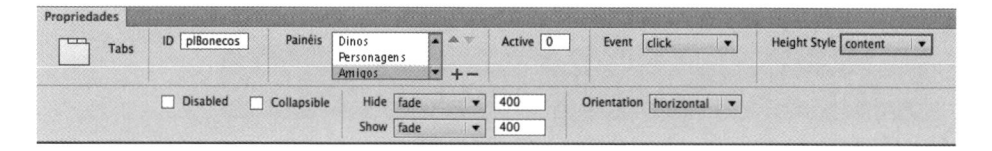

Para adicionar novas abas ao conjunto, clique no sinal + ao lado da opção *Painéis*. Para remover um painel, clique no nome do painel a ser removido e depois no sinal –. Para alterar a ordem dos painéis, selecione o painel que deseja mover e use as setas para cima e para baixo dessa área.

3. Salve o arquivo.

> Os ajustes no layout serão feitos nos próximos passos.

Caixa de diálogo

Uma caixa de diálogo *Dialog* é um conteúdo que será aberto no momento em que o visitante entrar na página. Você pode inserir o conteúdo da página antes ou depois de adicionar o conteúdo da caixa de diálogo. Nessa atividade, você primeiro colocará o conteúdo da caixa de diálogo e depois o conteúdo da página.

Inserir a caixa Dialog *e o seu conteúdo*

1. No arquivo *carrinhos.html*, deixe o cursor piscando no início do *Cabeçalho 1*, em *Carrinhos*.
2. No painel *Inserir* e na opção *jQuery UI*, clique no botão *Dialog*.

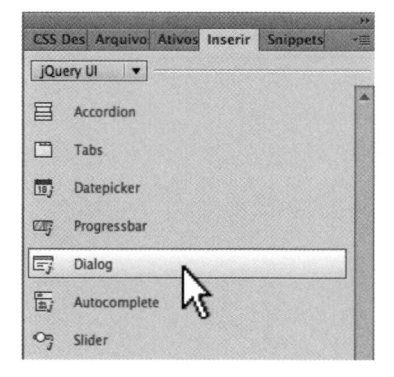

Alimentar a caixa Dialog

1. Na área de design, selecione o texto provisório, apague-o e digite *Carrinhos são um ótimo brinquedo para crianças de todas as idades*.

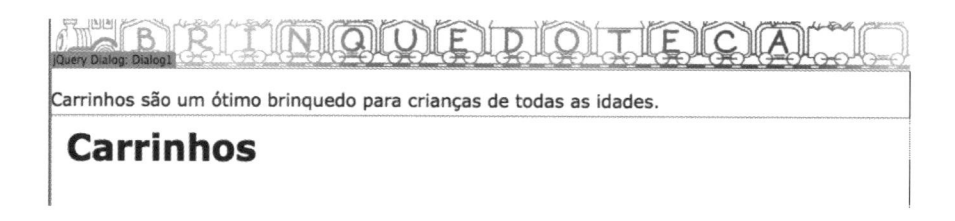

2. Ao final da frase, pressione *Enter* para criar um novo parágrafo.

3. Coloque a imagem *mini-personagens.jpg* (da pasta *recursos/\carrinhos*) e, para o texto alternativo, use *miniaturas de personagens*.

4. Salve o documento.

5. O programa avisará que o conteúdo necessário para a execução desse componente será criado e copiado na pasta *jQueryAssets*. Clique no botão *OK*.

Configurações gerais da caixa Dialog

1. Clique na aba azul *jQuery Dialog: Dialog1*.

2. No painel *Propriedades*, faça os ajustes conforme a seguir:

    - *ID*: *diCarrinhos*;
    - *Title*: *Carrinhos*;
    - *Width*: *370*;
    - ativar caixa: *Modal*;
    - *Hide*: *Fade*;
    - *Show*: *Fade*.

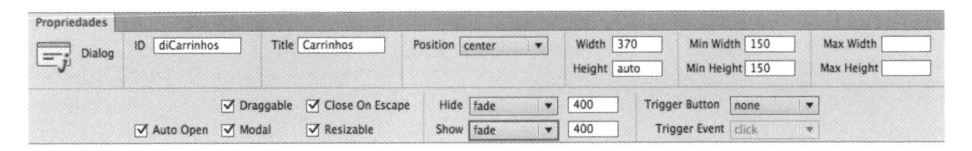

3. Salve o documento.

Inserir o conteúdo da página

1. Deixe o cursor piscando no último parágrafo após o cabeçalho *Carrinhos*.

2. Coloque as imagens *mini-classicos.jpg* e *mini-divertidos.jpg* (todas da pasta *recursos\carrinhos*) abaixo desse título, cada uma em um parágrafo. Para o texto alternativo, use *miniaturas de clássicos* e *miniaturas divertidas*. Pressione *Enter* ao final.

3. No painel *Arquivos*, na pasta *apoio*, abra o arquivo *carrinhos.txt* e copie seu conteúdo. Em seguida, cole o conteúdo copiado para o parágrafo criado no passo anterior.

4. Feche o arquivo de texto.

5. Salve o documento *carrinhos.html*.

6. Visualize esse documento no navegador e observe que a janela de diálogo abre automaticamente e, por ser modal, cobre o conteúdo com o padrão listrado. Clique no botão para fechar a janela de diálogo.

7. Feche o navegador e retorne ao Dreamweaver.

Ajustes de layout em elementos *jQuery UI*

Cada elemento inserido por meio do recurso *jQuery UI* possui, além das configurações de propriedades, ajustes locais e globais para layout. Eles são feitos usando o painel *CSS Designer*.

Ajustes locais

1. Clique na aba do arquivo *brinquedos-de-montar.html*.
2. No painel *CSS Designer*, clique em *jquery.ui.accordion.min.css*. Na área *Seletores*, clique em +, em seguida, crie o seletor *#plBrinquedos*.

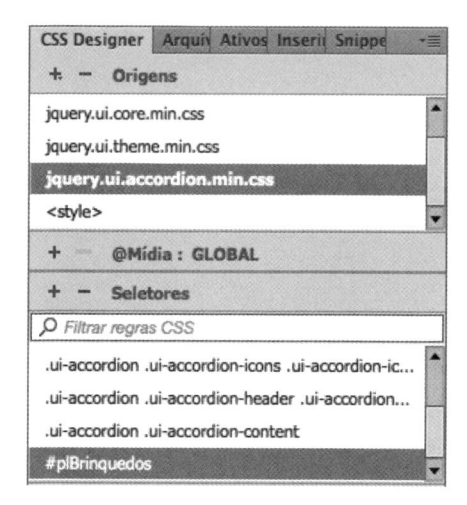

3. No mesmo painel, na área *Propriedades* e no grupo *Layout*, altere:
   - *width*: 730 px;
   - *margin-left*: 15 px.
4. Salve todos os documentos.
5. Clique na aba do arquivo *bonecos.html*.
6. No painel *CSS Designer*, clique em *jquery.ui.tabs.min.css*. Na área *Seletores*, clique em +, em seguida, crie o seletor *#plBonecos*.

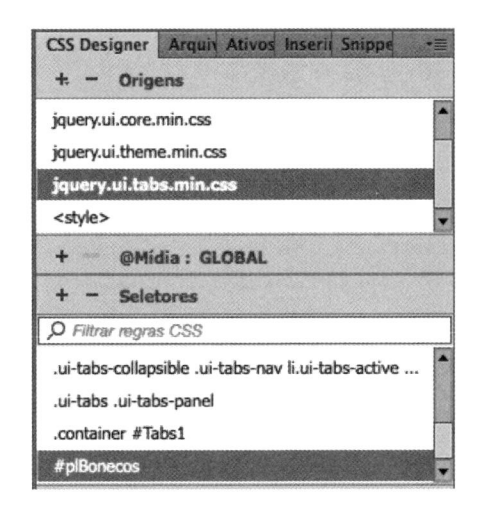

7. No mesmo painel, na área *Propriedades* e no grupo *Layout*, altere:
   - *width*: 730 px;
   - *margin-left*: 15 px.
8. Salve todos os documentos.

Ajuste global

Esse é um tipo de ajuste de layout que muda o aspecto geral de todos os itens. A forma mais prática para trabalhar com esse tipo de ajuste é por meio do website *ThemeRoller*. Você acessa o site e faz os ajustes de cada um dos itens ou usa algum conjunto pronto dentro da galeria.

> No momento de salvar o tema, escolha a opção *1.10.4 (Legacy, for jQuery1.6+)*, que é a versão de *jQuery* compatível com a do *Dreamweaver CC 2014.1.1*.

Como o objetivo do livro é o uso e não a criação dos temas, você encontra na pasta *apoio\/pepper-grinder* um conjunto de arquivos do tema *Pepper Grinder*.

1. No gerenciador de arquivos do seu sistema operacional, copie o conteúdo dessa pasta para dentro da pasta *jQueryAssets*, substituindo todos os arquivos.

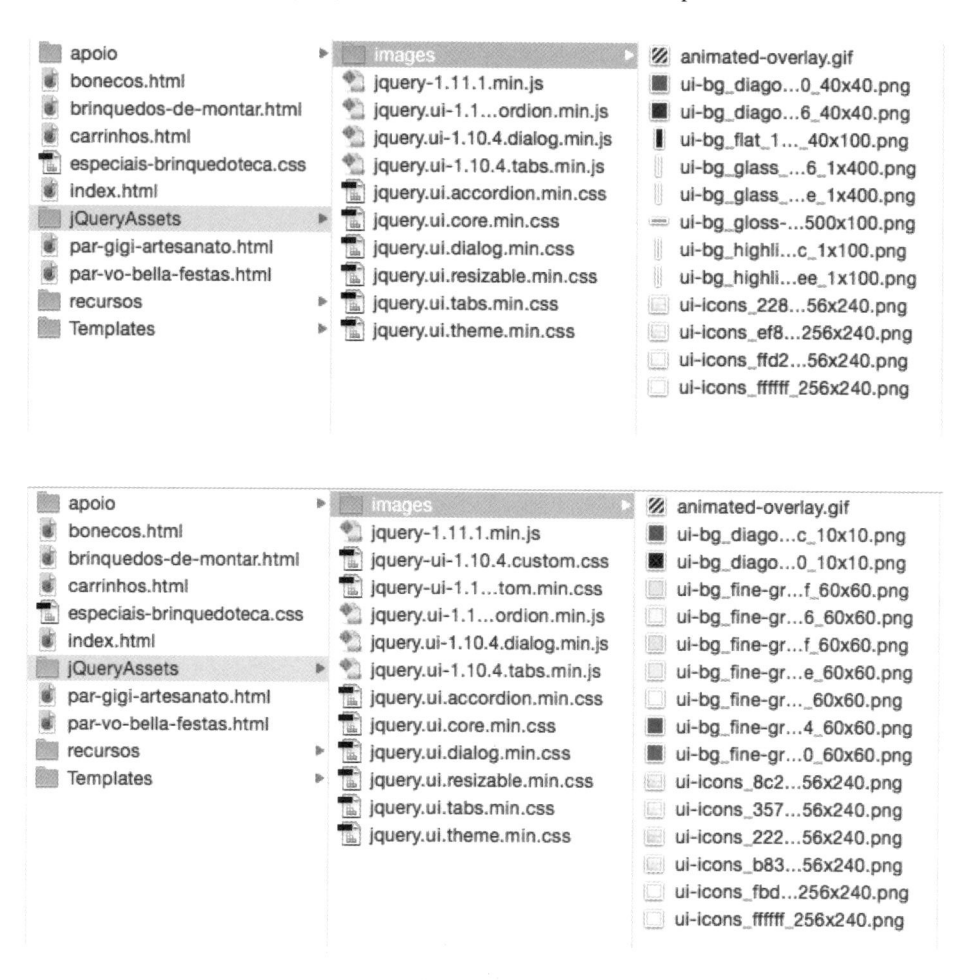

apoio	images	animated-overlay.gif
bonecos.html	jquery-1.11.1.min.js	ui-bg_diago...0_40x40.png
brinquedos-de-montar.html	jquery.ui-1.1...ordion.min.js	ui-bg_diago...6_40x40.png
carrinhos.html	jquery.ui-1.10.4.dialog.min.js	ui-bg_flat_1..._40x100.png
especiais-brinquedoteca.css	jquery.ui-1.10.4.tabs.min.js	ui-bg_glass_...6_1x400.png
index.html	jquery.ui.accordion.min.css	ui-bg_glass_...e_1x400.png
jQueryAssets	jquery.ui.core.min.css	ui-bg_gloss-...500x100.png
par-gigi-artesanato.html	jquery.ui.dialog.min.css	ui-bg_highli...c_1x100.png
par-vo-bella-festas.html	jquery.ui.resizable.min.css	ui-bg_highli...ee_1x100.png
recursos	jquery.ui.tabs.min.css	ui-icons_228...56x240.png
Templates	jquery.ui.theme.min.css	ui-icons_ef8...256x240.png
		ui-icons_ffd2...56x240.png
		ui-icons_ffffff_256x240.png

apoio	images	animated-overlay.gif
bonecos.html	jquery-1.11.1.min.js	ui-bg_diago...c_10x10.png
brinquedos-de-montar.html	jquery-ui-1.10.4.custom.css	ui-bg_diago...0_10x10.png
carrinhos.html	jquery-ui-1.1...tom.min.css	ui-bg_fine-gr...f_60x60.png
especiais-brinquedoteca.css	jquery.ui-1.1...ordion.min.js	ui-bg_fine-gr...6_60x60.png
index.html	jquery.ui-1.10.4.dialog.min.js	ui-bg_fine-gr...f_60x60.png
jQueryAssets	jquery.ui-1.10.4.tabs.min.js	ui-bg_fine-gr...e_60x60.png
par-gigi-artesanato.html	jquery.ui.accordion.min.css	ui-bg_fine-gr..._60x60.png
par-vo-bella-festas.html	jquery.ui.core.min.css	ui-bg_fine-gr...4_60x60.png
recursos	jquery.ui.dialog.min.css	ui-bg_fine-gr...0_60x60.png
Templates	jquery.ui.resizable.min.css	ui-icons_8c2...56x240.png
	jquery.ui.tabs.min.css	ui-icons_357...56x240.png
	jquery.ui.theme.min.css	ui-icons_222...56x240.png
		ui-icons_b83...56x240.png
		ui-icons_fbd...256x240.png
		ui-icons_ffffff_256x240.png

2. Clique na aba do arquivo *brinquedos-de-montar.html*.
3. No painel *CSS Designer*, na área *Origens*, clique em +, *Anexar arquivo CSS existente*, em seguida, indique o arquivo *jQueryAssets/jquery-ui-1.10.4.custom.css* e clique em *OK*.
4. Ative o modo *Dinâmica* para ver as mudanças.

5. Volte ao modo *Design* para continuar a edição e salve o documento.
6. Clique na aba do arquivo *bonecos.html*.
7. No painel *CSS Designer*, na área *Origens*, clique em +, *Anexar arquivo CSS existente*, em seguida, indique o arquivo *jQueryAssets/jquery-ui-1.10.4.custom.css* e clique em *OK*.
8. Ative o modo *Dinâmica* para ver as mudanças.

Há um conflito entre o menu do estilo da página e o menu de abas; para resolver o conflito, siga o próximo passo.

9. No painel *CSS Designer*, clique em *jQueryAssets/jquery-ui-1.10.4.custom.css*; na área *Seletores*, clique em + e digite *#plBonecos .ui-tabs-nav.ui-helper-clearfix. ui-widget-header*; em seguida, na área *Propriedades*, altere: *height: 43 px*.

10. Volte ao modo *Design* e salve todos os arquivos.
11. Clique na aba do arquivo *carrinhos.html*.
12. No painel *CSS Designer*, na área *Origens*, clique em +, *Anexar arquivo CSS existente*, em seguida, indique o arquivo *jQueryAssets/jquery-ui-1.10.4.custom.css* e clique em *OK*.
13. Ative o modo *Dinâmica* para ver as mudanças.

14. Volte ao modo *Design* para continuar a edição e salve esse documento.
15. Feche todos os arquivos.
16. Feche o programa ou continue na próxima atividade.

Atividade 3 – Inserindo elementos multimídia

Objetivo:
- Trabalhar com inserção de elementos multimídia.

Tarefas:
- Inserir vídeo HTML.
- Inserir áudio HTML.
- Inserir vídeos em Flash.
- Inserir arquivos em Flash.
- Inserir animação do Edge Animate.

Inserindo vídeo HTML

Caso você esteja continuando da atividade anterior, vá direto ao passo 2.

1. Abra o programa no mapeamento *Brinquedoteca*.
2. No painel *Arquivos*, dê duplo clique no arquivo *carrinhos.html*.
3. Com a ajuda da barra de rolagem, localize o texto *Carrinhos resistentes*.
4. Deixe o cursor do mouse piscando nessa linha e transforme-a em *Cabeçalho 2*.
5. Localize o texto [vídeo], selecione-o e apague-o, mantendo o cursor do mouse piscando nessa linha.
6. No painel *Inserir* e na opção *Mídia*, clique no botão *HTML5 Video*.

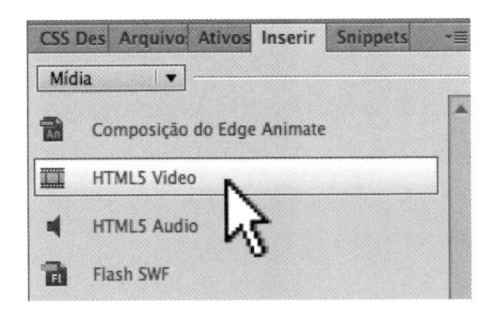

Com a marcação *HTML5 Video* selecionada, no painel *Propriedades*, altere conforme a seguir:

- *Origem*: *recursos/carrinhos/monsters-cars.ogv* (ao inserir a *Origem*, a caixa *Origem de Alt 1* é preenchida automaticamente);
- *Poster*: *recursos/carrinhos/res-grandes.jpg* (ao inserir a imagem *Poster*, o tamanho – *W* e *H* – é preenchido automaticamente);
- *Title*: *Monsters Car*;
- *Origem de Alt 2*: *recursos/carrinhos/monsters-cars.mp4*.

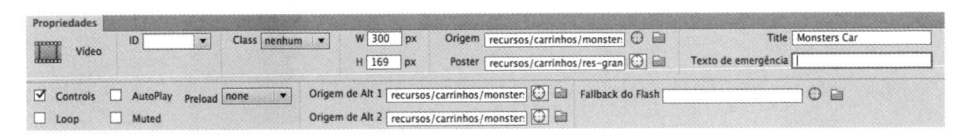

8. Salve o documento.
9. Ative o modo *Dinâmica* para ver o resultado, em seguida, retorne ao modo *Design* para continuar a edição.

Inserindo áudio HTML

1. Localize o texto [áudio], selecione-o e apague-o, mantendo o cursor do mouse piscando nessa linha.
2. No painel *Inserir*, opção *Mídia*, clique no botão *HTML5 Audio*.

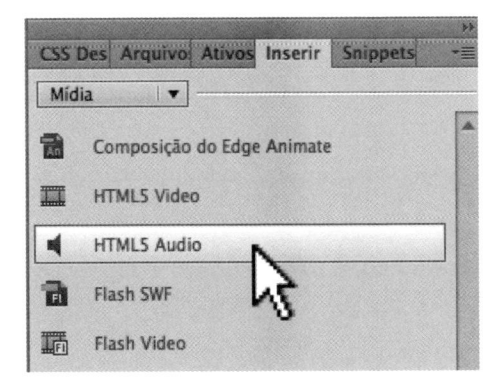

3. Com a marcação *HTML5 Audio* selecionada, no painel *Propriedades*, altere conforme a seguir:

   - *Origem*: recursos/carrinhos/Brincar-De-Carrinho.ogg (ao inserir a *Origem*, a caixa *Origem de Alt 1* é preenchida automaticamente);
   - *Title*: Depoimento;
   - *Origem de Alt 2*: recursos/carrinhos/Brincar-De-Carrinho.mp3.

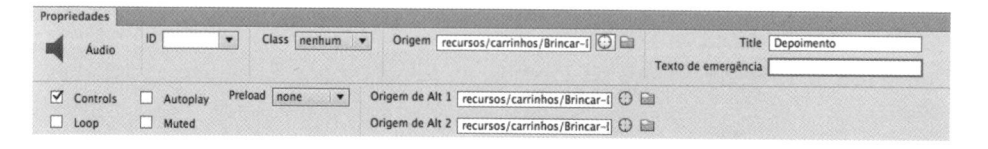

4. Salve o documento.

5. Ative o modo *Dinâmica* para ver o resultado, em seguida, retorne ao modo *Design* para continuar a edição.

Inserindo vídeos em Flash

1. Localize o texto [áudio], selecione-o e apague-o, mantendo o cursor do mouse piscando nessa linha.

2. No painel *Inserir*, opção *Mídia*, clique no botão *Flash Video*.

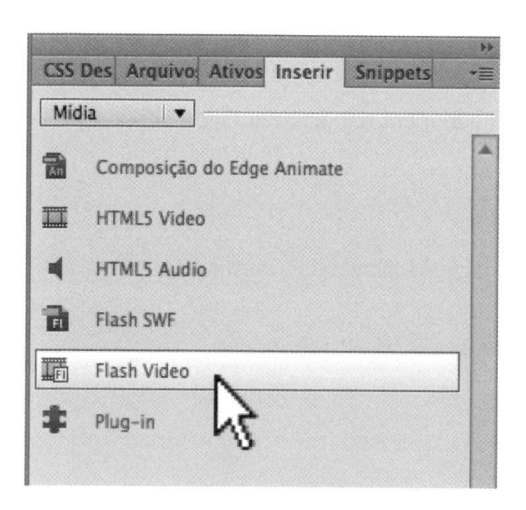

3. Na janela *Inserir FLV*, preencha conforme a janela a seguir e depois clique no botão *OK*.

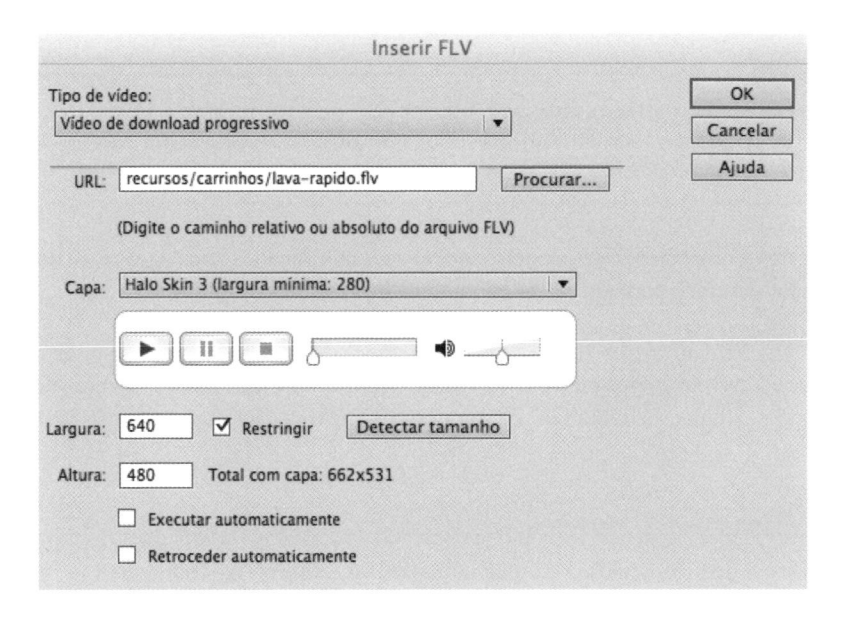

Os parâmetros mostrados nessa janela indicam:

- o tipo de vídeo:
  - *download progressivo*: o arquivo é baixado para a máquina do visitante ao mesmo tempo que é reproduzido;
  - *fluxo contínuo*: o arquivo não é baixado completamente para a máquina do visitante, ficando apenas na memória pelo tempo suficiente da reprodução;
  - em ambos os casos, o vídeo é reproduzido após um pequeno tempo de armazenamento na memória (*buffer*).
- o endereço do arquivo de vídeo, em que você pode digitar o caminho ou utilizar o botão *Procurar (recursos/carrinhos/lava-rapido.flv)*;
- quais botões serão apresentados para controlar o vídeo: você pode clicar na seta para baixo para escolher entre várias opções (*Halo Skin 3*);
- a altura e a largura do vídeo, que podem ser detectadas automaticamente clicando no botão *Detectar tamanho*;
- se o vídeo será executado no momento em que o visitante acessar a página, ativando a caixa *Executar automaticamente*; ou se não, deixando a caixa desmarcada;
- se o vídeo será reproduzido continuamente, ativando a caixa *Retroceder automaticamente*; ou não, deixando a caixa desmarcada.

> Para que a opção de *fluxo contínuo* funcione, é necessário que a hospedagem do vídeo seja feita em um provedor que possua a plataforma *Flash Video Streaming Service*.

Todos esses ajustes, com exceção do primeiro, podem ser modificados após a inserção do vídeo, basta clicar no vídeo para alterá-los no painel *Propriedades*.

4. Salve o documento.
5. O programa vai avisar que criou os arquivos de suporte ao Flash para o navegador na pasta *Scripts*. Clique no botão *OK*. No processo de publicação, essa pasta também deverá ir ao ar.

> Ao inserir o vídeo, foi criado automaticamente um arquivo *swf* com o tema de botões escolhido e um outro para o player progressivo. No momento da publicação, esses arquivos também deverão ir para o servidor.

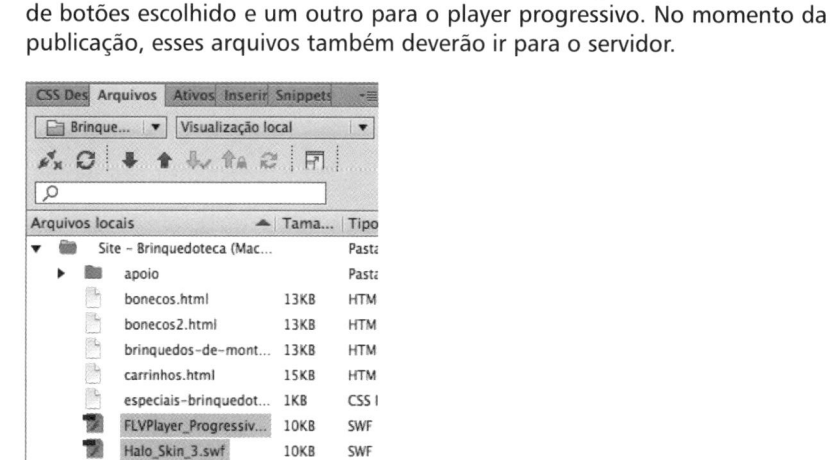

6. Ative o modo *Dinâmica* para ver o resultado, em seguida, retorne ao modo *Design* para continuar a edição.
7. Feche o documento.

Inserindo arquivos em Flash com transparência

1. No painel *Arquivos*, na pasta *Templates*, clique duas vezes sobre o nome do arquivo *base-site.dwt*.
2. Na coluna da direita, clique ao lado da segunda imagem e pressione *Enter*.
3. No painel *Inserir* e na opção *Media*, clique no botão *Flash SWF*.

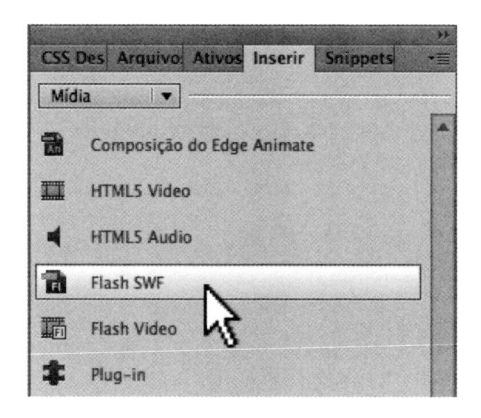

4. Na janela *Selecionar SWF*, localize a pasta *recursos\/swf* e clique no arquivo *apoie.swf*. Clique em *Abrir*.

5. Na janela *Atributo de acesso a tag object* e na caixa *Título*, digite *Apoie essa ideia* e clique em *OK*.

Com o elemento selecionado, observe suas propriedades no painel *Propriedades*.

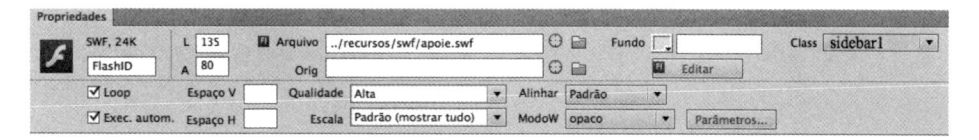

6. Na opção *ModoW*, clique na seta para baixo e escolha *Transparente*.

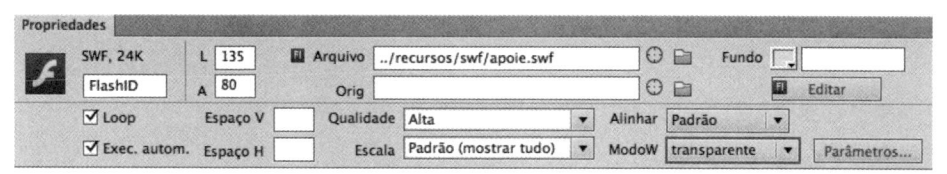

7. Salve o documento.

8. Na janela *Atualizar arquivos de modelo*, clique no botão *Atualizar*. Aguarde até que apareça o texto *Concluído* na janela *Atualizar páginas*, então clique no botão *Fechar*.

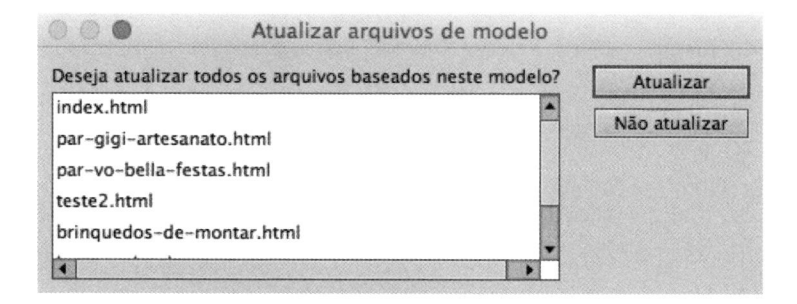

> Para que uma animação em Flash seja de fato transparente, é necessário que o arquivo tenha sido criado dessa forma, ou seja, não pode haver nenhum elemento cobrindo completamente a área do palco.

Inserindo um gif animado

1. Clique ao lado da animação em Flash e pressione *Enter*.
2. No novo parágrafo, insira a imagem: *recursos/home/brinquedos.gif*.
3. Salve esse documento e atualize os arquivos de modelo.
4. Feche o documento.

Inserindo arquivos em Flash

1. No painel *Arquivos*, clique duas vezes sobre o nome do arquivo *index.html*.
2. Crie um parágrafo em branco abaixo do título *Brinquedoteca* e deixe o cursor piscando nele.
3. No painel *Inserir*, opção *Mídia*, clique no botão *Composição do Edge Animate*.

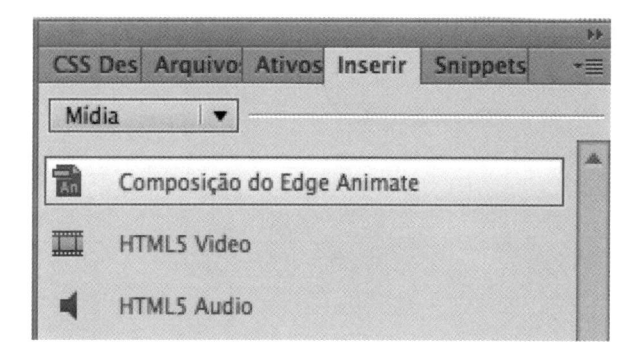

4. Na janela *Selecione o pacote do Edge animate*, localize a pasta *recursos\animate-package*, clique no arquivo *trenzinho.oam* e depois em *OK/Abrir*.
5. Salve o documento.
6. Visualize a página no navegador e observe esta e as outras alterações realizadas no modelo.
7. Retorne ao Dreamweaver e feche o documento.

Acabamentos finais no modelo

O projeto está quase pronto. É necessário fazer apenas alguns ajustes finais no modelo e em algumas páginas.

1. Abra o documento *base-site.dwt*, selecione todo o conteúdo do rodapé, apague-o e digite: *Rua das Flores, 123, Bairro Bonito, São Paulo/SP, (11) 1234-5678.*

2. Selecione todo o texto e, no painel *Propriedades*, clique no botão *B* (negrito).

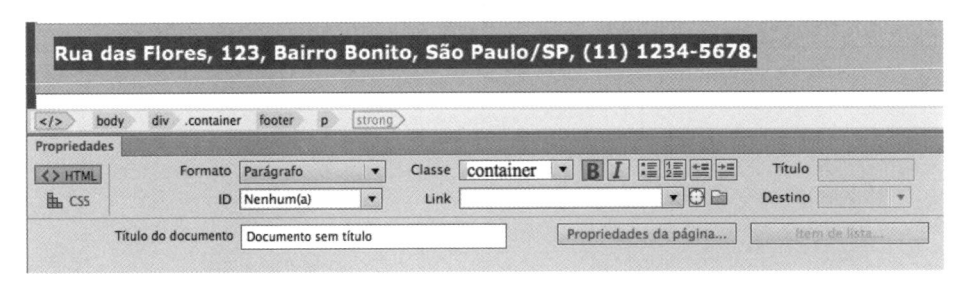

3. No painel *CSS Designer*, clique em <style>; depois, na área *Seletores*, clique em *body* e altere:

    - *background Color*: #DFE3D0;
    - *background-image* – URL: *recursos/base/quadriculado.jpg* (a imagem não deve aparecer na pré-visualização do modelo, mas estará correta nas páginas que usam o modelo).

4. Na coluna da direita, na parte superior da página, selecione o texto *Link um*, apague-o e digite *Página inicial*. Deixe o cursor piscando nesse texto; no painel *Propriedades*, clique no botão *HTML* e altere a caixa *Link* para *../index.html* e o *Título* para *página inicial*.

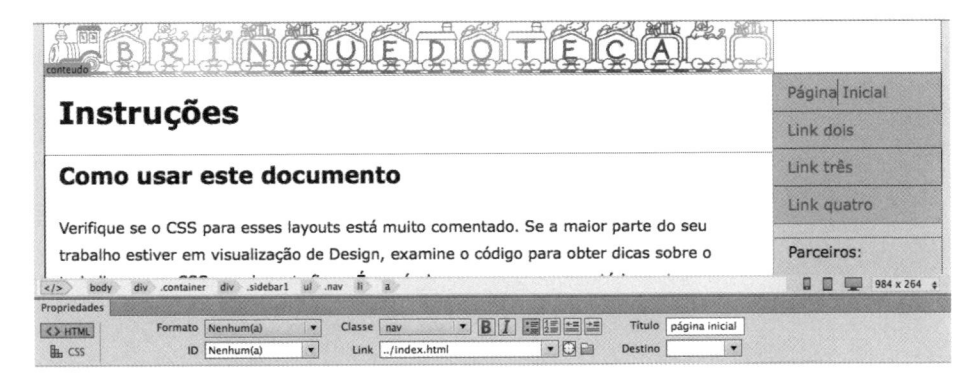

Você pode usar a alça de mira para fazer o link.

5. Repita o procedimento anterior para criar os links para cada um dos textos, conforme a seguir.

Texto atual	Substituir por	Link	Título
Link dois	De montar	brinquedos-de-montar.html	brinquedos de montar
Link três	Bonecos	bonecos.html	bonecos
Link quatro	Carrinhos	carrinhos.html	carrinhos

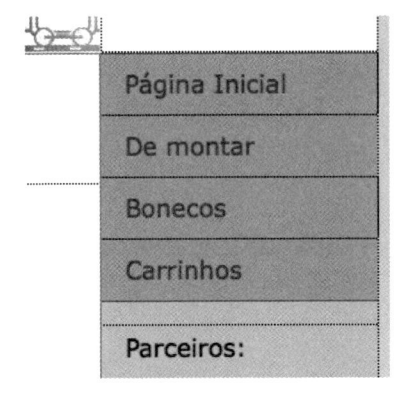

6. No painel *CSS Designer* e na área *Origens*, clique no botão + para anexar uma folha de estilos existente.

7. Na caixa *Arq./URL*, digite *../especiais-brinquedoteca.css* e clique no botão *OK*.

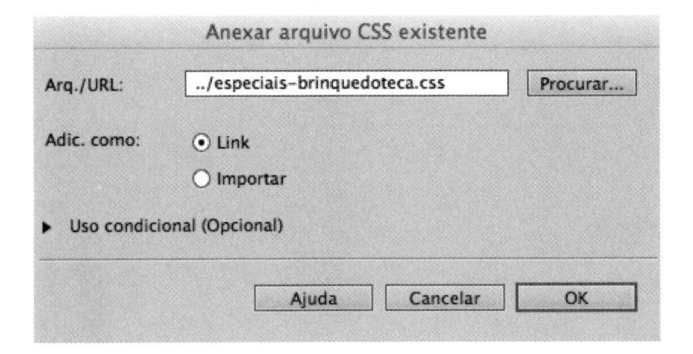

Na próxima atividade você usará os estilos que estão nessa folha de estilos.

8. Salve o documento.

9. Na janela *Atualizar arquivos de modelo* estão indicados todos os arquivos que foram criados com base nesse modelo e que necessitam de atualização. Clique no botão *Atualizar*.

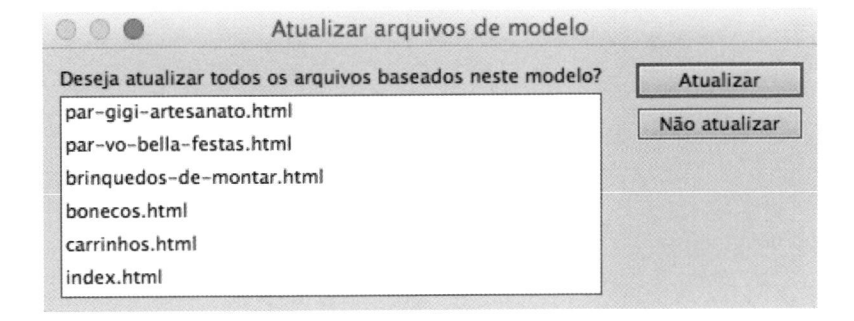

```
Atualizar arquivos de modelo
Deseja atualizar todos os arquivos baseados neste modelo?
par-gigi-artesanato.html
par-vo-bella-festas.html
brinquedos-de-montar.html
bonecos.html
carrinhos.html
index.html

[Atualizar]
[Não atualizar]
```

10. Na janela *Atualizar páginas*, aguarde até que apareça a palavra *Concluído* (o botão *Concluído* fica desabilitado nesse momento), e então clique no botão *Fechar*.

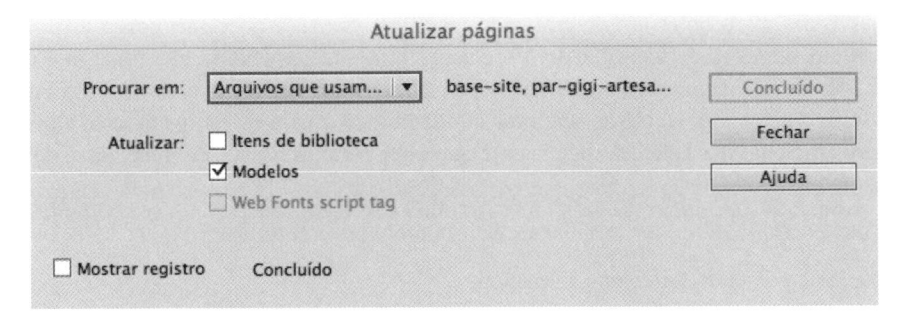

```
Atualizar páginas
Procurar em: [Arquivos que usam... ▼]  base-site, par-gigi-artesa...   [Concluído]
Atualizar:   ☐ Itens de biblioteca                                      [Fechar]
             ☑ Modelos                                                  [Ajuda]
             ☐ Web Fonts script tag
☐ Mostrar registro    Concluído
```

11. Feche o arquivo *base-site.dwt*.

12. No painel *Arquivos*, clique no arquivo *index.html* e pressione *F12* (*Opt + F12*). Visualize a página no navegador, navegue pelos links montados e observe também o aspecto das animações em Flash e do Flash vídeo.

13. Feche a janela do navegador e retorne ao Dreamweaver.

> Se você está usando o *Internet Explorer 9*, é possível que, mesmo usando uma versão atual do *Flash Player*, ainda apareça uma mensagem para baixá-lo. Nesse caso, nos dois arquivos em que você inseriu os arquivos SWF e FLV, será necessário remover o código conforme a seguir:
>
> • abra o arquivo que tem o arquivo em Flash;
>
> • selecione o elemento Flash (seja ele um vídeo, seja uma animação);
>
> • clique no botão *Código*, selecione apenas o conteúdo indicado e apague-o.

(cont.)

```
              <!-- O navegador exibe o seguinte conteúdo alternativo para
    usuários que tenham o Flash Player 6.0 e versões anteriores. -->
            <div>
                <h4>O conteúdo desta página requer uma versão mais recente do
    Adobe Flash Player.</h4>
                <p><a href="http://www.adobe.com/go/getflashplayer"><img src=
    "http://www.adobe.com/images/shared/download_buttons/get_flash_player.gif"
    alt="Obter Adobe Flash player" width="112" height="33" /></a></p>
            </div>
            <!--[if !IE]>-->
        </object>
```

- salve o documento.

14. Feche o programa ou continue na próxima atividade.

Inserindo múltiplas classes

Algumas vezes, para obter um determinado resultado visual, é necessário criar estilos baseados em seletores de identificador ou classe. Para que seu código não fique muito pesado e de difícil manutenção, trabalhe com estilos reaproveitáveis, como os criados com o seletor de classe. Deixe os seletores de identificador para os estilos únicos. Uma vantagem adicional dos seletores de classe é que você pode usar mais de uma classe em um mesmo elemento.

1. No painel *Arquivos*, clique duas vezes no arquivo *par-vo-bella-festas.html*.

2. Na área de conteúdo, selecione a imagem.

3. No painel *Propriedades* e na caixa *Classe*, clique na seta para baixo e na opção *Aplicar várias classes*.

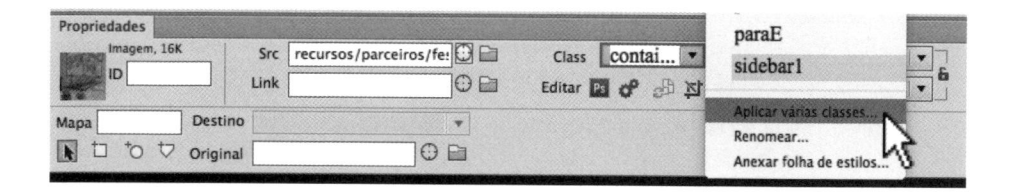

4. Na janela *Seleção de várias classes*, desative a caixa da opção *container* e ative as caixas das opções *fotoBorda* e *paraE*. Em seguida, clique no botão *OK*.

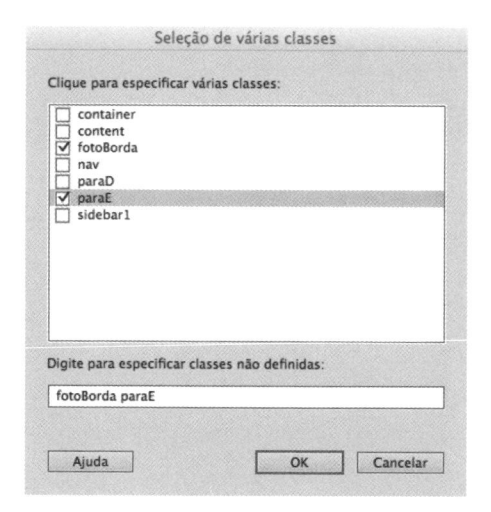

Observe o resultado na área de design.

5. Salve e feche esse documento.
6. No painel *Arquivos*, clique duas vezes no arquivo *par-gigi-artesanato.html*.
7. Na área de conteúdo, selecione a imagem.
8. No painel *Propriedades* e na caixa *Classe*, clique na seta para baixo e na opção *Aplicar a várias classes*.

9. Na janela *Seleção de várias classes*, desative a caixa da opção *container* e ative as caixas das opções *fotoBorda* e *paraD*. Em seguida, clique no botão *OK*.

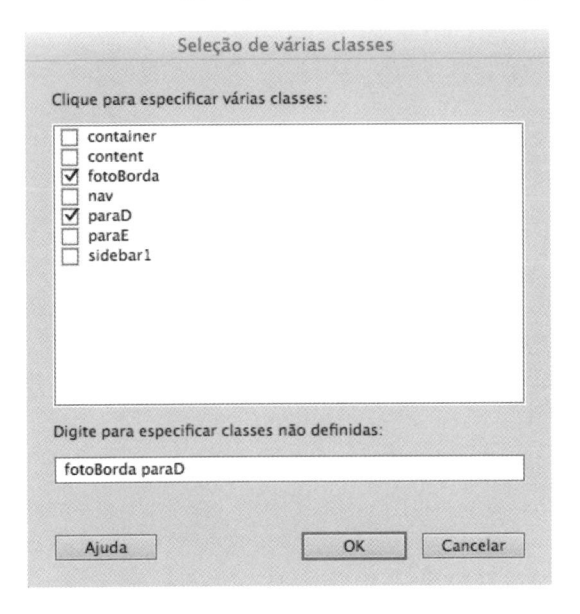

Observe o resultado na área de design.

Gigi Artesanato

Nullam hendrerit sodales rhoncus.
Praesent eu magna et massa auctor
imperdiet. Fusce aliquam tristique lacus
sed cursus. Vestibulum nibh elit, tempor
ac luctus quis, fermentum vitae massa.
Nullam leo felis, tincidunt eget
fermentum tincidunt, facilisis id nibh.
Quisque pulvinar hendrerit venenatis.
Mauris ac ligula urna. Suspendisse
sagittis urna velit. Fusce egestas, est
vitae aliquam gravida, lorem massa
porttitor ligula, in pharetra mi elit et
neque. Duis tempor velit vel dolor

10. Salve e feche o documento.

11. Você tem outras imagens espalhadas por suas páginas (bonecos, brinquedos de montar e carrinhos). Entre em cada uma dessas páginas, selecione cada uma das imagens e inclua os estilos de classe opções *fotoBorda* e *paraE*. Nos conteúdos nos quais houver três fotos, use a classe *paraE* em todas; nos conteúdos com até duas fotos, use na primeira a classe *paraE* e na segunda a classe *paraD*. Se precisar, diminua o tamanho das imagens para acomodá-las melhor na página.

> Você pode selecionar a imagem e usar o atalho *Ctrl + T (Cmd + T)* para abrir a janela de edição rápida de elemento e, então, digitar os nomes das classes.
>
> Se quiser digitar menos, clique na imagem, depois no painel *Propriedades* e na caixa *Class*, e clique na classe *FotoBorda*. Em seguida, pressione as teclas de atalho para ativar o painel de edição rápida de elementos e digite apenas a classe *paraE* ou *paraD*, conforme o caso.
>
> Lembre-se de tomar suas decisões de layout baseado no que você vê no modo *Dinâmica* ou no navegador.
>
> Não aplique a flutuação na imagem dentro da janela *jQuery Dialog*, pois não há conteúdo após a janela que possa fluir para a direita ou para a esquerda.

12. Salve cada uma das páginas após a edição e, ao final, visualize o resultado no navegador.

13. Feche o navegador.

14. Feche o programa.

Resumo do capítulo

Para	Procedimento	Botão/teclas de atalho
Escolher layout pronto	Na janela de abertura, em *Modelos Iniciais*, escolha um layout em *Página em Branco*, na área *Layout*.	Ctrl + N (Cmd + N)
Inserir região editável	Selecione uma área e clique com o botão direito do mouse em *Modelos/Nova região editável* ou no painel *Inserir*, na opção *Modelos*, *Região editável*.	Ctrl + Alt + V (Cmd + Opt + V) Região editável
Salvar como modelo	Clique no menu *Arquivo/Salvar como modelo*.	
Usar um modelo	No menu *Arquivo/Novo*, em *Modelos do site*, escolha um modelo.	Ctrl + N (Cmd + N)
Inserir painel sanfonado	Painel *Inserir*, opção *jQuery UI*, botão *Accordion*.	Accordion
Inserir painel de abas	Painel *Inserir*, opção *jQuery UI*, botão *Tabs*.	Tabs
Inserir conteúdo em caixa de diálogo	Painel *Inserir*, opção *jQuery UI*, botão *Dialog*.	Dialog
Inserir composição do *Edge Animate*	Painel *Inserir*, opção *Mídia*, botão *Composição do Edge Animate*.	Composição do Edge Animate
Inserir vídeo HTML5	Painel *Inserir*, opção *Mídia*, botão *HTML5 Video*.	HTML5 Video
Inserir áudio HTML5	Painel *Inserir*, opção *Mídia*, botão *HTML5 Audio*.	HTML5 Audio
Inserir arquivo Flash	Painel *Inserir*, opção *Mídia*, botão *Flash SWF*.	Flash SWF
Inserir arquivo de vídeo Flash	Painel *Inserir*, opção *Mídia*, botão *Flash Video*.	Flash Video
Inserir mais de uma classe	Selecionar o elemento, depois, no painel *Propriedades*, clicar na seta para baixo da opção *Classe* e escolher a opção *Aplicar várias classes*.	Classe [Nenhum(a)] ✓ Nenhum(a) Link Aplicar várias classes...
Editar código do elemento	Na área de design, selecionar o elemento e pressionar as teclas de atalho.	Ctrl + T (Cmd + T)

Exercícios propostos

1. Crie um mapeamento para os exercícios propostos deste capítulo (pasta *cap5_propostos*).

2. Utilizando as imagens da pasta, crie uma página baseada em um layout pronto. Escolha o que mais lhe agrada.

3. Transforme o layout escolhido em um modelo com as regiões editáveis que julgar necessárias e construa o projeto baseado nesse modelo.

4. Em algumas páginas, use os elementos *jQuery UI*.

Anotações

6
Desenvolvendo projetos para múltiplos dispositivos

OBJETIVO

- Criar para celular
- Criar com design flexível

Com o crescimento do mercado de dispositivos móveis, tanto smartphones quanto tablets, tornou-se fundamental o desenvolvimento de websites que se adaptem a esses dispositivos. Geralmente, podem-se usar dois tipos de estratégias. A primeira é desenvolver um projeto exclusivo para cada dispositivo e deixar que o servidor identifique qual está sendo usado e entregue a versão apropriada. A segunda é desenvolver um único projeto que se acomoda de forma elegante nos diversos tamanhos de telas.

Neste capítulo, você criará um modelo exclusivamente para ser utilizado em telefones celulares e mais dois outros projetos utilizando duas técnicas diferentes para criar um único projeto com design flexível.

> Para todas as atividades deste capítulo, é necessário ter instalado em sua máquina os navegadores Chrome ou Firefox, pois, atualmente, são os que melhor exibem conteúdos de larguras variadas.

Projeto "Restaurante"

Resumo:

- Pequeno site exclusivo para telefone celular com as informações mais elementares: prato do dia, reserva, localização e informações sobre o restaurante.

Objetivo:

- Oferecer de forma rápida e objetiva as informações mais importantes para o cliente.

Estrutura:

- Uma página única, com navegação simples e horizontal. O conteúdo deve ser exclusivamente vertical.

Layout de algumas páginas:

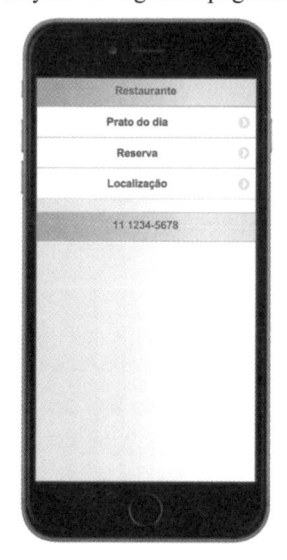

Atividade 1 – Criando um projeto com *jQuery Mobile*

Objetivo:
- Trabalhar com modelo *jQuery Mobile*.

Tarefas:
- Criar um novo mapeamento.
- Criar um novo arquivo a partir do modelo *jQuery Mobile*.
- Inserir conteúdo pronto.
- Alterar o layout.
- Visualizar no navegador.

Mapeamento

1. Na janela de abertura, clique no botão *Config. Site*.
2. Na janela *Configuração do site*, na caixa *Nome do site*, digite o nome do projeto: *Restaurante*.
3. Na opção *Pasta do site local*, clique na pasta ao lado da caixa de entrada de texto.
4. Na janela *Escolher pasta raiz*, clique no botão *Desktop/Área de Trabalho*; em seguida, clique duas vezes na pasta *dream-cc* e depois duas vezes novamente na pasta *restaurante*. Finalize com um clique no botão *Escolher/Selecionar pasta*.
5. Ao retornar para a janela *Configuração do site*, clique no botão *Salvar*.

Modelo pronto de *jQuery Mobile*

1. Na janela de abertura, clique no botão *HTML*.

Você deve estar no modo *Design*.

2. Altere o título da página para *Restaurante* e salve o arquivo como *index.html*.
3. No painel *Inserir* e na opção *jQuery Mobile*, clique em *Página*.
4. Na janela *Arquivos do jQuery Mobile*, verifique se está ativa a opção *Local* e *Dividir* e clique em *OK*.

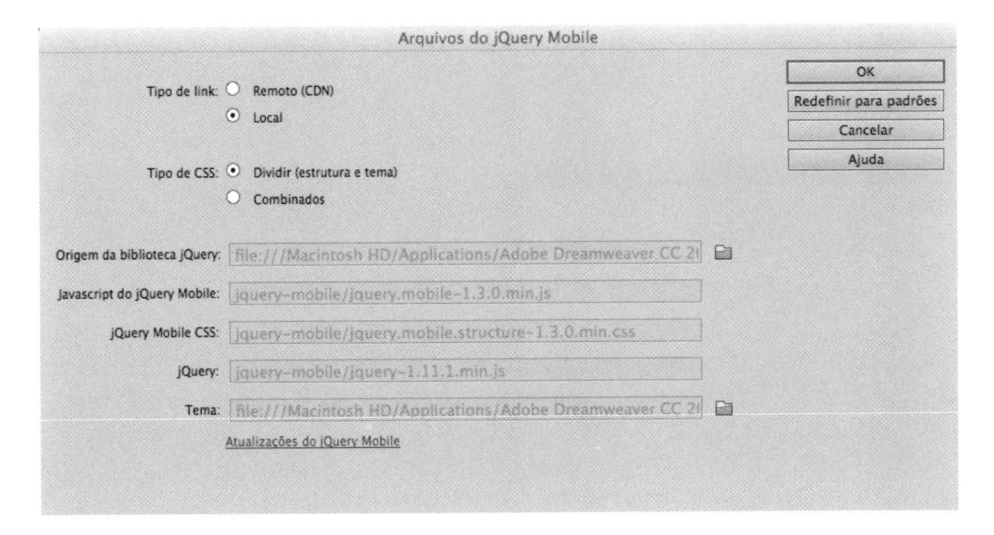

5. Na janela *Página*, digite *inicial* e clique em *OK*.

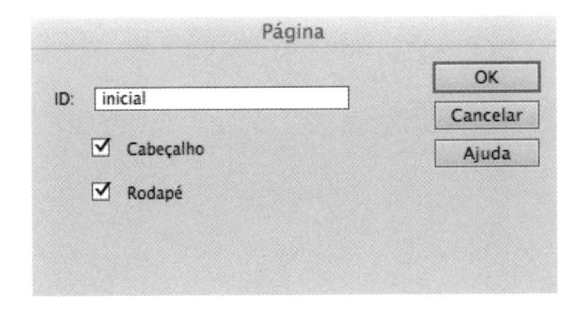

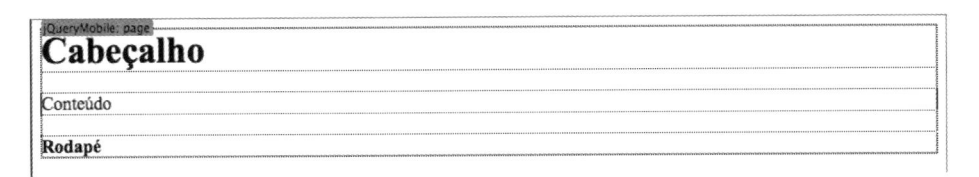

6. Clique em uma parte da área em branco abaixo do conteúdo.

7. No painel *Inserir* e na opção *jQuery Mobile*, clique em *Página*; em seguida, na janela *Página*, digite *prato-do-dia* e clique em *OK*.

8. Clique em uma parte da área em branco abaixo do conteúdo.

9. No painel *Inserir* e na opção *jQuery Mobile*, clique em *Página*; em seguida, na janela *Página*, digite *reserva* e clique em *OK*.

10. Clique em uma parte da área em branco abaixo do conteúdo.

11. No painel *Inserir* e na opção *jQuery Mobile*, clique em *Página*; em seguida, na janela *Página*, digite *localizacao* e clique em *OK*.

12. Na barra seletora de elementos, clique no botão </> e veja como ficou a estrutura de sua página.

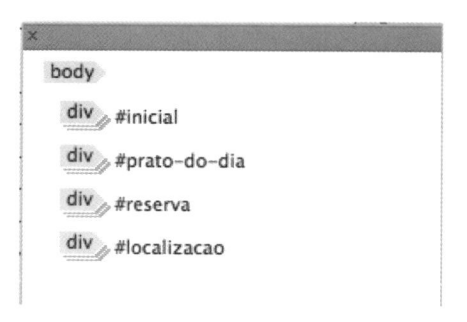

13. Salve o documento.

14. O programa avisa que o conteúdo necessário para a execução dessa página será criado e copiado na pasta *jquery-mobile*. Clique no botão *OK*.

Observe, tanto na barra superior do documento quanto no painel *Arquivos*, que os arquivos foram copiados e estão vinculados ao documento.

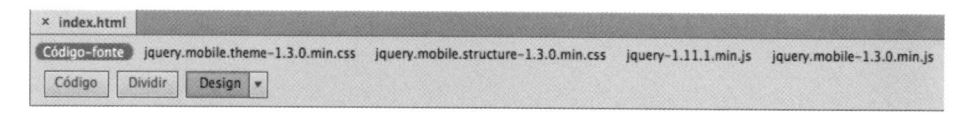

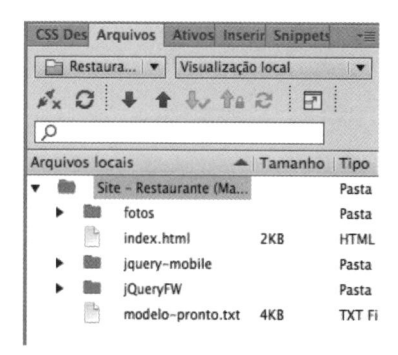

15. Observe que todo o conteúdo fica em uma única página. Clique no botão *Dividir* para ver como é o código da aplicação.

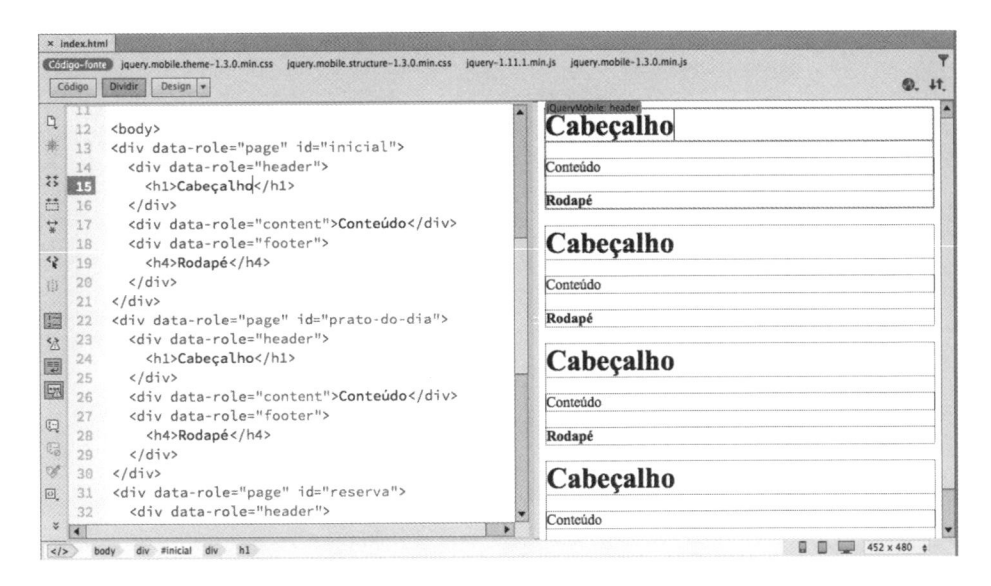

Cada "página" fica em uma *div*, cujo *data-role* é *page*. Dentro dela ficam as estruturas do conteúdo: *header*, *content* e *footer* (cabeçalho, conteúdo e rodapé, respectivamente).

Inserindo estrutura de navegação

1. Clique no botão *Tamanho do dispositivo móvel*.

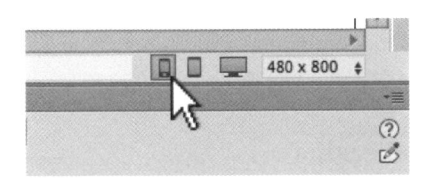

2. Na área de design, selecione o primeiro conteúdo, dentro de *#inicial*.

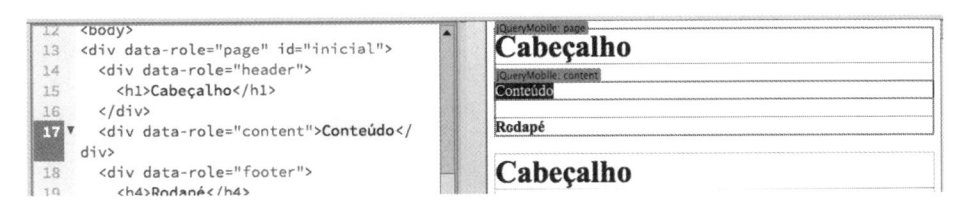

3. No painel *Inserir* e na opção *jQuery Mobile*, clique no botão *Visualização de lista*; em seguida, na janela *Exibição de lista*, verifique se está ativa a opção *Itens: 3* e clique em *OK*.

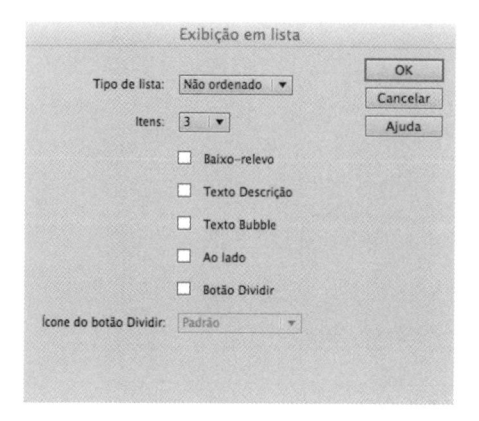

O resultado é uma lista de links.

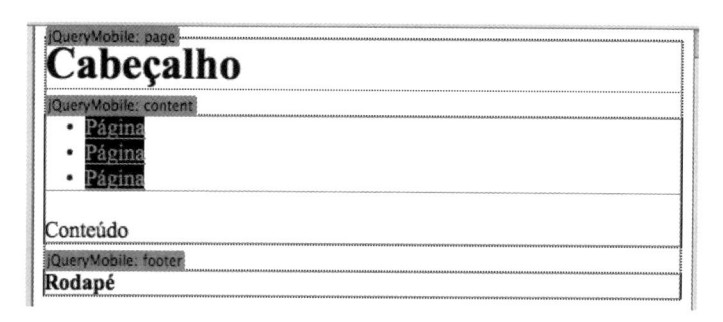

4. Selecione o primeiro link e altere-o para *Prato do dia*; em seguida, no painel *Proprie-dades*, altere o link para *#prato-do-dia*.

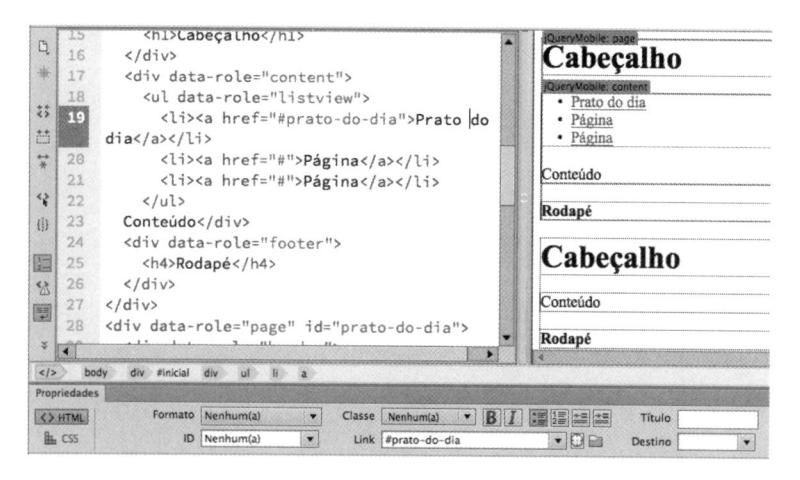

5. Selecione o segundo link e altere-o para *Reserva*; em seguida, no painel *Propriedades*, altere o link para *#reserva*.

6. Selecione o terceiro link e altere-o para *Localização*; em seguida, no painel *Propriedades*, altere o link para *#localizacao*.

7. Salve esse documento.

8. Ative o modo *Dinâmica* e navegue pelos links.

Clique nos botões do projeto e veja que você já consegue navegar por entre as páginas. Use o botão de voltar da interface do Dreamweaver para voltar à página anterior.

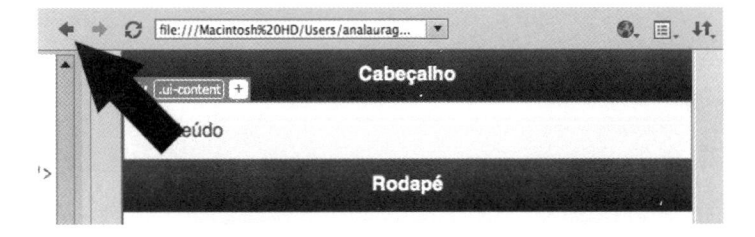

9. Ative o modo *Design* para retornar ao modo de edição.

Inserindo conteúdo pronto

1. No painel *Arquivos*, dê um duplo clique no arquivo *modelo-pronto.txt*.

2. Selecione todo o conteúdo e copie.

3. Clique na aba do arquivo *index.html*.

4. Na área de código, selecione tudo o que está entre as tags <body> e </body>. Apague o conteúdo selecionado e cole o que foi copiado anteriormente.

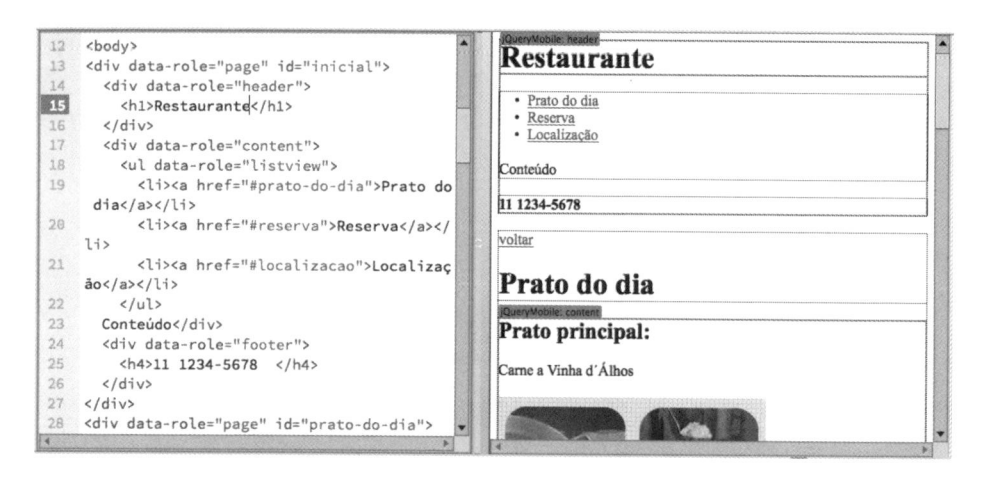

```
12    <body>
13    <div data-role="page" id="inicial">
14        <div data-role="header">
15            <h1>Restaurante</h1>
16        </div>
17        <div data-role="content">
18            <ul data-role="listview">
19                <li><a href="#prato-do-dia">Prato do
      dia</a></li>
20                <li><a href="#reserva">Reserva</a></
      li>
21                <li><a href="#localizacao">Localizaç
      ão</a></li>
22            </ul>
23        Conteúdo</div>
24        <div data-role="footer">
25            <h4>11 1234-5678   </h4>
26        </div>
27    </div>
28    <div data-role="page" id="prato-do-dia">
```

5. Use a barra de rolagem e observe que todo o texto foi copiado, incluindo as marcações das imagens.

6. Salve o documento.

Alterando o layout

1. Clique no botão *Dinâmica*.

2. Clique no menu *Janela*, em seguida na opção *Amostras do jQuery Mobile*.

Será aberto o painel *Amostras do jQuery Mobile*.

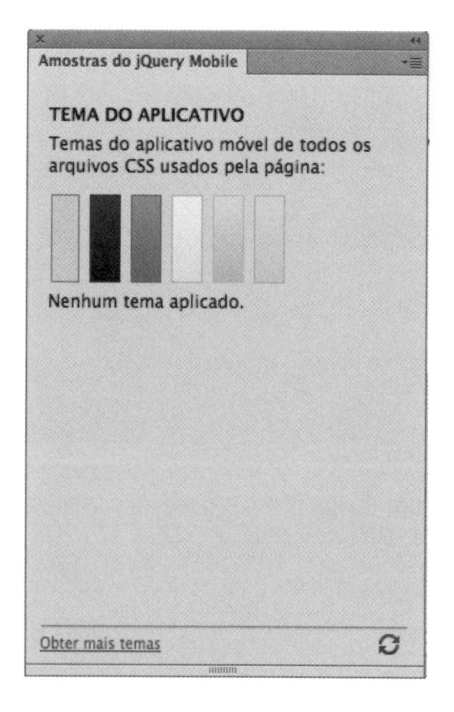

Observe que o painel mostra *Tema do Aplicativo*, isso porque o elemento selecionado na tela é a *div #inicial*. Caso seu painel esteja exibindo um conteúdo diferente, na área de código, clique na *div id="inicial"*.

3. Clique no *Tema: 'e'* (última opção) e observe o resultado.

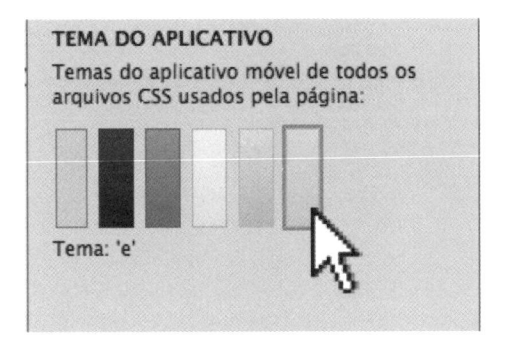

Observe que os temas estão indicados por letras. A primeira opção, mais à esquerda, é para limpar o tema; a segunda é o tema *a*; em seguida, o tema *b* e assim sucessivamente até o tema *e*. É possível criar novos temas e escolher outras letras.

4. Clique no menu *Prato do dia*. Observe que a página *Prato do dia* não recebeu qualquer alteração.

5. Clique no botão *voltar* para retornar à página anterior.

Aplicando um tema pronto

Você agora aplicará um tema pronto criado com o Adobe Fireworks. Para isso, substituirá alguns arquivos já criados pelo Adobe Dreamweaver. Uma parte dessa substituição deverá ser realizada fora do Dreamweaver, outra será realizada dentro da ferramenta, para que os arquivos sejam utilizados corretamente.

1. No gerenciador de programas de seu sistema operacional, copie os arquivos da pasta *jQueryFW* para a pasta *jquery-mobile*, substituindo os arquivos existentes.

2. Retorne ao Dreamweaver.

3. Ative o modo *Design* para voltar ao modo de edição.

4. No painel *CSS Designer*, selecione o estilo *jquery.mobile.theme-1.0.min.css* e clique no botão de excluir: −.

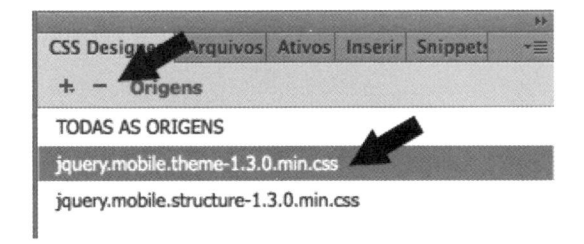

5. No mesmo painel e na mesma área, clique no botão +, *Anexar arquivo CSS existente*. Em seguida, na janela *Anexar arquivo CSS existente*, clique no botão *Procurar*. Dê um duplo clique na pasta *jquery-mobile*, depois um duplo clique no arquivo *jQueryFW.css*. De volta à janela *Anexar folha de estilos externa*, clique em *OK*.

6. Na área de código, clique em qualquer área dentro de <*div id="inicial" data-role= "page" data-theme="e">*.

7. No painel *Amostras do jQuery Mobile*, clique no botão *Atualizar*. Observe que novos estilos estão disponíveis.

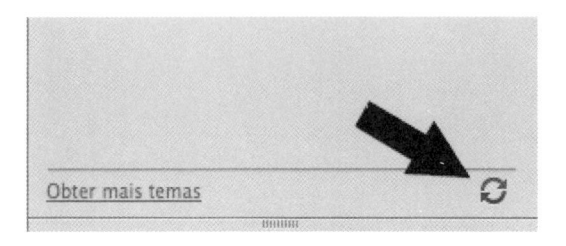

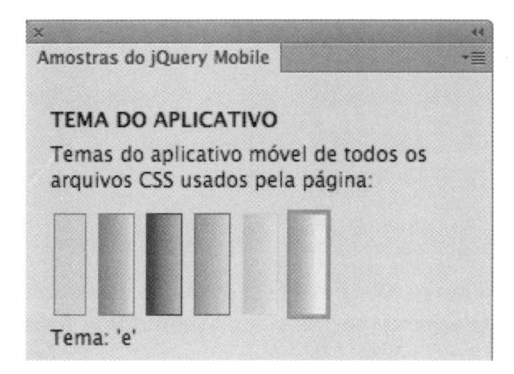

Usando um tema pronto

1. Ative o modo *Dinâmica*.
2. Na área de design, clique na tarja *Restaurante*.
3. No painel *Amostras do jQuery Mobile*, clique no botão *Tema: 'e'*.

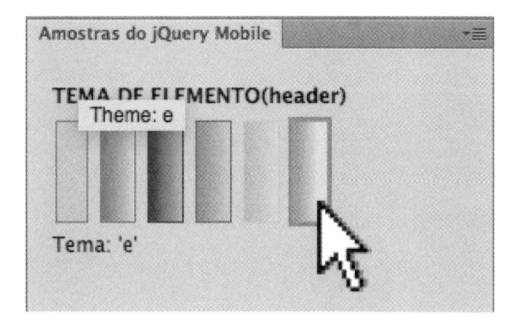

4. Repita o procedimento anterior, clicando na tarja que contém o telefone.
5. Na área de código, clique em qualquer lugar dentro de <ul data-role="listview">.
6. No painel *Amostras do jQuery Mobile*, clique no botão *Tema: 'd'*.

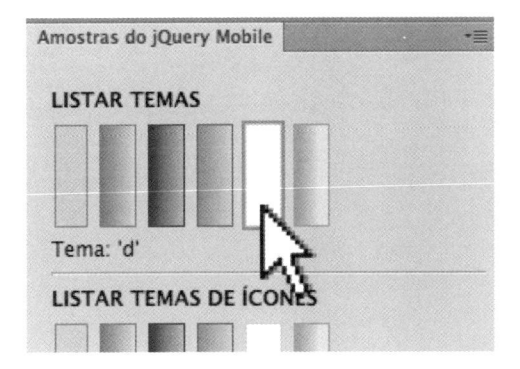

Observe o resultado.

Dessa forma, você clica em cada uma das áreas que deseja alterar e seleciona a opção desejada no painel *Amostras do jQuery Mobile*. Quando você trabalha com o modo *Dinâmica* ligado, em alguns momentos é possível fazer a seleção na própria área de design, em outros é necessário selecionar o elemento na área de código.

7. Salve o seu documento.
8. Clique na tarja *Prato do dia*.
9. Na área de design, selecione a tarja *Prato do dia*.
10. No painel *Amostras do jQuery Mobile*, clique no botão *Tema: 'e'*.
11. Repita o procedimento anterior, clicando na tarja que contém o telefone, em seguida dentro do conteúdo e, na área de código, em <div id="prato-do-dia" data-role= "page">. Dessa forma, todos os itens da página respeitam o mesmo tema.

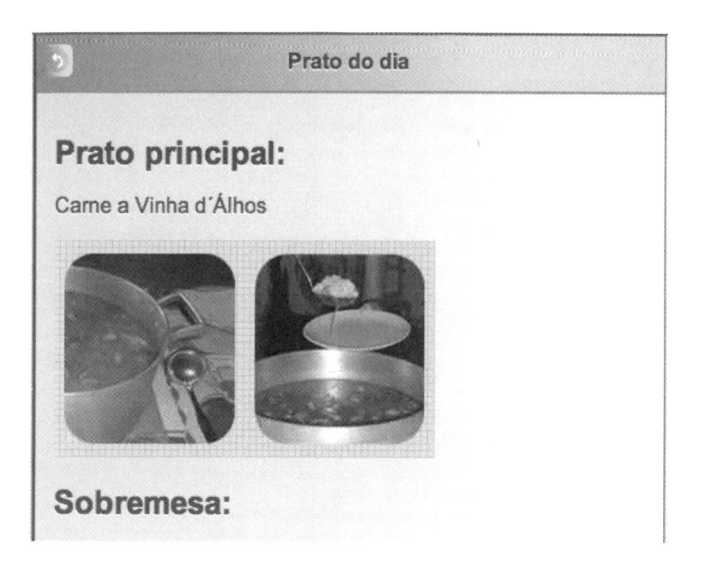

12. Clique no botão *voltar* para retornar à página anterior.
13. Salve o seu documento.
14. Nos conteúdos *Reserva* e *Localização*, altere os itens como nos procedimentos anteriores: cabeçalho, conteúdo, rodapé e div do identificador do *data-role="page"*, sempre usando *Tema: 'e'*.
15. Visualize o resultado no navegador, preferencialmente no Chrome ou no Firefox. Redimensione a janela do navegador para que ela fique aproximadamente com 320 px e navegue por seu projeto.
16. Feche a janela do navegador.
17. Feche o painel *Amostras do jQuery Mobile*.
18. Feche todos os arquivos.
19. Feche o programa ou continue na próxima atividade.

Projeto "Cidade da Criança"

Resumo:

- Site contendo as informações principais sobre a Cidade da Criança.

Objetivo:

- Oferecer as principais informações sobre a Cidade da Criança de forma que o conteúdo esteja adaptado a 3 larguras diferentes de dispositivos: celular, tablet e desktop.

Estrutura:

- Uma página única, sem navegação, contendo apenas textos e imagens.

Layout das páginas:

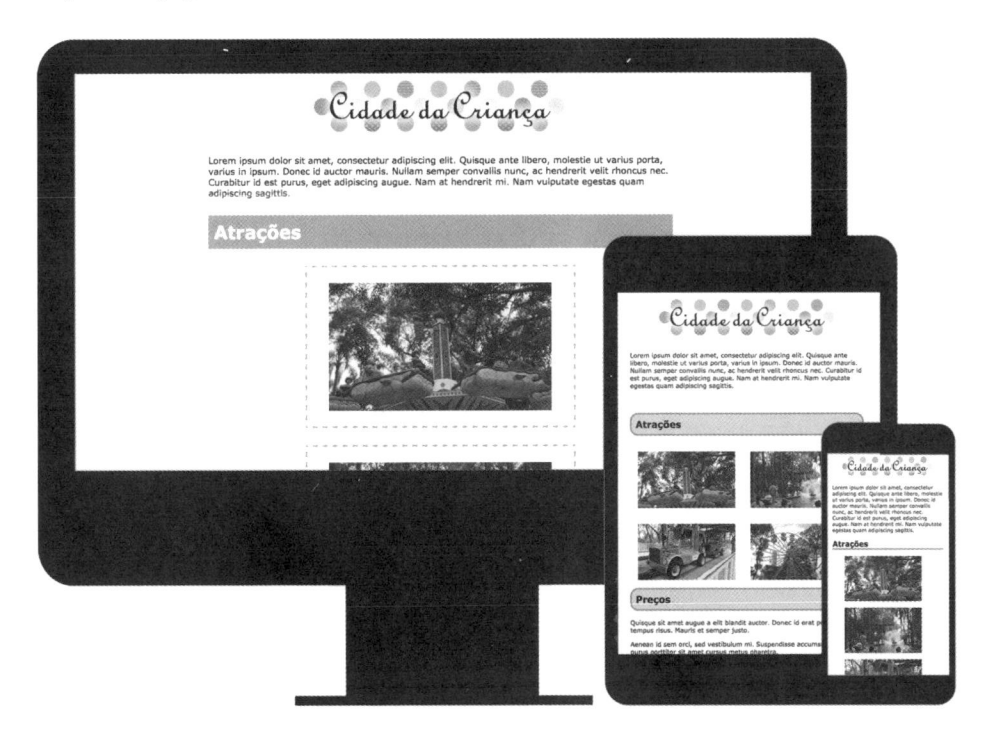

Atividade 2 – Criando um projeto com *Media Queries*

Objetivo: • Trabalhar com *Media Queries* (consultas de mídias).

Tarefas: • Criar um novo mapeamento.
- Abrir um documento existente sem estilo.
- Inserir as *Media Queries* (consultas de mídia).
- Visualizar no navegador.

Mapeamento

1. Na janela de abertura, clique no botão *Config. Site*.
2. Na janela *Configuração do site*, na caixa *Nome do site*, digite o nome do projeto: *Cidade da criança*.
3. Na opção *Pasta do site local*, clique na pasta ao lado da caixa de entrada de texto.

4. Na janela *Escolher pasta raiz*, clique no botão *Desktop/Área de Trabalho*; em seguida, clique duas vezes na pasta *dream-cc* e depois duas vezes novamente na pasta *cidade-da-crianca*. Finalize com um clique no botão *Escolher/Selecionar pasta*.

5. Ao retornar para a janela *Configuração do site*, clique no botão *Salvar*.

Inserir as *Media Queries*

1. No painel *Arquivos*, dê um duplo clique no arquivo *index.html*.

2. Clique no botão *Dividir* para observar o código e o design.

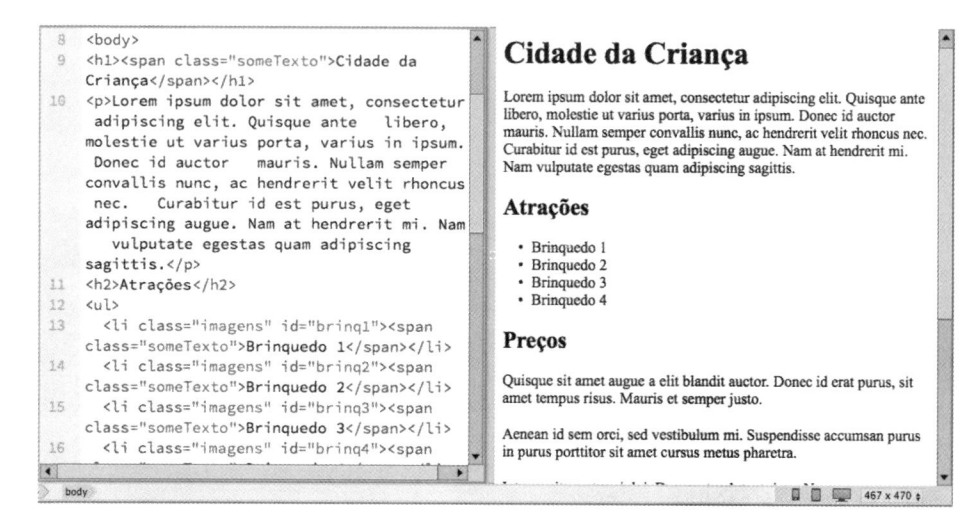

Observe que a estrutura e os estilos já estão criados, prontos para serem modificados por meio das folhas de estilo.

3. Clique no botão *Design* para não ver mais a tela dividida.

4. No painel *CSS Designer*, clique em +, *Anexar arquivo CSS existente*.

5. Na janela *Anexar arquivo CSS existente*, digite *estilo-g.css* e clique na seta para baixo ao lado de *Uso condicional*.

Essa ação abre o painel em que você irá preencher as condições de uso da folha de estilo indicada.

6. Em *Condições*, passe o mouse do lado direito da caixa *screen*, até que apareça o sinal +, e clique nele. Em seguida, escolha as opções *min-width* e *769 px* como a seguir.

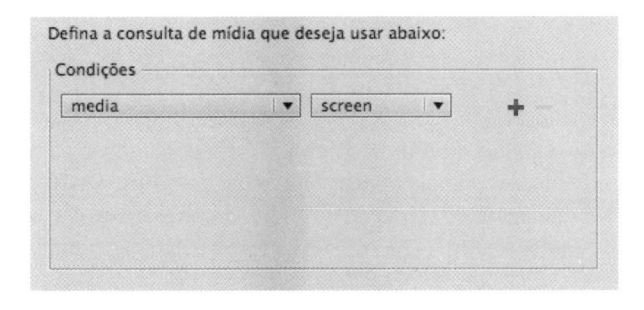

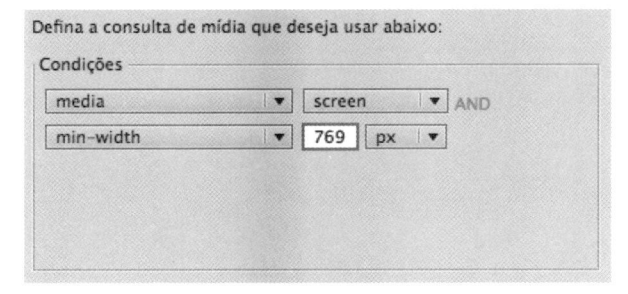

Essa ação dá as instruções de mídia: a folha de estilo será aplicada apenas aos dispositivos de tela e a partir de uma largura mínima de 769 px.

Automaticamente o programa ativa a visualização para a largura indicada.

7. No painel *CSS Designer*, clique em +, *Anexar arquivo CSS existente*.
8. Na janela *Anexar arquivo CSS existente*, digite *estilo-m.css* e clique na seta para baixo ao lado de *Uso condicional*.
9. Em *Condições*, passe o mouse do lado direito da caixa *screen*, até que apareça o sinal +, e clique nele. Em seguida, escolha as opções *min-width* e *481 px*. Passe o mouse ao final dessa linha até que apareça o sinal de +, clique no sinal e escolha as opções *max-width* e *768 px*, como a seguir.

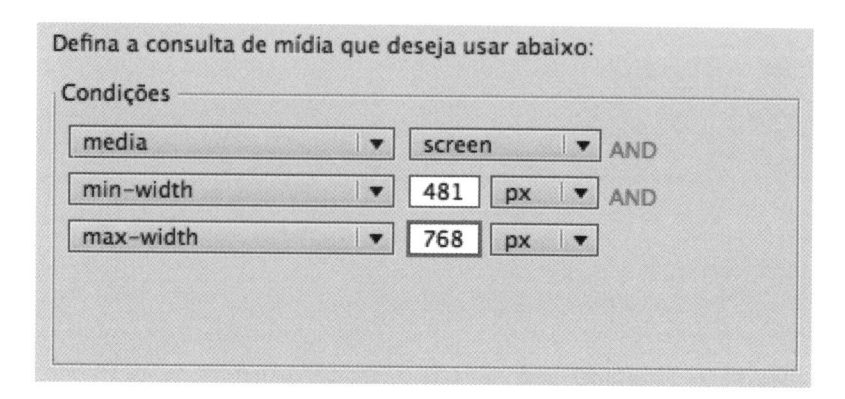

Essa ação dá as instruções de mídia: a folha de estilo será aplicada apenas aos dispositivos de largura de tela entre 481 px e 768 px.

Automaticamente o programa ativa a visualização para a largura indicada.

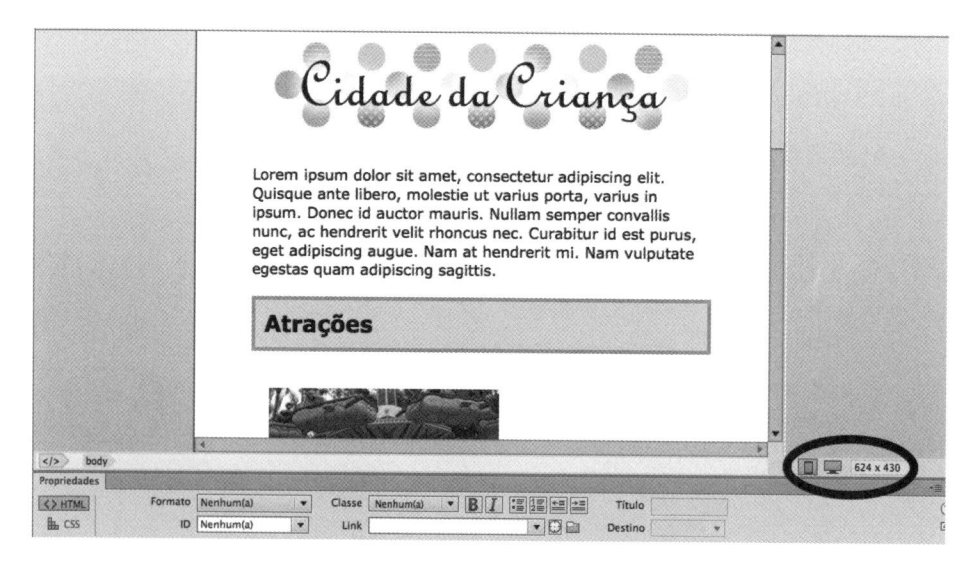

10. No painel *CSS Designer*, clique em +, *Anexar arquivo CSS existente*.

11. Na janela *Anexar arquivo CSS existente*, digite *estilo-p.css* e clique na seta para baixo ao lado de *Uso condicional*.

12. Em *Condições*, passe o mouse do lado direito da caixa *screen*, até que apareça o sinal +, e clique nele. Em seguida, escolha as opções *max-width* e *480 px*, como a seguir:

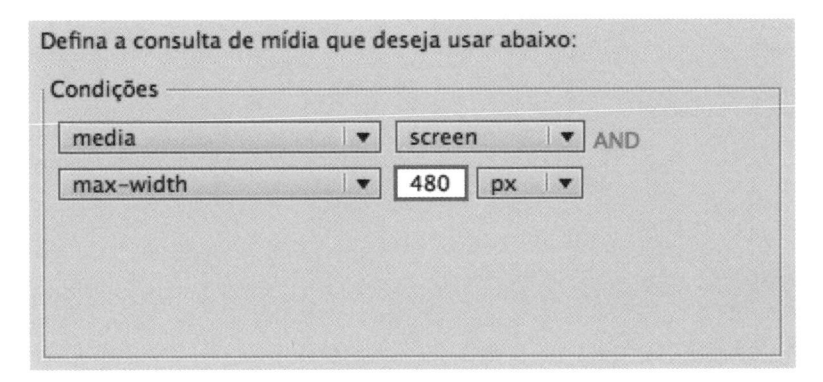

Essa ação dá as instruções de mídia: a folha de estilo será aplicada apenas aos dispositivos de largura de tela de no máximo 480 px.

Automaticamente o programa ativa a visualização para a largura indicada. Se preferir, clique no ícone de celular da barra.

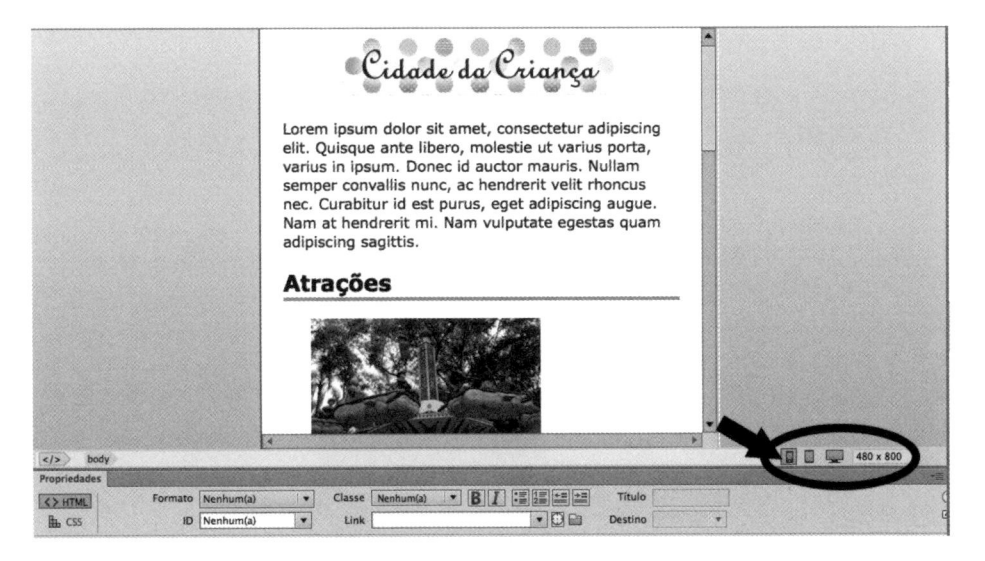

Inserir *viewport*

1. No menu *Inserir*, clique em *Head*, em seguida, em *Meta*. Na janela *Meta*, preencha a caixa *Valor* com *viewport* e a caixa *Conteúdo* com *width=device-width*. Clique no botão *OK*.

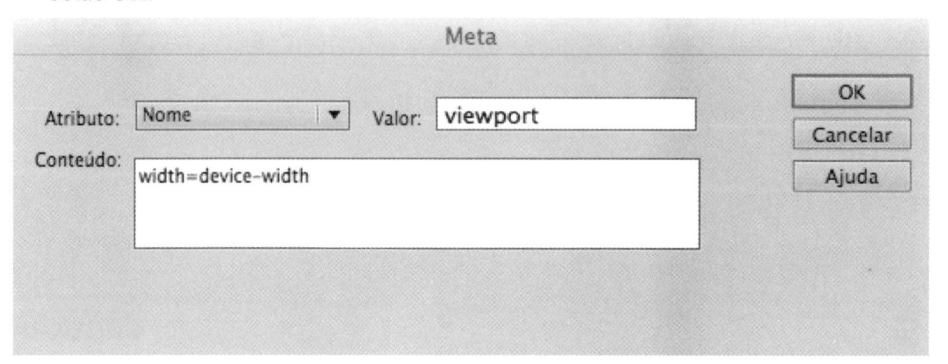

Essa ação adiciona a instrução para que o dispositivo que está lendo sua página use sua largura física como a largura de janela.

2. Salve o seu documento e visualize o resultado no navegador. Redimensione a janela para poder observar o resultado dos estilos aplicados aos três tamanhos diferentes de tela.

3. Feche o navegador e retorne ao programa.

4. Feche o seu documento.

5. Feche o programa ou continue na próxima atividade.

Projeto "Ciclovia"

Resumo:

- Página de divulgação de opções de ciclovia. Textos retirados da Wikipedia (http://pt.wikipedia.org/wiki/Ciclovia).

Objetivo:

- Mostrar as diferentes opções de ciclovia.

Estrutura:

- Página única, sem navegação, exibindo as opções. O conteúdo deve estar preparado para se adaptar automaticamente a diversos tipos de telas.

Layout das páginas:

Atividade 3 – Criando um projeto com layout de grade fluida

Objetivo:
- Trabalhar com layout de grade fluida.

Tarefas:
- Criar um novo mapeamento.
- Criar um novo arquivo a partir do layout de grade fluida.
- Inserir conteúdo pronto.
- Preparar os três tipos de layout.
- Personalizar os layouts.
- Visualizar no navegador.

Mapeamento

1. Na janela de abertura, clique no botão *Config. Site*.
2. Na janela *Configuração do site*, na caixa *Nome do site*, digite o nome do projeto: *Ciclovia*.
3. Na opção *Pasta do site local*, clique na pasta ao lado da caixa de entrada de texto.
4. Na janela *Escolher pasta raiz*, clique no botão *Desktop/Área de Trabalho*; em seguida, clique duas vezes na pasta *dream-cc* e depois duas vezes novamente na pasta *ciclovia*. Finalize com um clique no botão *Escolher/Selecionar pasta*.
5. Ao retornar para a janela *Configuração do site*, clique no botão *Salvar*.

Criar um layout de grade fluida

1. Na janela de abertura, clique no botão *Layout de grade fluida*.

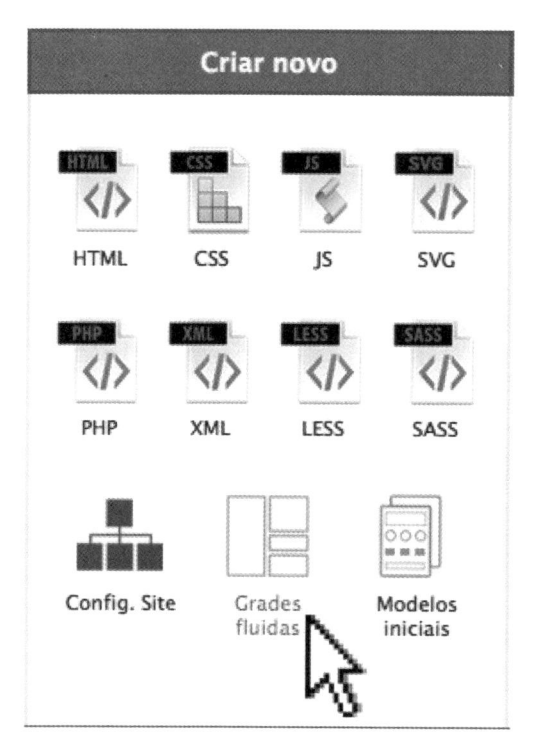

2. Na janela *Novo documento*, observe os valores dos números de colunas destinados a cada um dos layouts. *Móvel*: 4; *Digitalizador*: 8; *Área de trabalho*: 12. Em seguida, clique no botão *Criar*.

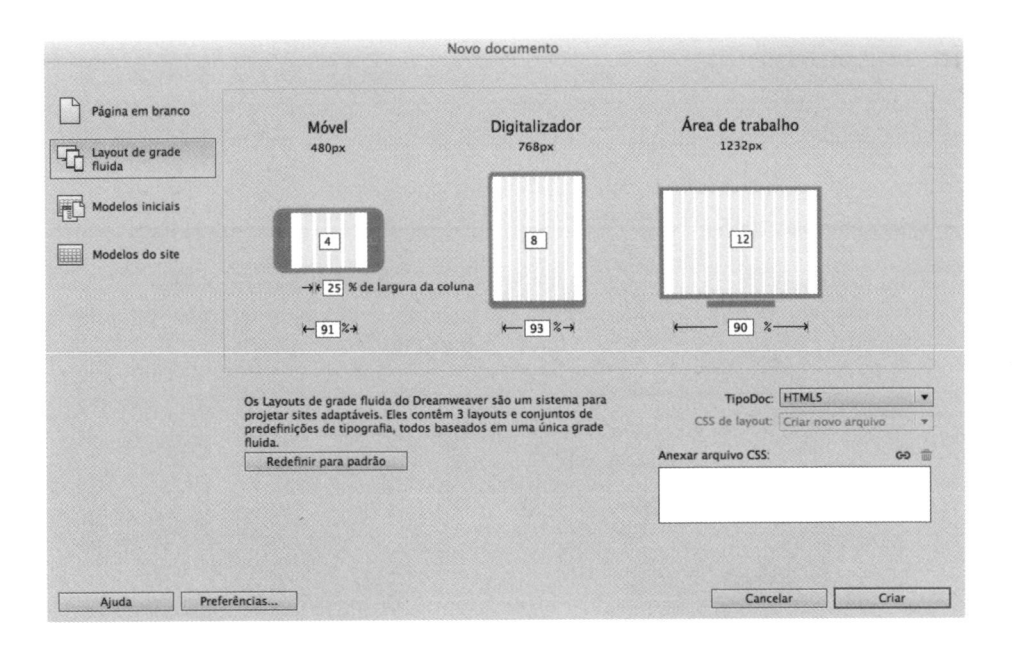

3. O programa abre a janela para você escolher o nome da folha de estilos destinada a esse documento. Digite *ciclovia* e clique no botão *Salvar*.

O programa abre então o documento já com um conteúdo provisório, com a tela dividida entre *Código* e *Dinâmica* e no modo de visualização para celular. Clique no painel *CSS Designer* e observe que há dois estilos, um da biblioteca *boilerplate*, responsável pela responsividade do projeto, e outro, recém-criado, para que você possa realizar todas as suas edições.

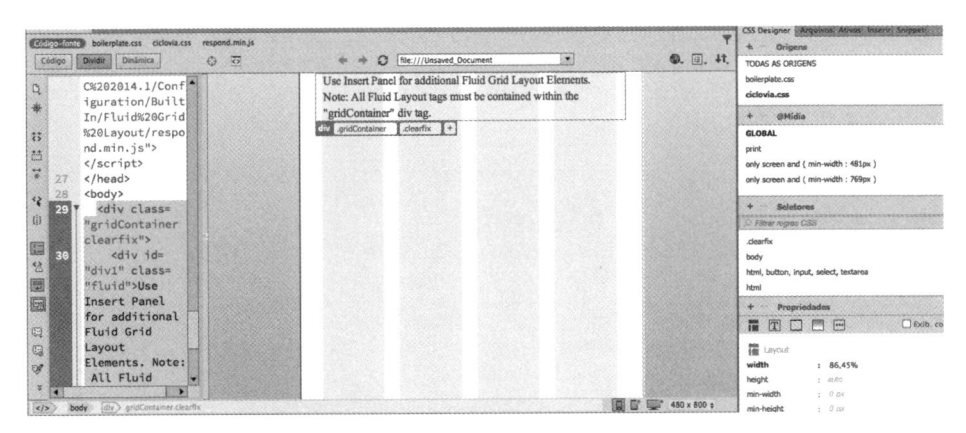

4. Clique em qualquer lugar na área de código. Em seguida, no painel *Propriedades*, na caixa *Título do documento*, digite *Ciclovia* e salve esse arquivo como *index.html*.

5. O programa avisará que o conteúdo necessário para a execução desse design será criado e copiado na pasta *ciclovia*. Clique no botão *Copiar*.

Inserir conteúdo

A recomendação inicial do design responsivo é trabalhar primeiro com o conteúdo para telefone celular, e em seguida fazer as alterações que forem necessárias nas outras visualizações.

Adaptar conteúdo inicial

1. Clique duas vezes na caixa do conteúdo existente. Pressione *Enter* e digite *Ciclovia*. Pressione *Ctrl + Enter* (*Cmd + Enter*). Em seguida, com a caixa do texto selecionada, no painel *Propriedades*, escolha a opção *Cabeçalho 1*.

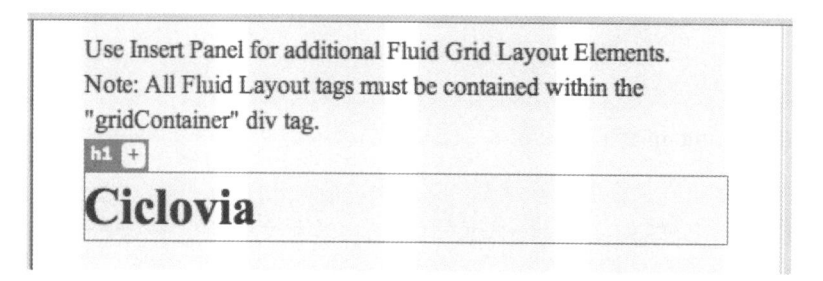

2. Selecione a caixa do texto inicial e pressione *Delete*.

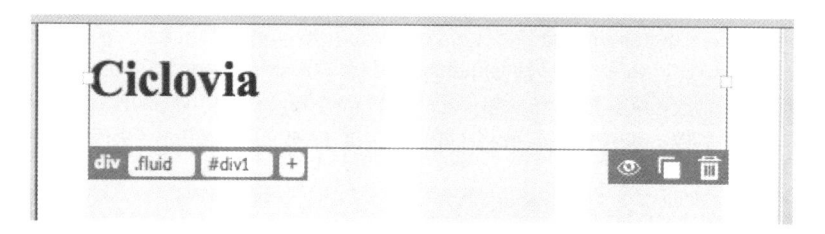

3. Com a caixa *#div1* selecionada, no painel *Propriedades*, altere seu identificador para *topo*.

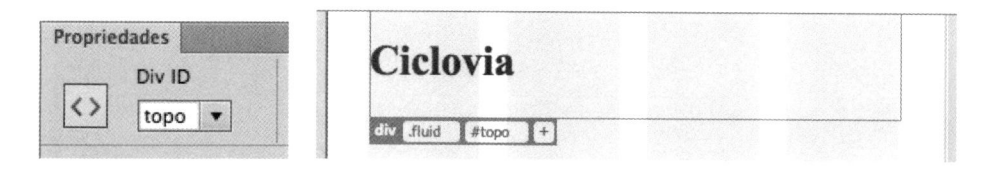

4. Salve o documento.

Inserir cabeçalho

1. No painel *Arquivos*, clique duas vezes no arquivo *ciclovia.txt*. Selecione os dois primeiros parágrafos e copie-os.

2. Clique na aba *index.html* e em qualquer área fora da caixa *#topo*.

3. No painel *Inserir* e na opção *Estrutura*, clique no botão *Cabeçalho*. Na caixa *Inserir Header*, clique em *ID*, digite o nome *chamada* e verifique se a caixa *Inserir como um elemento fluido* está ativa. Em seguida, clique no botão *OK*.

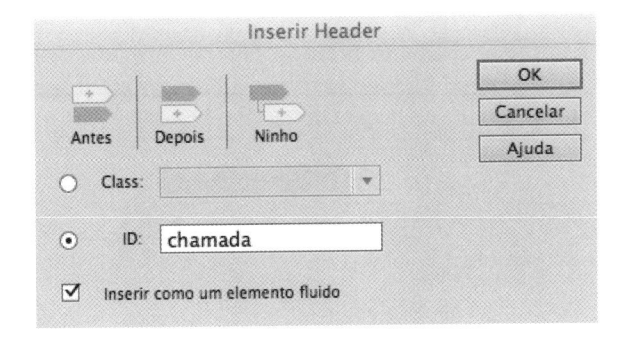

As grades fluidas permitem sua movimentação através dos layouts para os diferentes tamanhos. Você usará esse recurso mais adiante.

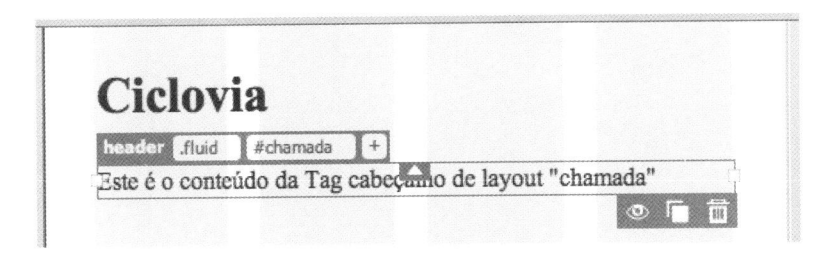

4. Clique duas vezes na caixa *#chamada*, selecione todo o conteúdo provisório, apague-o e cole o conteúdo anteriormente copiado. Clique ao final do fechamento do link e pressione *Enter* para criar dois parágrafos independentes. Pressione *Ctrl + Enter* (*Cmd + Enter*) para sair do modo de edição.

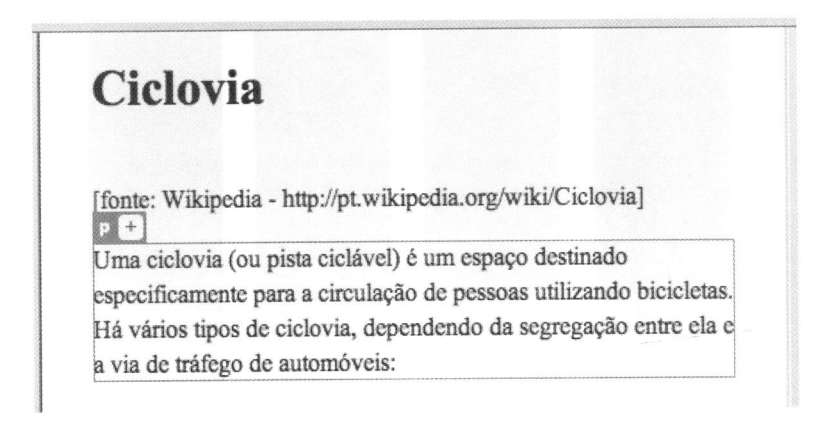

5. Salve o documento.

Inserir seções

1. Clique na aba *ciclovia.txt*. Selecione o terceiro parágrafo e copie.
2. Clique na aba *index.html* e em qualquer área fora das caixas anteriormente criadas.
3. No painel *Inserir* e na opção *Estrutura*, clique no botão *Seção*. Na caixa *Inserir Section*, clique em *ID*, digite o nome *trafego* e verifique se a caixa *Inserir como um elemento fluido* está ativa. Em seguida, clique no botão *OK*.

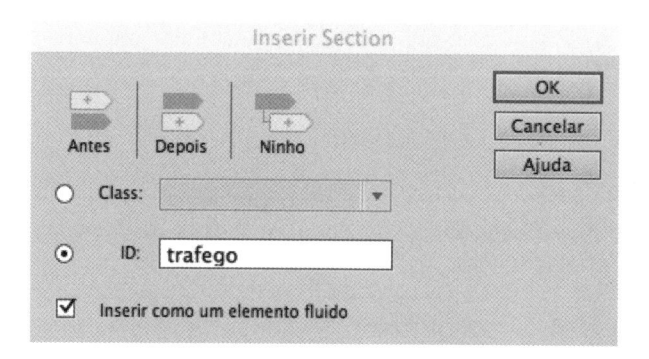

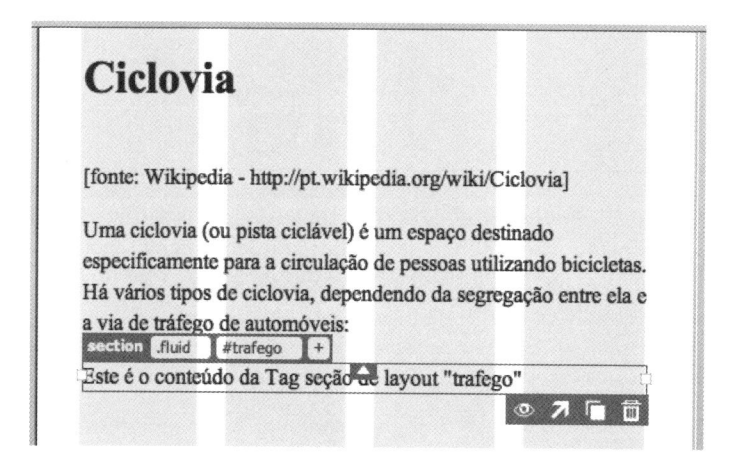

4. Clique duas vezes na caixa *recém-criada*, selecione todo o conteúdo provisório, apague-o e cole o conteúdo anteriormente copiado. Pressione *Ctrl + Enter* (*Cmd + Enter*) para sair do modo de edição.
5. Na área de código, clique em qualquer parte dentro do texto recém-criado e deixe o cursor piscando; em seguida, no painel *Propriedades*, caixa *Formato*, clique em *Parágrafo*.

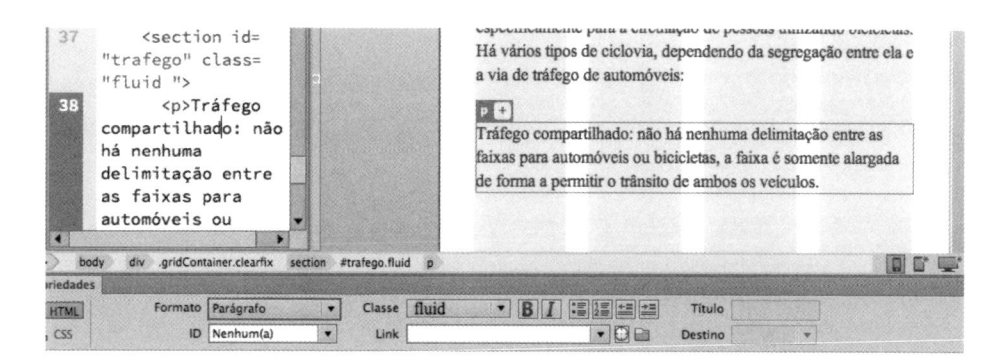

6. Na área *Dinâmica*, clique no parágrafo recém-criado; em seguida, no painel *Inserir* e na opção *Comum*, clique em *Régua Horizontal*. Na caixa de opções, escolha *Depois*.

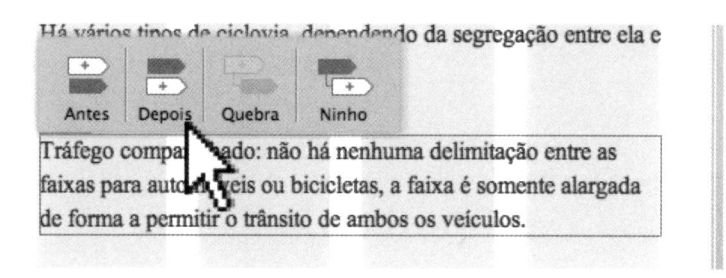

A régua é inserida após o parágrafo criado.

7. Salve os seus documentos.
8. Repita todos os procedimentos anteriores, de 1 a 7, para criar mais duas seções:
- *ID*: *ciclofaixa* (com o quarto parágrafo do arquivo *ciclovia.txt*);
- *ID*: *ciclovia* (com o último parágrafo do arquivo *ciclovia.txt*).

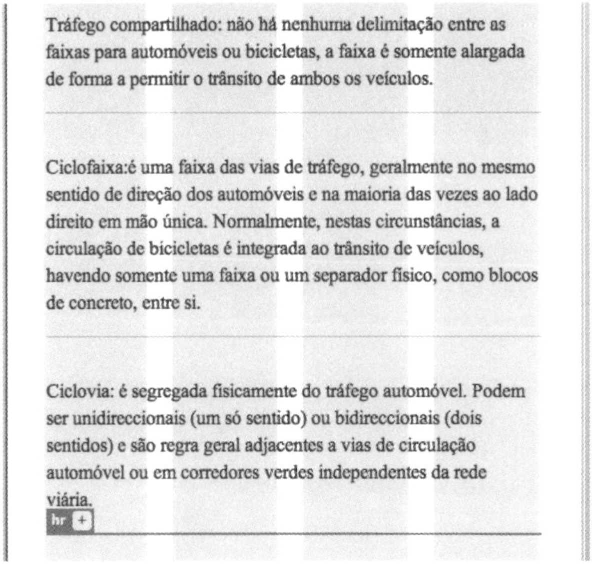

Tráfego compartilhado: não há nenhuma delimitação entre as faixas para automóveis ou bicicletas, a faixa é somente alargada de forma a permitir o trânsito de ambos os veículos.

Ciclofaixa:é uma faixa das vias de tráfego, geralmente no mesmo sentido de direção dos automóveis e na maioria das vezes ao lado direito em mão única. Normalmente, nestas circunstâncias, a circulação de bicicletas é integrada ao trânsito de veículos, havendo somente uma faixa ou um separador físico, como blocos de concreto, entre si.

Ciclovia: é segregada fisicamente do tráfego automóvel. Podem ser unidireccionais (um só sentido) ou bidireccionais (dois sentidos) e são regra geral adjacentes a vias de circulação automóvel ou em corredores verdes independentes da rede viária.

Ajustar conteúdo

Versão tablet

1. Clique no botão de visualização para tablet.

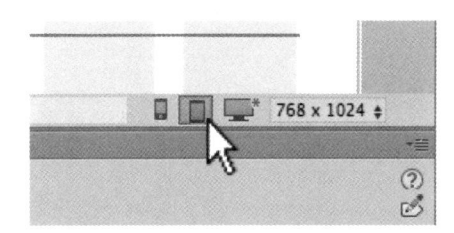

2. Na área de design, selecione a caixa *#ciclofaixa*. Em seguida, clique no controlador à direita e arraste-o para a esquerda, diminuindo a caixa até que tenha quatro colunas de largura.

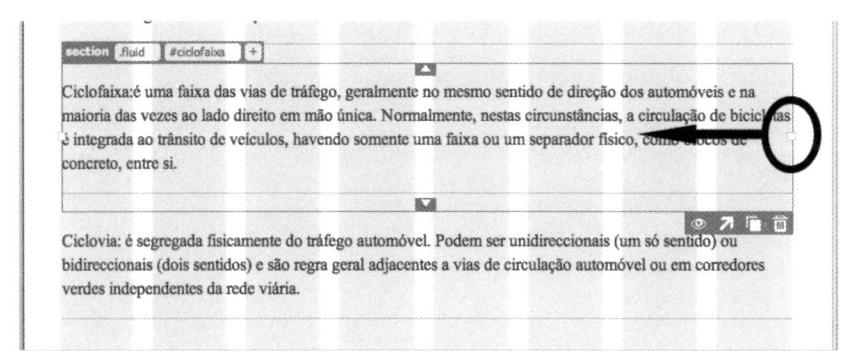

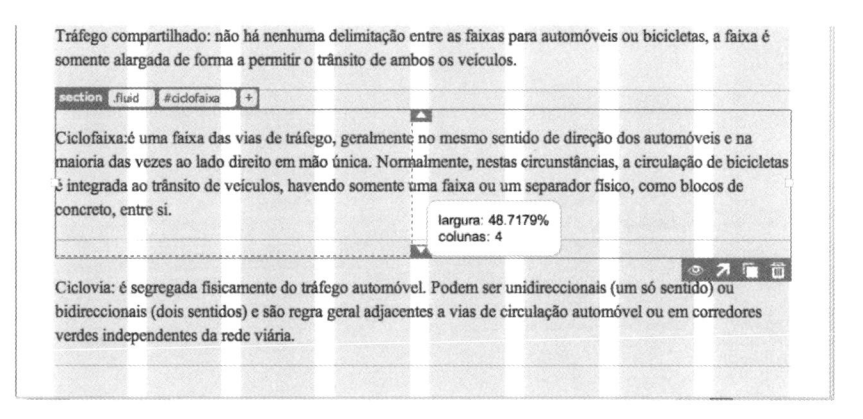

> Tráfego compartilhado: não há nenhuma delimitação entre as faixas para automóveis ou bicicletas, a faixa é somente alargada de forma a permitir o trânsito de ambos os veículos.
>
> Ciclofaixa: é uma faixa das vias de tráfego, geralmente no mesmo sentido de direção dos automóveis e na maioria das vezes ao lado direito em mão única. Normalmente, nestas circunstâncias, a circulação de bicicletas é integrada ao trânsito de veículos, havendo somente uma faixa ou um separador físico, como blocos de concreto, entre si.
>
> Ciclovia: é segregada fisicamente do tráfego automóvel. Podem ser unidireccionais (um só sentido) ou bidireccionais (dois sentidos) e são regra geral adjacentes a vias de circulação automóvel ou em corredores verdes independentes da rede viária.

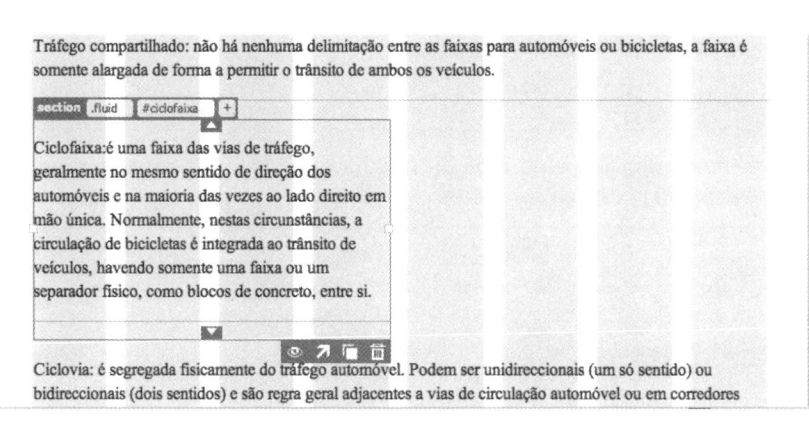

3. Na área de design, selecione a caixa #*ciclovia*. Em seguida, clique no controlador à direita e arraste-o para a esquerda, diminuindo a caixa até que tenha quatro colunas de largura.

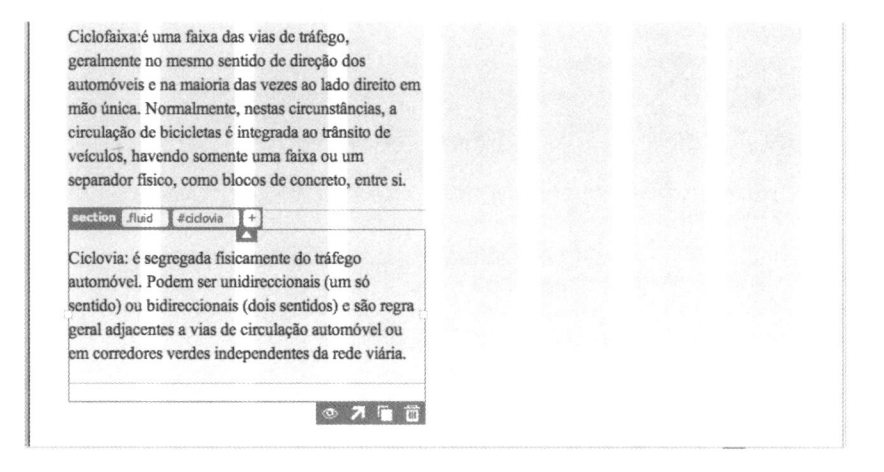

4. Clique na seta *mover para cima* dessa caixa.

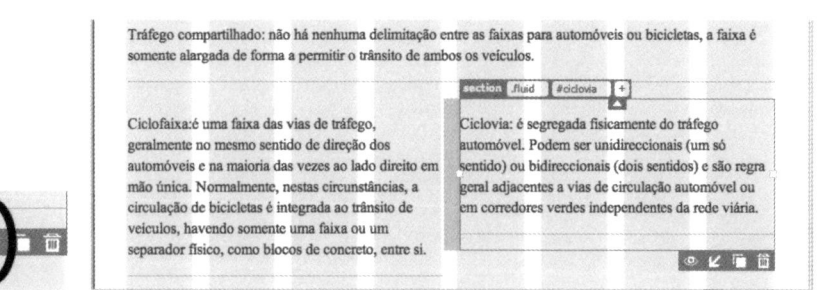

Observe que toda a caixa foi deslocada para a linha de cima, ficando ao lado da caixa #ciclofaixa.

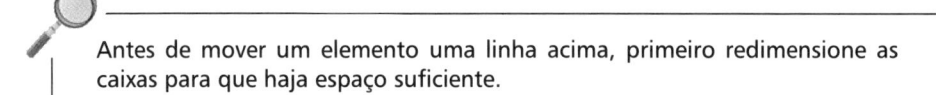

Antes de mover um elemento uma linha acima, primeiro redimensione as caixas para que haja espaço suficiente.

5. Salve os seus documentos.

Versão desktop

1. Clique no botão *Dinâmica* para fechar a área de código.
2. Clique no botão de visualização para desktop.

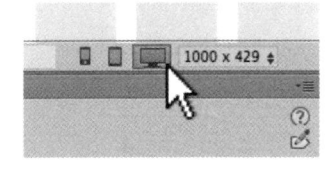

3. Clique na caixa #ciclovia, em seguida, clique na seta *mover para cima* dessa caixa.
4. Clique na caixa #ciclofaixa, em seguida, clique na seta *mover para cima* dessa caixa.

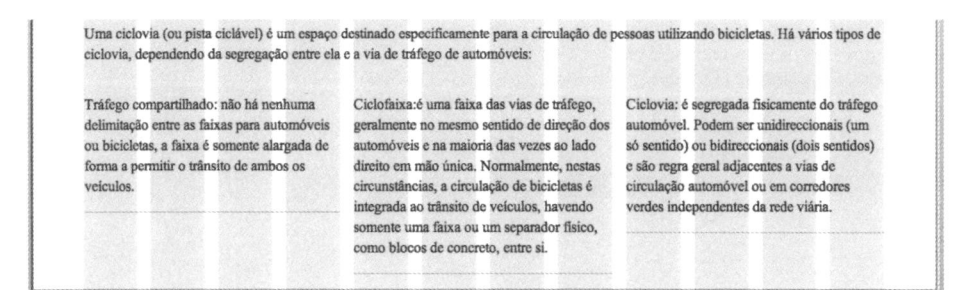

Os dois procedimentos anteriores posicionaram as caixas lado a lado.

5. Salve os seus documentos.
6. Visualize a página no navegador, redimensione a sua janela e observe os resultados dos diferentes layouts em cada uma das larguras das telas.
7. Feche a janela do navegador e retorne ao programa.

Personalizando um layout de grade fluida

Personalizar um layout de grade fluida é como personalizar qualquer layout de página: devem-se criar estilos. Porém, é necessário tomar alguns cuidados, pois você está lidando com três folhas de estilo ao mesmo tempo.

1. Clique no painel *CSS Designer* e observe a área *@Mídia:*

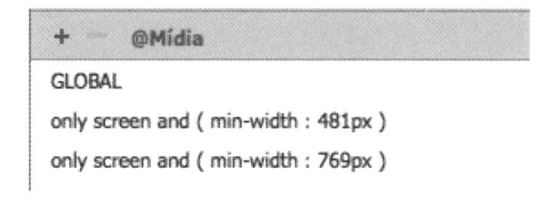

```
+  -   @Mídia
GLOBAL
only screen and ( min-width : 481px )
only screen and ( min-width : 769px )
```

- *global*: cuida do aspecto geral da página e transmite por herança suas declarações para os outros tamanhos;
- *min-width 481 px*: cuida do que será apresentado em telas a partir de 481 px de largura;
- *min-width 769 px*: cuida do que será apresentado em telas a partir de 769 px de largura.

Comum a todos

1. Clique no botão *Tamanho do dispositivo móvel* para visualizar a tela nesse padrão.

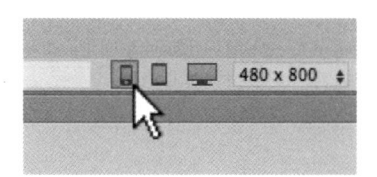

2. Clique na caixa *#topo*.

3. No painel *CSS Designer*, observe que já aparece selecionado, identificado em negrito, a folha de estilo externa *ciclovia.css*, a *@mídia global* e o seletor *#topo*.

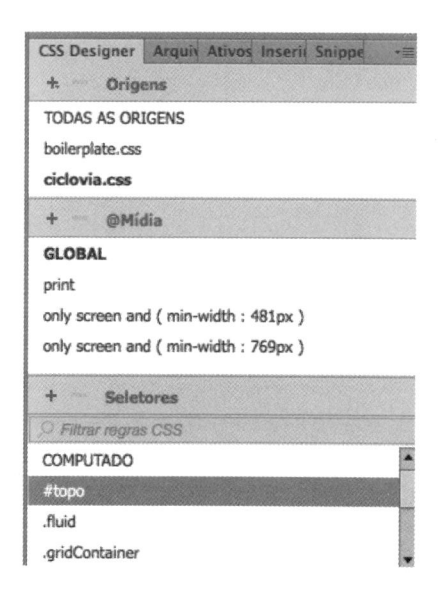

4. Na área *Propriedades* desse painel, altere:
   - grupo *Layout*:
     - *padding-top*: *120 px*.
   - grupo *Fundo*:
     - *background-image* – url: *ciclovia.jpg*;
     - *background-position*: *center top*;
     - *background-repeat*: *repeat-x*.

5. Salve os documentos.
6. Clique nos botões *Tablet* e *Desktop* para ver o resultado nas outras telas.

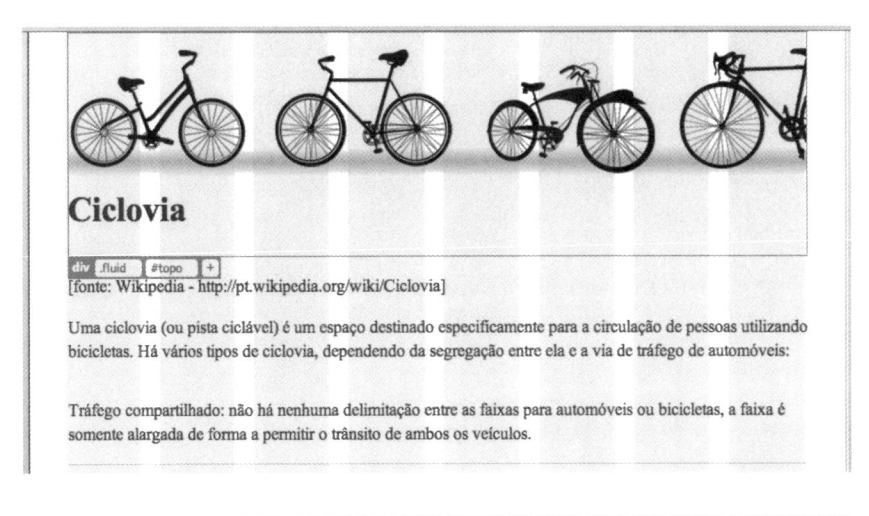

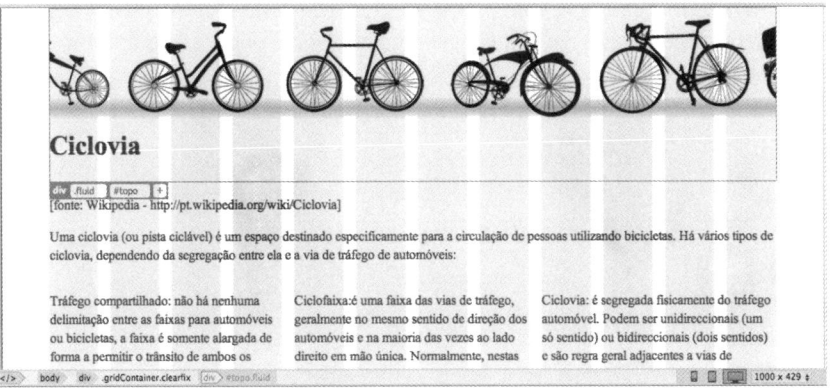

Estilo para tablet e desktop

1. Clique no botão de visualização de tablet.
2. Clique na caixa #*chamada* e observe no painel *CSS Designer* que a @*Mídia* selecionada é *min-width: 481 px*.
3. Na área *Propriedades* desse painel, altere:
   - grupo *Layout*:
     - *padding-bottom*: 20 px.
   - grupo *Fundo*:
     - *background-image* – url: *ciclovia-bg.jpg*;
     - *background-position*: *center bottom*;
     - *background-repeat*: *repeat-x*.

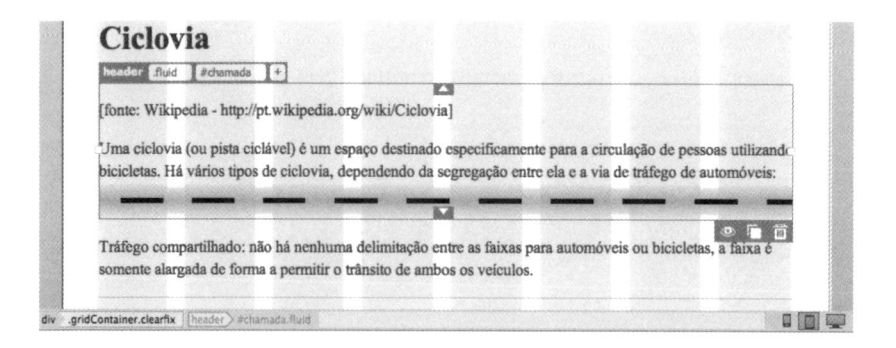

4. Clique nos outros botões de tamanho e observe que, nas telas menores, a propriedade não foi adicionada, mas nas telas maiores foi.
5. Salve todos os arquivos.

Imagem apenas para tablet e desktop

1. Clique no botão de visualização de tablet.
2. Clique no parágrafo que inicia com "Uma ciclovia (ou pista ciclável)", em seguida, no painel *Ativos*, opção *Imagem*, clique na imagem *ciclista.png* e no botão *Inserir*. No quadro de opções, escolha *Ninho*.

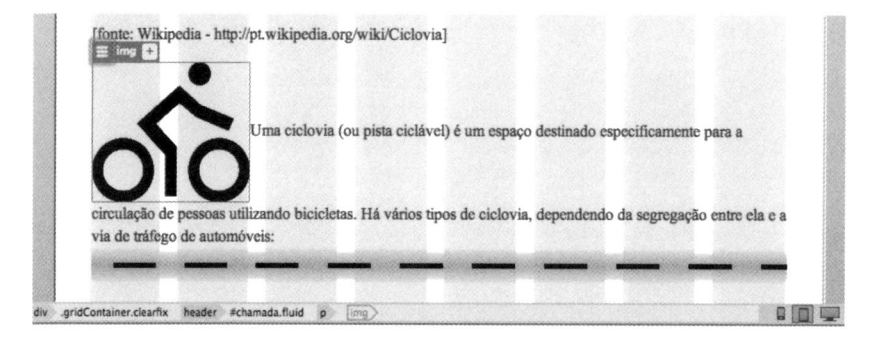

3. Com a imagem selecionada, no painel *Propriedades* e na caixa *ID*, digite *figCiclista*.
4. Com a imagem selecionada, no painel *CSS Designer*, clique em *ciclovia.css*; na área *@Mídia*, clique em *only screen and (min-width: 481 px)*; e na área *Seletores*, clique em +. Pressione a tecla de seta para cima até que fique apenas o seletor *#figCiclista* e pressione *Enter*. Em seguida, na área *Propriedades*, altere:
   - grupo *Layout*:
     - *display*: *inline*;
     - *margin-right*: *20 px*;
     - *float*: *left*.
5. Clique no botão de visualização de celular.

6. Clique na imagem e observe que o painel *CSS Designer* já indica *ciclovia.css* e *@Mídia, Global*.
7. Com a imagem selecionada, no painel *CSS Designer* e na área *Seletores*, clique em +. Pressione a tecla de seta para cima até que fique apenas o seletor *#figCiclista* e pressione *Enter*. Em seguida, na área *Propriedades*, altere:
   - grupo *Layout*:
     - *display*: *none*.
8. Salve todos os arquivos.
9. Visualize o resultado no navegador. Redimensione sua janela e observe que o layout vai se degradando de forma elegante obedecendo suas últimas alterações, inclusive tornando invisível a imagem nas telas menores.
10. Feche a janela do navegador e retorne ao programa.
11. Feche todos os arquivos.
12. Feche o programa.

Resumo do capítulo

Para	Procedimentos	Botão/teclas de atalho
Abrir painel *Amostras do jQuery Mobile*	Clique no menu *Janela*, em seguida na opção *Amostras do jQuery Mobile*.	
Inserir elementos *jQuery Mobile*	Painel *Inserir*, opção *jQuery Mobile*.	
Visualizar tamanho de celular na janela do documento	Clique no botão *Tamanho do dispositivo móvel*.	📱
Visualizar tamanho de digitalizador (tablet) na janela do documento	Clique no botão *Tamanho do digitalizador*.	📱
Visualizar tamanho da área de trabalho (desktop) na janela do documento	Clique no botão *Tamanho da área de trabalho*.	🖥️

(cont.)

Para	Procedimentos	Botão/teclas de atalho
Visualizar tamanho de smartphone 320 px na janela do documento	Clique no botão *Smart Phone*.	320 x 480 Smart Phone
Criar um layout de grade fluida	Na tela de abertura, clique no botão *Grades fluidas*, ou clique no menu *Arquivo*, opção *Layout de grade fluida*.	Grades fluidas
Mover para cima uma *div* de layout de grade fluida	Clique em qualquer área dentro da *div*, em seguida clique no botão *Mover para cima uma linha*.	

Exercícios propostos

1. Use sua criatividade e, com suas próprias imagens e textos, desenvolva três aplicações diferentes usando:
   - *jQuery Mobile;*
   - *Media queries;*
   - layout flexível.

Anotações

Anotações

7
Verificando erros e publicando o website

OBJETIVO

- Trabalhar com as ferramentas de verificação de erros
- Publicar o website

A publicação é o ponto mais importante de um projeto de website. Não é necessário ter nenhum programa adicional para realizá-la, já que é feita diretamente com o Dreamweaver, por meio de uma interface bastante amigável. Mas é muito importante realizar a verificação e a correção de erros antes do envio, o que também é feito de forma extremamente simples dentro do próprio programa.

Neste capítulo, você fará um mapeamento único, onde estão as páginas de teste, e um projeto completo para a publicação.

Projeto "Miniaturas"

Resumo:

- Portfólio de divulgação do trabalho de miniaturas.

Objetivo:

- Mostrar o trabalho de forma simples, primeiro com imagens pequenas e depois com sua ampliação.

Estrutura:

- Página inicial com as miniaturas que, quando clicadas, dão acesso à página com a ampliação.

Atividade 1 – Executando a verificação de erros

Objetivo: • Verificar erros em páginas.

Tarefas: • Criar um novo mapeamento.
- Manipular as ferramentas de erros.

Mapeamento

1. Abra o programa.
2. Na janela de abertura, clique no botão *Config. Site*.
3. Na janela *Configuração do site*, na caixa *Nome do site*, digite o nome do projeto: *Miniaturas*.
4. Na opção *Pasta do site local*, clique na pasta ao lado da caixa de entrada de texto.
5. Na janela *Escolher pasta raiz*, clique no botão *Desktop/Área de Trabalho*; em seguida, clique duas vezes na pasta *dream-cc* e depois duas vezes novamente na pasta *miniaturas*. Finalize com um clique no botão *Escolher/Selecionar pasta*.
6. Ao retornar para a janela *Configuração do site*, clique no botão *Salvar*.

Botão *Verificar ortografia*

1. No painel *Arquivo*, dê duplo clique no arquivo *index.html*.
2. Clique no menu *Comandos*, *Verificar ortografia*.

Esse procedimento inicia a verificação ortográfica do conteúdo da página.

> A verificação ortográfica do Dreamweaver CC é aderente ao acordo ortográfico em vigor desde 2009.

> Você também pode iniciar a verificação ortográfica usando as teclas de atalho *Shift + F7*.

3. A primeira palavra encontrada com erro é exibida na janela *Verificar ortografia*. Verifique na caixa *Alterar para* se a opção está correta e clique no botão *Alterar*.

Verificar ortografia

Palavra não localizada no dicionário:
Miniaturass   Adicionar a Pessoal

Alterar para: Miniaturas

Sugestões:
- Miniaturas
- Miniaturasse
- Miniaturais
- Miniaturizas
- Miniatura
- Miniaturismos

Ignorar | Alterar | Ignorar tudo | Alterar tudo

Ajuda | Fechar

4. A verificação continua e uma nova palavra é encontrada. Nesse caso, a palavra não deve ser alterada, então clique no botão *Ignorar*.

5. A verificação prossegue e uma nova palavra é encontrada. Verifique na caixa *Alterar para* se a opção estiver correta e clique no botão *Alterar*.
6. Uma nova janela indica o fim do processo de correção. Clique no botão *OK*.

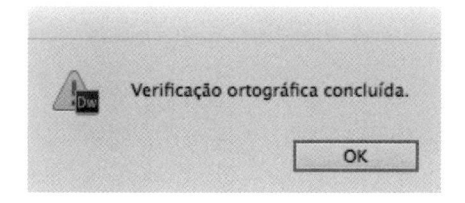

> Você pode adicionar palavras ao dicionário clicando no botão *Adicionar a Pessoal*, porém o programa não oferece uma forma para remover palavras adicionadas.

7. Salve o seu documento.

Verificando links

1. No menu *Site*, clique em *Verificar links no site inteiro*. O programa abrirá o painel de verificações na aba *Verificador de links* já exibindo os possíveis erros nos links.

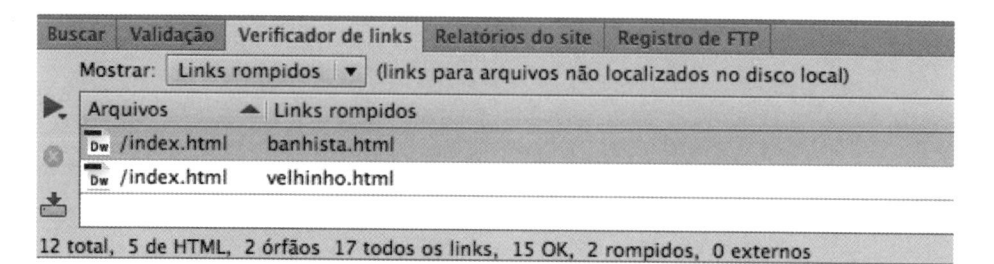

> Esse painel pode ser acessado por meio das teclas de atalho *Ctrl* + *F8* (*Cmd* + *F8*).

2. Você tem duas formas de resolver o problema. Veja como cada uma funciona:

    - clique duas vezes sobre o nome do arquivo *index.html* desse painel. Esse procedimento vai selecionar o item que está com problema (link *banhista.html*). Então, no painel *Propriedades*, você poderá refazer o link para a página correta (*banhistas.html*).

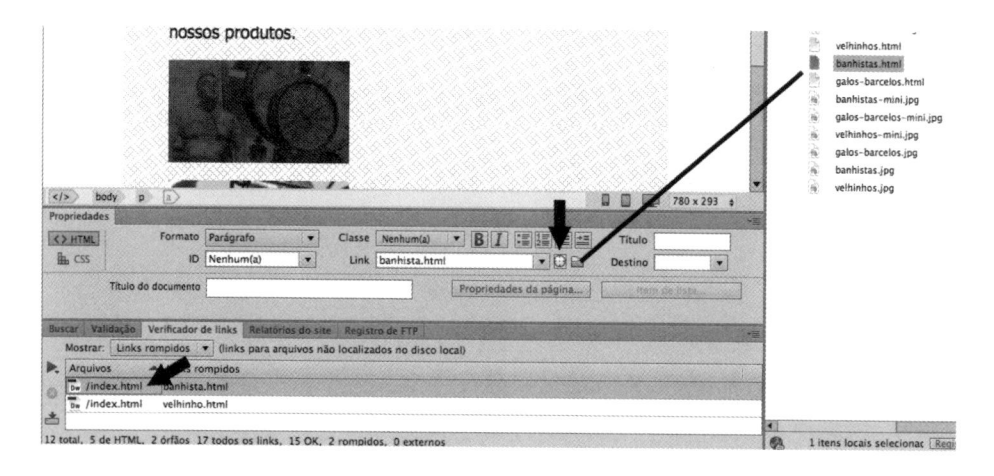

    - Clique sobre o nome do link rompido *velhinho.html* desse painel, em seguida digite o nome correto do arquivo, *velhinhos.html*, e pressione a tecla *Enter*.

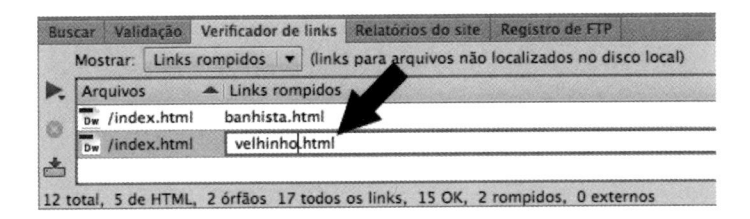

Em qualquer um dos casos, ao solucionar o problema, o painel *Resultados*, na aba *Verificador de links*, ficará vazio.

Relatórios do site

1. Salve o seu documento antes de solicitar os relatórios do site.
2. Ainda com o painel *Resultados* aberto, clique na aba *Relatórios do site* e, em seguida, clique na seta no canto direito do painel.

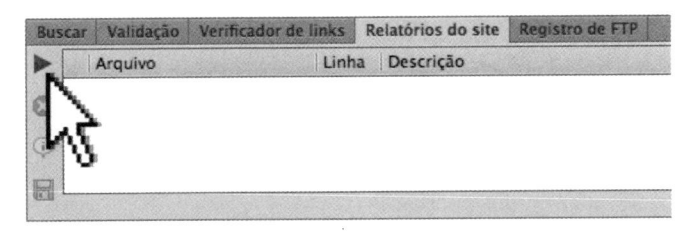

3. Na janela *Relatórios*, marque todas as opções de *Relatórios HTML* e clique no botão *Executar*.

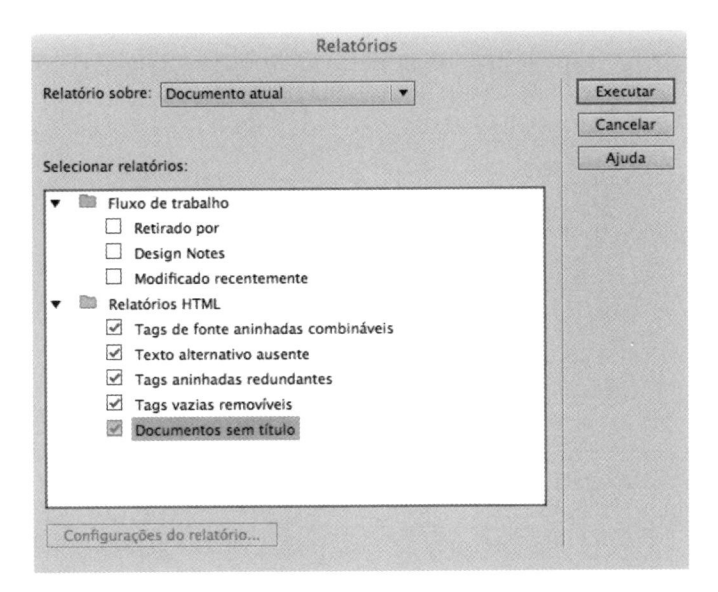

Esse procedimento vai buscar, no documento atual, problemas relacionados aos itens solicitados na janela. O resultado será exibido no painel, conforme a seguir.

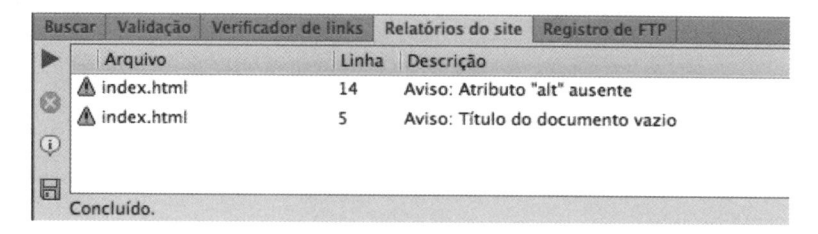

Observe a indicação do arquivo, a linha de código em que o erro está e a descrição do problema.

4. Clique duas vezes na descrição do primeiro alerta. O programa abrirá o modo de visualização *Dividir* e, na área de código, indicará o local do problema para que você resolva a questão. Apenas observe, não arrume ainda.

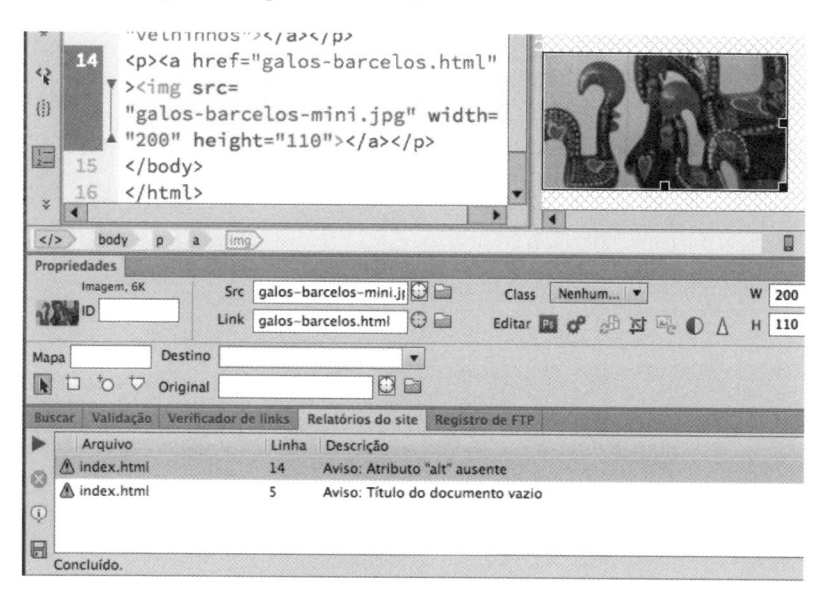

Validação

> Para executar a validação, é necessário que você esteja conectado à internet.

1. Ative o modo *Design*.

2. No menu *Arquivo*, clique em *Validar*, depois em *Validar documento atual (W3C)*. Em seguida, na janela *Notificação do validador da W3C*, clique em *OK*.

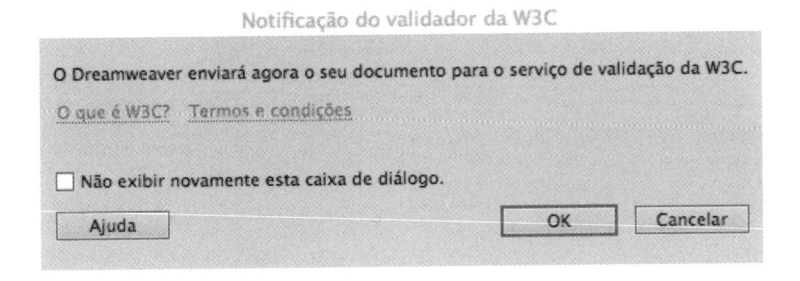

O programa envia o documento atual para o validador do W3C e retorna com o resultado.

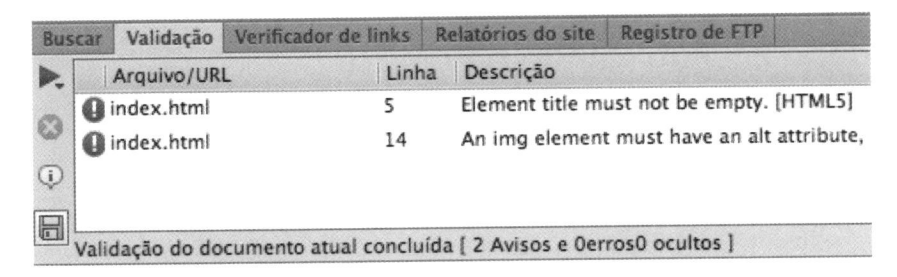

Observe a indicação do arquivo, a linha de código em que o erro está e a descrição do problema.

3. Clique duas vezes na descrição do primeiro alerta. O programa abrirá o modo de visualização *Dividir* e, na área de código, indicará o local do problema para que você resolva a questão. Digite o título do documento: *Miniaturas Petit*.

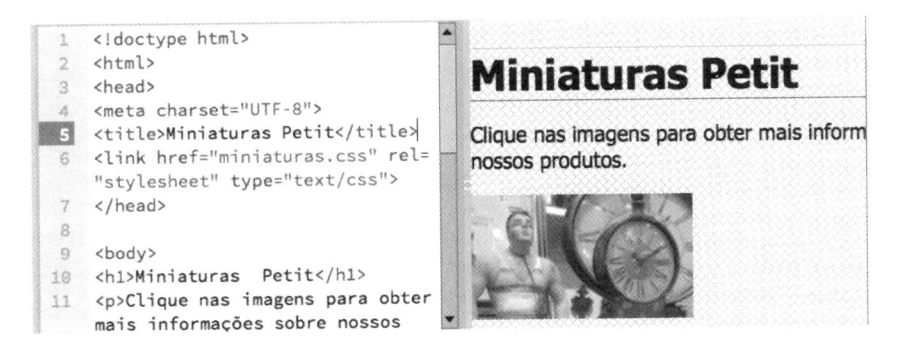

4. Clique duas vezes na descrição do segundo alerta. Novamente, no modo de visualização *Dividir*, na área de código, o programa indica o local do problema para que você resolva a questão. Digite o texto alternativo da imagem: *Galinhos de Barcelos*.

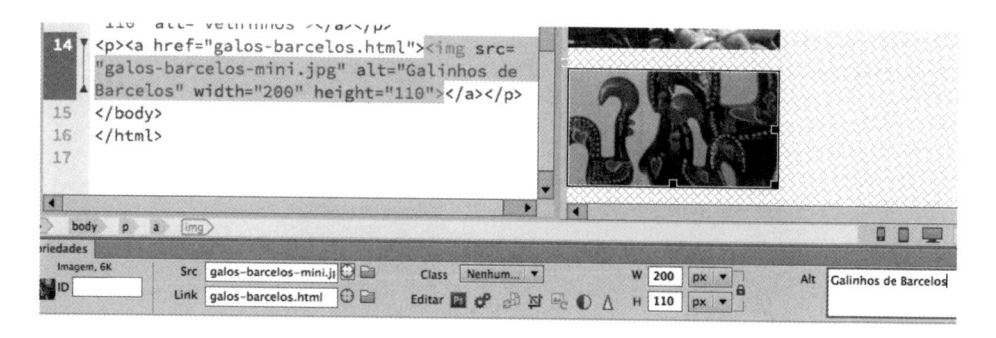

5. Salve e feche o documento.
6. Feche o programa ou continue na próxima atividade.

Atividade 2 – Publicando o website

Objetivo:
- Configurar o Dreamweaver para publicar um website.

Tarefas:
- Criar e registrar seu domínio (tarefa opcional).
- Usar um mapeamento existente.
- Inserir os dados de acesso remoto.
- Publicar o seu site.

A publicação é a parte mais importante de qualquer projeto. É por meio dela que você coloca seu site no ar, ou seja, copia os arquivos da sua máquina e os transfere para um servidor que todos poderão visitar.

Existem inúmeros servidores pagos e gratuitos.

Caso você queira uma hospedagem mais profissional, a dica é partir para uma hospedagem paga e criar um domínio próprio. Uma hospedagem paga vai lhe dar um código, mas você não navega por meio desse código, já que usará o nome do site, que é obtido com o registro do domínio.

Registrando um domínio

Esse passo a passo não é obrigatório, pois você pode usar outras formas de hospedagem em que o domínio não é necessário ou, ainda, contratar um espaço de hospedagem e deixar a cargo da empresa o registro do nome escolhido por você. Mas, se precisar criar seus próprios domínios, os passos são os que seguem. Lembrando apenas que a interface on-line desse serviço pode mudar.

1. Vá ao site http://www.registro.br.
2. Na caixa de pesquisa, digite o nome desejado para o domínio e clique no botão *Pesquisar*. Dessa forma, você saberá com antecedência se o nome escolhido para o domínio está disponível. Caso contrário, escolha outro nome.

> Ao receber o resultado de que um nome está disponível para registro, você pode clicar no botão *Registrar*.

3. No menu à direita, clique em *Acessar conta*.
4. Digite os dados de sua identificação: usuário e senha.

Caso você não tenha ainda sua conta, clique no botão *Criar conta* e crie uma. Você não paga nada para criar sua conta no Registro.br. Depois de criar sua conta, retorne a essa página e digite seus dados.

5. Realize novamente a busca e crie um novo domínio.
6. Preencha os dados da ficha de cadastro de domínio e aguarde o boleto para pagamento.

Nesse momento, não é necessário preencher os dados referentes à Delegação DNS. Você tem até duas semanas para contratar um serviço de hospedagem que vai lhe fornecer esses valores, quando então poderá retornar a essa área e complementar essas informações.

O registro atualiza as publicações de DNS a cada 30 minutos. Após esse período, seu nomedodominio.com.br já estará funcionando e pronto para ser visitado, desde que você já tenha colocado suas páginas no ar.

Adquirindo um plano de hospedagem paga

Esse passo destina-se apenas aos interessados em contratar um serviço de hospedagem paga que já criaram seu domínio.

1. Após ter registrado seu domínio, você deve entrar em contato com um provedor de hospedagem e contratar seus serviços. Existem inúmeros provedores e os preços também variam bastante. Procure indicações em sites e revistas de sua confiança ou de amigos. Após a contratação e o pagamento desse provedor, ele deve lhe informar os seus números DNS (servidores Master e Slave1), que você digita nos respectivos espaços na página de registro do seu domínio. O provedor também vai lhe informar quais as formas de acesso ao seu espaço, que geralmente são feitas por meio de um painel de controle on-line ou endereço FTP (*File Transfer Protocol*, protocolo de transferência de arquivo). Para acesso via FTP, você deverá ter o endereço FTP, o login e a senha.

Publicar – Configurando o endereço de servidor

É necessário ter uma conta real para que o programa faça a publicação do seu site. O provedor de hospedagem fornece os dados de como realizar a publicação utilizando o recurso FTP, ou seja, os dados de servidor, login e senha, para que você preencha corretamente as informações no Dreamweaver, conforme a seguir.

Caso você esteja continuando da atividade anterior, vá direto ao passo 2.

1. Abra o programa no mapeamento *Miniatura*.
2. Dê um clique no menu *Site*, na opção *Gerenciar sites*.
3. Na janela *Gerenciar sites*, dê um duplo clique no nome *Miniaturas*, que é o mapeamento que você vai utilizar para a publicação.

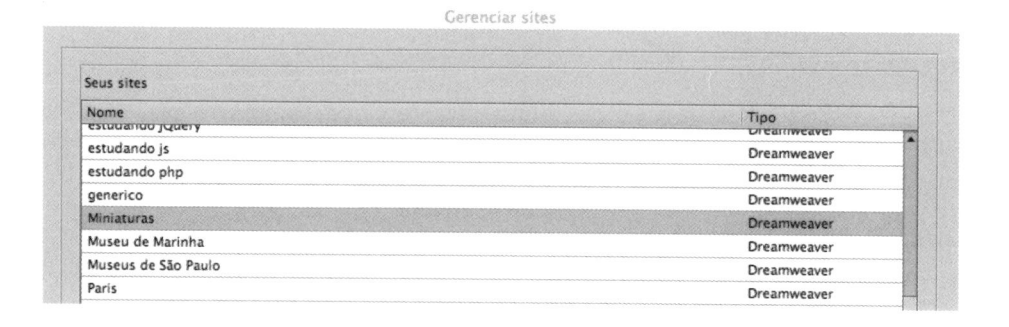

4. Na janela *Configuração do site para Miniaturas*, clique na opção *Servidores* e, em seguida, clique no botão de sinal +, conforme a seguir.

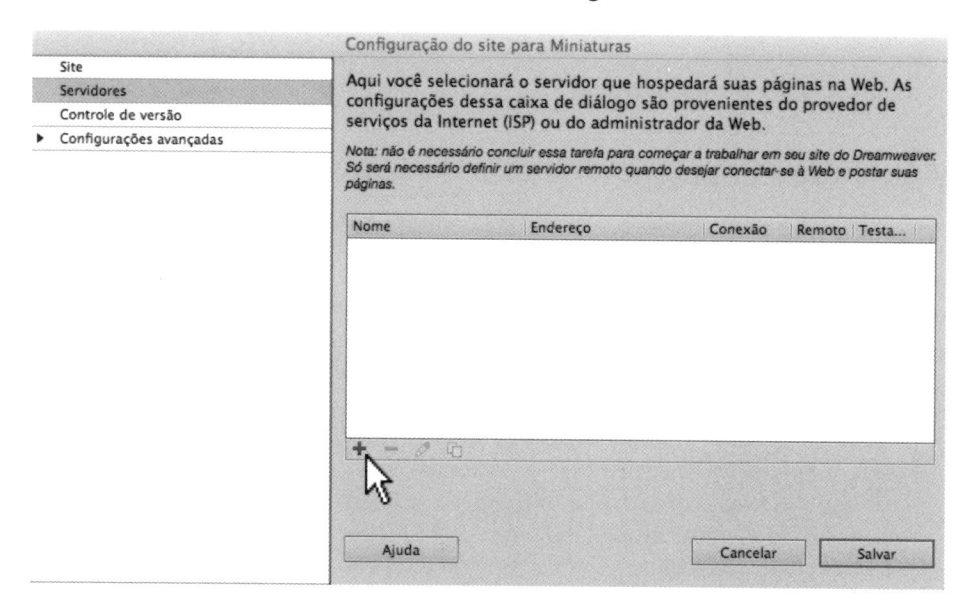

5. Digite as informações do seu provedor de hospedagem:
   - *Nome do servidor*: é um nome apenas para que você saiba qual é o servidor;
   - *Uso da conexão*: FTP, pois você vai usar essa configuração para a transferência de arquivos;

- *Endereço FTP*: o endereço indicado pelo seu provedor de hospedagem;
- *Usuário* e *Senha*: são os dados que você recebeu do seu provedor de hospedagem, normalmente são informados por você no momento do cadastro;
- A caixa *Diretório raiz* deve ficar vazia, a menos que você queira indicar uma pasta específica para a publicação;
- A caixa *URL da Web* é preenchida automaticamente.

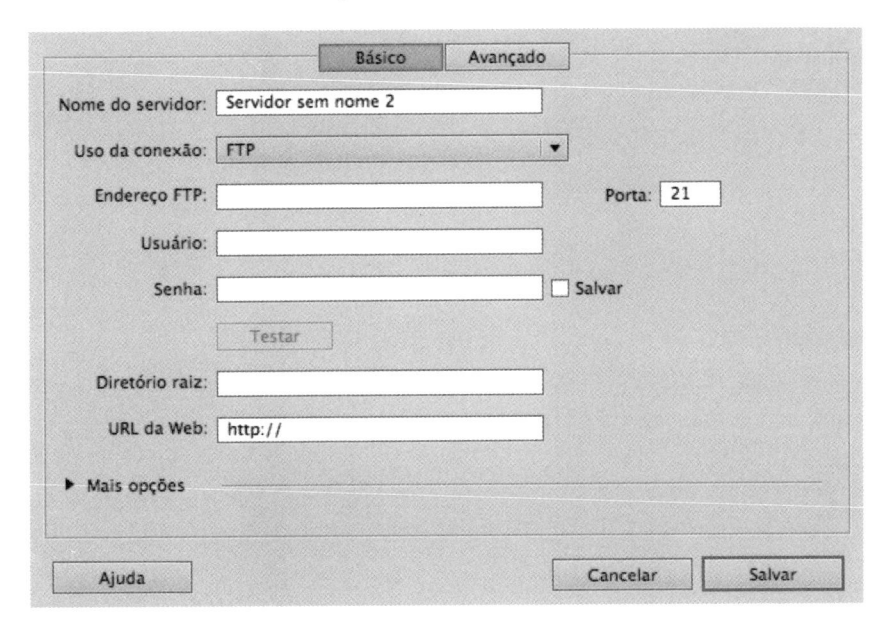

6. Ainda nessa janela, dê um clique no botão *Testar* para verificar se a conexão está sendo feita:
   - janela indicativa de sucesso: clique em *OK* e continue;
   - janela indicativa de erro: leia o erro e clique em *OK*. Faça a alteração necessária e teste novamente.

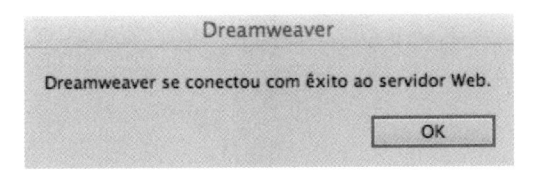

Erro no nome de usuário ou senha:

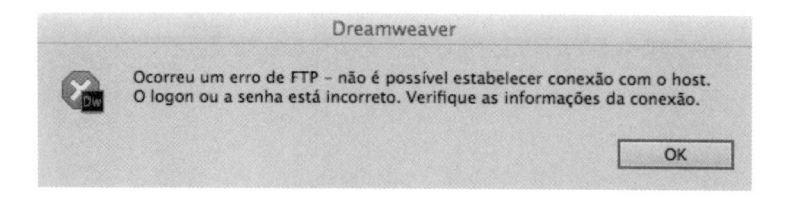

> **Dreamweaver**
> Ocorreu um erro de FTP – não é possível estabelecer conexão com o host. O logon ou a senha está incorreto. Verifique as informações da conexão.

Erro no endereço FTP:

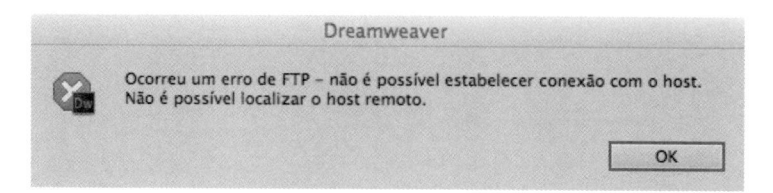

> **Dreamweaver**
> Ocorreu um erro de FTP – não é possível estabelecer conexão com o host. Não é possível localizar o host remoto.

7. Quando estiver tudo certo com o teste, dê um clique no botão *Salvar*.
8. De volta à janela *Configuração do sistema para Miniaturas*, verifique se a caixa *Remoto* está ativa e clique no botão *Salvar*.

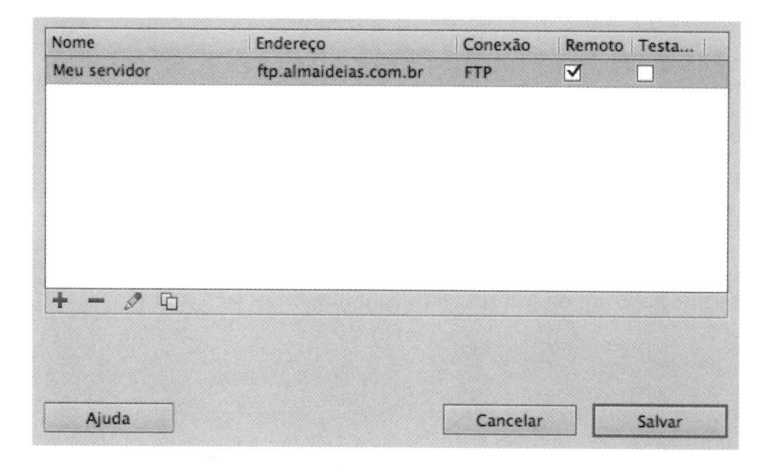

Nome	Endereço	Conexão	Remoto	Testa...
Meu servidor	ftp.almaideias.com.br	FTP	☑	☐

Pode ser necessário refazer o cache. Clique, então, no botão *OK*.

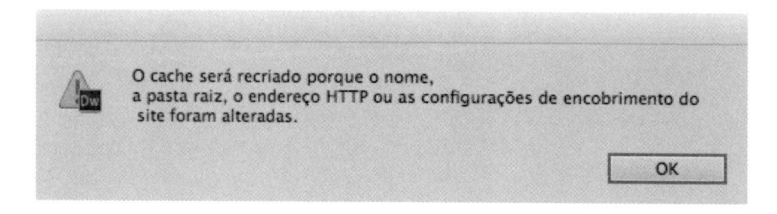

> O cache será recriado porque o nome, a pasta raiz, o endereço HTTP ou as configurações de encobrimento do site foram alteradas.

> Refazer o cache significa que o programa irá ler as novas informações da pasta e armazená-las na memória, tornando o acesso às informações mais rápido.

9. De volta ao painel *Gerenciar sites*, clique no botão *Concluído*.

Publicar – Transferir arquivos

1. De volta ao programa, no painel *Arquivos*, clique no botão *Expandir*.

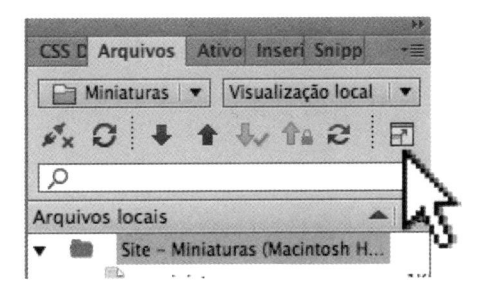

2. No painel maximizado, clique no ícone de conexão:

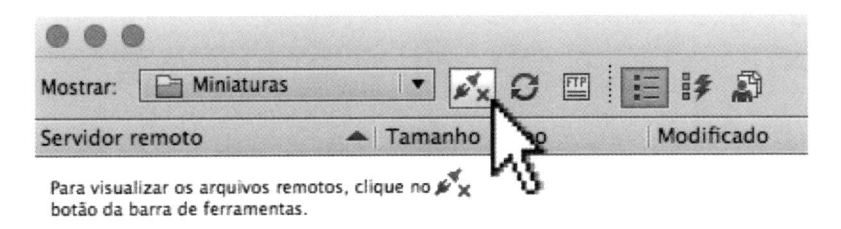

3. Aguarde a conexão estar completa; em seguida, na seção à direita (*Arquivos locais*), clique no arquivo *index.html* e arraste-o, soltando-o sobre a pasta do lado esquerdo:

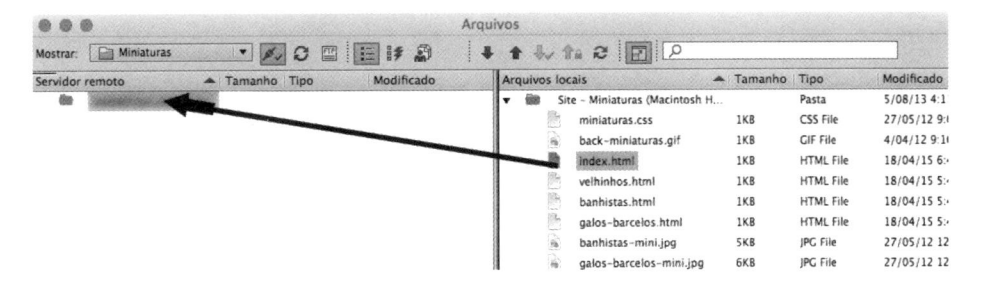

Provavelmente você será avisado sobre a inclusão de arquivos dependentes. Clique no botão *Sim* para autorizar o programa a transferir todos os arquivos dependentes a essa página, como arquivos de imagens e estilos.

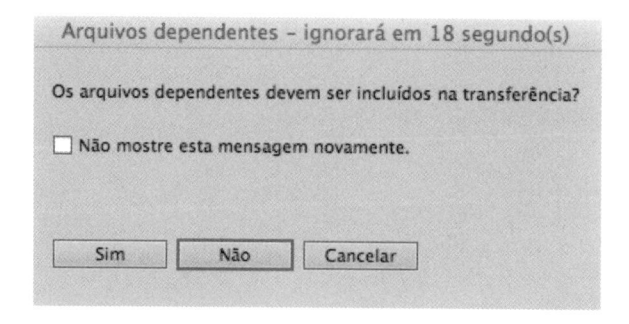

Aguarde até que a janela de transferência feche, ou simplesmente clique no botão Minimizar (-) e continue a trabalhar em outras páginas.

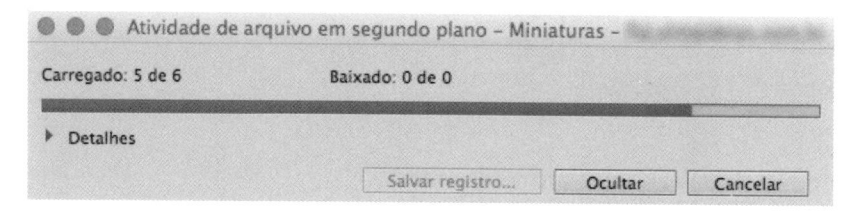

4. Na seção à direita (*Arquivos locais*), clique no arquivo *banhistas.html*, pressione a tecla *Ctrl* (*Cmd*) e mantenha pressionada enquanto clica nos arquivos *galos-barcelos.html* e *velhinhos.html*. Repita o procedimento anterior para transferir os selecionados. Lembre-se de solicitar que os arquivos dependentes sejam enviados.

5. Sua página está publicada.

6. Clique no botão *Desconectar* para fechar a conexão.

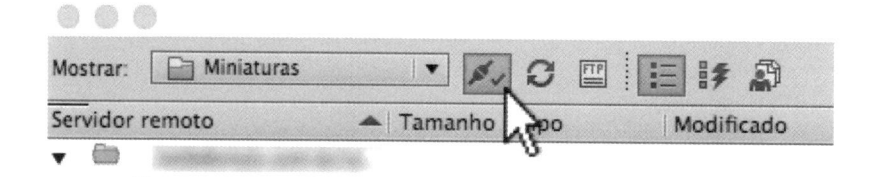

7. Clique no botão *Recolher* para voltar à visualização normal do programa.

Visite o endereço de acordo com seu tipo de hospedagem, paga ou gratuita.

Sempre que você realizar algum ajuste no projeto, trabalhe normalmente no Dreamweaver e depois republique a página ajustada. Isso também vale para edições de estilos, comportamentos, inserção de novas imagens ou animações.

8. Feche o programa.

Procure sempre publicar seus trabalhos, mesmo que esteja estudando o programa. Dessa forma, você vivencia o que está criando, percebe as diferenças entre exibir local e on-line, principalmente com relação ao tamanho das imagens. Veja seus projetos em outros lugares, conexões, monitores, dispositivos. Esteja sempre atento às novidades e aprimore-se sempre!

Resumo do capítulo

Para	Procedimento	Botão/teclas de atalho
Verificar a ortografia	Clique no menu *Comandos* e na opção *Verificar ortografia*.	*Shift* + *F7*
Verificar links	Clique no menu *Site* e na opção *Verificar links no site inteiro*.	*Ctrl* + *F8* (*Cmd* + *F8*)
Verificar relatórios do site	No painel *Relatórios*, clique na aba *Relatórios do site*.	
Validar documento no W3C	Clique no menu *Arquivo* e na opção *Validar, Validar documento atual (W3C)*	
Maximizar o painel *Arquivos*	No painel *Arquivos*, clique no botão *Expandir*.	
Recolher o painel *Arquivos*	No painel *Arquivos* expandido, clique no botão *Recolher*.	
Estabelecer a conexão com o servidor	No painel *Arquivos* expandido, clique no botão *Conectar a servidor remoto*.	
Fechar a conexão com o servidor	No painel *Arquivos* expandido, clique no botão *Desconectar do servidor remoto*.	

Anotações

Sobre a autora

Ana Laura Gomes é sócia-fundadora da Alma – ideias e ensino (www.almaideias.com.br) e publisher do blog Web D+. Atua há mais de 15 anos no mercado, nas áreas de educação, editoração, design, webdesign e comunicação visual.

Ministra cursos e palestras sobre os softwares Acrobat, Dreamweaver, Fireworks, Flash, Brackets, Illustrator, InDesign, Photoshop, Muse, Edge Reflow e Edge Animate, do nível básico ao avançado; e sobre HTML5/CSS3, JavaScript, jQuery, web standards, direção de arte, design responsivo, DPS, ePub, Blogs, mídias sociais e gerenciamento, tanto na capital de São Paulo como em outras cidades do Brasil.

Atua como palestrante e especialista de produtos em eventos e workshops para a Adobe (Brasil e América) e é colaboradora do W3C Escritório Brasil. Presta serviço de consultoria nas áreas de DPS, web, Computação gráfica e vídeo. Atua também na criação, no desenvolvimento e na atualização de cursos dessas áreas e de material didático. É *senior mobile digital artist* na agência Mirum (www.mirumagency.com).

Escreveu para revistas especializadas e concedeu entrevistas para revistas e jornais (impressos e eletrônicos) como *revista W, Link, Info, Folha de São Paulo* e *G1*. Também é autora dos livros *XHTML/CSS: criação de páginas web*; *Adobe Dreamweaver CS5*; *Adobe Fireworks CS5*; *Adobe Dreamweaver CS6*; *Adobe Fireworks CS6*; *HTML5/CSS3* (no prelo).

Presença digital: http://about.me/analauragomes.

Índice geral

Acabamento	138
Acabamentos finais no modelo	247
Ação do formulário	189, 201
Adaptar conteúdo inicial	282
Adquirindo um plano de hospedagem paga	305
Ajustar conteúdo	284
Ajuste de linhas de tabela	98
Ajuste global	237
Ajustes de layout em elementos *jQuery UI*	236
Ajustes locais	236
Alimentar a caixa *Dialog*	234
Alimentar as abas	231
Alimentar o painel sanfonado	228
Alterando estilos prontos – painel *Propriedades*	130
Alterando estilos prontos pelo painel *CSS Designer* – modo *Design*	133
Alterando estilos prontos pelo painel *CSS Designer* – modo *Dinâmica*	127
Alterando o layout	266
Aplicando um tema pronto	267
Apresentação	I
Área de design	76
Área de trabalho	30
Área dinâmica	75
Arquitetura da informação	11
Atividades	
Aumentando a produtividade (Capítulo 5)	209
Barra de ferramentas do documento	35
Barra de navegação	35
Barra de status	35
Barra do aplicativo	31
Botão *Área de texto*	200
Botão *Campo de texto*	195
Botão *Conjunto de campos*	190
Botão de envio	189
Botão *Formulário*	186
Botão *Grupo de botões de opção*	197
Botão *Grupo de caixas de seleção*	198
Botão *imagem*	200
Botão *Propriedades da página*	120
Botão *Selecionar*	199

Botão *Texto*	187
Botão *Verificar ortografia*	298
Briefing	10
Brilho e contraste	96
Caixa de diálogo	233
Campo de formulário	195
Comportamentos – Abrir janela do navegador	161
Comportamentos – Alterar propriedade e backgroundColor	169
Comportamentos – Alterar propriedade e visibility	171
Comportamentos – Chamar JavaScript	163
Comportamentos – Definir texto e Definir texto do recipiente	176
Comportamentos – Efeitos e Scale	174
Comportamentos – Efeitos e Shake	175
Comportamentos – Ir para URL	166
Comportamentos – Mensagem pop-up	167
Comportamentos – Mostrar/ocultar elementos	178
Comportamentos – Trocar imagem	164
Comum a todos	289
Configuração padrão de abertura de arquivos	27
Configuração para Mac OS	III
Configuração para Windows	III
Configurações gerais da caixa *Dialog*	234
Configurações gerais do painel de abas	232
Configurações gerais do painel sanfonado	299
Corte	95
Criando e utilizando estilos externos (Atividade 5)	139
Criando estilo externo com base em um estilo interno	139
Criando estilos (Atividade 4)	134
Criando estilos com o botão *Propriedades da página* (Atividade 2)	120
Criando formulários complexos (Atividade 5)	195
Criando formulários simples (Atividade 4)	185
Criando layout com estilos CSS (Capítulo 3)	109
Criando links (Atividade 3)	63
Criando novas páginas a partir do modelo	226
Criando páginas	81
Criando um modelo com base em um layout pronto (Atividade 1)	211
Criando um projeto com *jQuery Mobile* (Atividade 1)	260
Criando um projeto com layout de grade fluida (Atividade 3)	277
Criando um projeto com *Media Queries* (Atividade 2)	271
Criando um seletor de elemento	135
Criando uma página, reconhecendo a interface e trabalhando com textos (Atividade 2)	28
Criar um layout de grade fluida	278
Desenvolvendo projetos para múltiplos dispositivos (Capítulo 6)	257
Editando estilos prontos (Atividade 3)	127
Equipamento necessário	III

Estilo de lista	152
Estilo em imagens	144
Estilo para tablet e desktop	291
Estilos CSS	191
Estilos em tabelas	147
Estilos especiais	147
Estrutura de estilos CSS	113
Estrutura do livro	IV
Estruturação semântica	47
Estruturando sua página	134
Etapas iniciais para a construção de um website (Capítulo 1)	7
Executando a verificação de erros (Atividade 1)	297
Exercícios propostos	107, 155, 206, 255, 292
Exibição rápida do elemento	60
Fazendo o mapeamento do site e reconhecendo a janela de abertura (Atividade 1)	17
Folha de estilos externa aplicada em várias páginas	142
Formulário *Achei!* (Atividade 3)	182
Imagem apenas para tablet e desktop	292
Inserindo arquivos em Flash	246
Inserindo arquivos em Flash com transparência	244
Inserindo áudio HTML	241
Inserindo comportamentos complexos (Atividade 2)	169
Inserindo comportamentos simples (Atividade 1)	159
Inserindo conteúdo imagético em tabela	91
Inserindo conteúdo pronto	265
Inserindo conteúdo textual em tabela	88
Inserindo elementos de interatividade com o usuário (Capítulo 4)	157
Inserindo elementos *jQuery UI* (Atividade 2)	226
Inserindo elementos multimídia (Atividade 3)	240
Inserindo estrutura de navegação	263
Inserindo imagem por meio de estilo	136
Inserindo imagens – modo *Design*	82
Inserindo imagens – modo *Dinâmica*	83
Inserindo imagens – painel *Ativos*	
Inserindo link em imagem	86
Inserindo múltiplas classes	250
Inserindo tabela – modo *Design*	87
Inserindo tabela – modo *Dinâmica*	100
Inserindo um gif animado	246
Inserindo um seletor contextual	137
Inserindo vídeo HTML	240
Inserindo vídeos em Flash	242
Inserir a caixa *Dialog* e o seu conteúdo	233
Inserir as *Media Queries*	272
Inserir cabeçalho	282

Índice geral

Inserir conteúdo	280
Inserir o conteúdo da página	235
Inserir o painel de abas	230
Inserir o painel sanfonado	227
Inserir seções	284
Inserir viewport	276
Interface do programa	30
Janela do documento	35
Layout pronto	212
Link absoluto	63
Link de e-mail	65
Link falso ou vazio	160
Link relativo	75
Links de identificador	66
Links em imagem – mapeamento de imagem	100
Mapeamento	80, 112, 159, 212, 260, 271, 278, 297
Mapeamento do site	20
Mapeando a pasta do projeto e entendendo o que são e para que servem os estilos CSS (Atividade 1)	112
Mesclar células	90
Modelo – Alterando um modelo existente	221
Modelo – Criando páginas por meio de um modelo	218
Modelo – Inserindo região editável	215
Modelo pronto de *jQuery Mobile*	261
Modo de visualização *Dinâmica*	121
Modo *Design*	91
Modo *Design*, painel *Ativos*	91
Modo *Dinâmica*	91
Modo *Inspeção*	126
Nitidez	320
O que é a Nova Série Informática	III
Observando a estrutura do conteúdo	114
Observando folhas de estilos	116
Onde arquivar seus trabalhos	V
Organizando e estruturando o conteúdo (Capítulo 2)	15
Organizando o conteúdo: *Conjunto de campos*	202
Otimização	94
Painéis	31
Painel *Comportamentos*	160
Painel de abas	230
Painel *Estilos CSS*	203
Painel *Propriedades*	34
Painel sanfonado	227
Parágrafos e quebras de linha	39
Pequenas edições em imagens	93

Personalizando um layout de grade fluida	287
Projeto "Brinquedoteca"	211
Projeto "Ciclovia"	276
Projeto "Cidade da Criança"	270
Projeto "Microsite Museus de São Paulo"	17
Projeto "Miniaturas"	297
Projeto "Museu de Marinha"	77
Projeto "Paris"	111
Projeto "Quiz"	159
Projeto "Restaurante"	259
Propriedades da imagem – modo *Dinâmica*	85
Publicando o website (Atividade 2)	304
Publicar – Configurando o endereço de servidor	306
Publicar – Transferir arquivos	309
Reaproveitando um mesmo grupo de propriedades	145
Redimensionamento	93
Registrando um domínio	304
Relatórios do site	301
Resumo do capítulo	103, 154, 206, 214, 291, 311
Retorno a um mesmo identificador	71
Seção *Aprender*	26
Seção *Arquivos Recentes*	26
Seção *Criar novo*	26
Significado dos símbolos	IV
Sobre a caixa de cores	130
Tabela com espaçamento	99
Tela de boas-vindas	25
Título do documento (da página)	36
Trabalhando com diferentes seletores e propriedades (Atividade 6)	144
Trabalhando com elementos *div* e *span*	150
Trabalhando com imagens (Atividade 4)	80
Trabalhando com textos	36
Usando um tema pronto	268
Utilizando o material da Nova Série Informática	V
Validação	302
Validando o formulário	204
Verificando erros e publicando o website (Capítulo 7)	295
Verificando links	300
Versão desktop	288
Versão tablet	286
Visão geral	9
Visualização em navegadores	43
Web das coisas	9